मुद्राराक्षस

महाकवि विशाखदत्त कृत

मुद्राराक्षस

भारतेन्दु बा. हरिश्चंद्र

GYAN

Published by

GYAN

Gyan Publishing House
5, Ansari Road
Daryaganj, New Delhi-110002
Phone: 011-47034999, 9811692060
E-mail: books@gyanbooks.com

Distribution Network
gyanbooks.com
India, USA, Canada, UK, Australia

ISBN: 978-93-7169-303-5 (HB)

First Published, 1951

2nd Impression 2025

Printed at: Gyan Press, Delhi.

मुद्राराक्षस

अनुवादक: भारतेन्दु बा. हरिश्चंद्र

महाकवि विशाखदत्त कृत

मुद्राराक्षस

—:०:—

अनुवादक

भारतेन्दु बा० हरिश्चंद्र

संपादक

ब्रजरत्न दास बी० ए०, एल-एल०, बी०

—:※:—

समर्पण

परम श्रद्धास्पद

श्रीयुक्त राजा शिवप्रसाद बहादुर, सी० एस० आई०

के

चरण कमलों में

केवल उन्हीं के उत्साहदान से

उनके

वात्सल्यभाजन छात्र द्वारा बना हुआ

यह ग्रन्थ

सादर समर्पित हुआ

भारतेंदु बाबू हरिश्चंद्र

द्वितीय संस्करण का अनुवचन

पूज्यपाद भारतेन्दु बा० हरिश्चंद्र जी की रचनाओं में मुद्राराक्षस का स्थान अनूदित होने पर भी बहुत ऊँचा है। वास्तव में वह नाटक मूल रूप में, संस्कृत साहित्य की नाटकावली का और अपने अनुवाद रूप में हिन्दी साहित्य की नाटकावली का, जो अभी बहुत छोटी है अमूल्य मणि है। इसी अनुवाद के विषय में कुछ विद्वानों की यह सम्मति सुन कर कि, यह मूल का अक्षरशः अनुवाद नहीं है तथ अनेक स्थानों पर मूल से भिन्न है, मुझे इसे संस्कृत मूल से मिलान करने की उत्कंठा हुई और इसीलिये मैंने मूल के अनेक संस्करण एकत्र किए। इन्हें मिलान करने पर ज्ञात हुआ कि इन संस्करणों वे अर्थात् इस नाटक की हस्तलिखित प्रतियों के पाठों ही में अनेक स्थानों पर भिन्नता है जिसमें कुछ एक का उल्लेख टिप्पणी में आ गया है। ढुंढिढराज ने भी अपनी टीका में कई स्थानों पर पाठांतर का उल्लेख किया है। मिस्टर तैलंग ने जिन नौ हस्तलिखित प्रतियं का मिलान किया है उन्हें उन्होंने दो विभागों में बाँटा है। एक विभाग में चार प्रतियाँ हैं। इनमें एक 'बी' द्वारा संकेतित वह प्रति है जो बंगाल में पं० तारानाथ तर्कवाचस्पति की टीका सहित छप है और दो की प्रतिलिपि काशी में हुई है। इन प्रतियों में 'बी' के पाठ से हिंदी अनुवाद का पाठ अधिक मिलता है। इसका एक उदाहरण दे दिया जाता है। सातवें अंक के पृ० ७० में पहले 'सेना पति' शब्द था और यही पाठ मूल के इसी विभाग के 'बी' आदि प्रतियों में भी था। पर अन्य प्रतियों में शूलायतन: या शूलपाते पा थे और चांडालों के लिए येही विशेषण उपयुक्त थे। इस प्रकार मूल तथा अनुवाद में इस कारण से भिन्नता आ गई है। कुछ अन्य स्थानों पर भिन्नता मिलने का दूसरा कारण छपाई आदि भी है इसके दो तीन उदाहरण भी दे दिये जाते हैं। द्वितीय अंक पं० २ में 'बिच' के स्थान पर 'बन' था। तृतीय अंक पं० १२५ में 'बटुन'

तथा प्रसिद्ध राजवंश का कोई प्रतापी पुरुष होना चाहिए। रसं और वीर ही नाटक के अंगी या प्रधान रस हैं। अन्य गौण हैं। संधिस्थल में अद्भुत का समावेश होना चाहिए।

अभिनय के आरंभ में मङ्गलाचरण या नांदी होता है, जिसे हैं। इसके अनंतर सूत्रधार या प्रधान नट, जिसे स्थापक भी कहते और सभा की प्रशंसा करता है। वह नटी या अन्य नट अ वार्त्तालाप कर अभिनय किये जाने वाले नाटक का प्रस्ताव, आदि बतला देता है। इसे प्रस्तावना कहते हैं, जो पाँच प्रकार व उद्घात्मक, कथोद्घात, प्रयोगातिशय, प्रवर्तक और अवगलित नाटक में, प्रस्तावना के प्रथम रूप का प्रयोग है।

प्रत्येक नाट्य के तीन आवश्यक तत्व माने गए हैं—वस्तु रस। जिस इतिवृत्त को लेकर नाटक की रचना होती है उसे वस यह दो प्रकार की होती है—आधिकारिक या प्रासंगिक। जो इतिवृत्त का प्रधान होता है उसे अधिकारी कहते हैं और उस वर्णन आधिकारिक वस्तु कहलाता है। इस अधिकारी के उत्र के लिए प्रसंगवश जिसका वर्णन आता है, उसे प्रासंगिक वस्तु का के अंतर्गत प्रयोजन सिद्धि के लिये बीज, बिंदु, पताका, प्रकरी अ हैं। जो बात आरंभ में संक्षेपतः कहे जाने पर चारों ओर फैल फलसिद्धि का प्रथम कारण होती है, उसे बीज कहते हैं। किसी पूरा होने पर दूसरे असंबद्ध वाक्य इस प्रकार लाना कि वे असं कहलाता है। व्यापक प्रसंग के वर्णन को पताका और देश-क वर्णन को प्रकरी कहते हैं। आरंभ की हुई क्रिया की फलसिद्धि कुछ किया जाय, उसे कार्य कहते हैं। कथावस्तु के घटनाक्रम पाँच अन्य विभाग भी किए गए हैं, जो आरंभ, यत्न, प्राप्त्याश और फलागम कहलाते हैं। फलप्राप्ति की जो उत्कंठा होती है, से नाटक का आरंभ होता है। उस फल की प्राप्ति के लिये जो किया जाता है, उसे यत्न कहते हैं। इसके अनंतर प्राप्ति की प्रा ... आशा कहलाता है. जब विघ्नों का नाश हो जाता है और प्र

हो जाती है तब उसे नियताप्ति कहते हैं। सब के अंत में फल-प्राप्ति होती है, जिसे फलागम कहते हैं।

साहित्यदर्पण के अनुसार 'दानशील, कृती, सुश्री, रूपवान, युवक, कार्यकुशल, लोकरंजक, तेजस्वी, पंडित और सुशील पुरुष को नायक कहते हैं। नायक चार प्रकार के होते हैं—धीरोदात्त, धीरोद्धत, धीरललित और धीरप्रशांत। आत्म-श्लाघारहित, क्षमाशील, विनयसम्पन्न, गम्भीर, बलवान तथा स्थिर नायक को धीरोदात्त कहते हैं, जैसे राम, युधिष्ठिर। आत्म-श्लाघायुक्त, घमंडी, मायावी तथा प्रचंड नायक धीरोद्धत कहलाते हैं, जैसे भीमसेन। निश्चिंत, मृदु और नृत्यगानादि-प्रिय नायक को धीरललित तथा त्यागी और कृती नायक को धीरप्रशांत कहते हैं।

विस्तार भय से संक्षेप ही में रूपक का कुछ रूप यहाँ दिखला दिया गया है। अवस्थानुरूप अनुकरण या स्वाँग ही अभिनय है, जो चार प्रकार का होता है—आंगिक, वाचिक, आहार्य, और सात्विक। अंगों की चेष्टा से आंगिक, वचन-चातुरी से वाचिक, स्वरूप बदलने से आहार्य और भावों के उद्रेक होने से स्वेद, कंप आदि द्वारा सात्विक अभिनय होता है। अभिनय की समाप्ति पर सभी पात्रों का निष्क्रांत होना दिखलाना चाहिये। रंगशाला में लम्बी यात्रा, हत्या, युद्ध, स्नान, नायक या नायिका की मृत्यु आदि दृश्य न दिखलाए जाने चाहिएँ।

२—भारतीय नाटकों का संक्षिप्त इतिहास

भारतवर्ष में नाटकों का प्रचार बहुत काल से है। ईसवी सन् के चार पाँच शताब्दि पहले नाट्य-कला इस अवस्था को पहुँच गई थी कि उस विषय पर अनेक लक्षण ग्रन्थ तैयार हो गए थे। महाकवि कालिदास से चार पाँच सौ वर्ष पहले के नाटककार भास कवि के अनेक नाटक मिले हैं। कालिदास का नाटक शकुन्तला संसार के सर्वश्रेष्ठ नाटकों में से है। कालिदास के अनन्तर अच्छे नाटककारों में हर्ष हुए, जिनके लिखे हुए रत्नावली, नागानन्द आदि नाटक हैं। शूद्रक मृच्छकटिक भी उत्तम नाटक है। भवभूति के महावीर चरित, उत्तररामचरित तथा मालतीमाधव प्रसिद्ध नाटक हैं। इनके अनन्तर भट्टनारायण ने वेणीसंहार, विशाखदत्त ने मुद्राराक्षस

और राजशेखर ने कर्पूरमंजरी, बालरामायण तथा बालभारत आदि नाटक रचे थे। इसके बाद धनञ्जय ने दश रूपक नामक लक्षण ग्रंथ लिखा।

इसके अनन्तर मुसलमानों के आक्रमणों का आरंभ होने से भारत में राजनीतिक अव्यवस्था के कारण नाटकों का ह्रास होने लगा तथा कुछ साधारण कोटि के नाटकों की रचना होने के अनन्तर इस प्रकार के ग्रंथों के प्रणयन का अंत हो गया। इसके अनन्तर मुसलमानों के समय में नाट्य-कला का बिलकुल अभाव ही रहा और पुनः जब नाटकों की रचना का आरंभ हुआ तब वह आधुनिक प्रान्तीय भाषाओं में हुआ।

हिंदी में नाटकों की कमी है। नेवाज कवि का शकुन्तला नाटक, हृदयराम का हनुमन्नाटक, ब्रजवासीदास का प्रबोध चंद्रोदय नाटक और देव का देवमाया-प्रपंच नाटक नाट्यकला की दृष्टि से नाटक नहीं कहे जा सकते। महाराज विश्वनाथसिंह कृत आनन्दरघुनन्दन किसी प्रकार नाटक की सीमा के भीतर आ जाते हैं। गणेश कवि का प्रद्युम्न-विजय नाटक भी इसी अन्तिम कोटि का है। भारतेंदु बाबू हरिश्चन्द्र लिखते हैं कि हिन्दी का पहला नाटक उन्हीं के पिता बाबू गोपालचन्द्र जी का नहुष नाटक है। इसके अनन्तर राजा लक्ष्मणसिंह ने शकुन्तला का अनुवाद किया। परन्तु हिन्दी में भारतेंदु जी की नाटक-रचना से ही नाटकों का आरम्भ माना जाता है। इन्होंने लगभग बीस नाटकों की रचना की, जिनमें मौलिक और अनुवादित दोनों ही हैं। इनमें से अनेक समय समय पर खेले भी गए हैं।

लाला श्रीनिवासदास कृत रणधीर-प्रेममोहिनी और संयोगिता-स्वयंवर, केशवराम भट्ट कृत सज्जाद-सुम्बुल और शमशादसौसन तथा पण्डित बदरीनारायण चौधरी कृत भारत सौभाग्य नाटक अच्छे हैं पर संयोगिता स्वयंवर को छोड़ कर सभी इतने बड़े हैं कि अभिनीत नहीं हो सकते। इनके अतिरिक्त बाबू तोताराम कृत केटो कृतांत तथा पं० बालकृष्ण भट्ट कृत नाटकों का विशेष आदर नहीं है। पं० अम्बिकादत्त व्यास, पण्डित प्रतापनारायण मिश्र, गो० राधाचरण आदि के नाटकों के विषय में भी यही कहा जा सकता है। बा० राधाकृष्ण दास के प्रताप नाटक का विशेष आदर हुआ और

उसका कई बार अभिनय भी हो चुका है। पं० सत्यनारायण कविरत्न कृत मालती माधव और उत्तररामचरित्र के अनुवाद उत्तम हैं। स्वर्गवासी बा० कृष्णचन्द्र जी ने भी उत्तररामचरित्र का अच्छा गद्यपद्यमय अनुवाद अभिनय की दृष्टि से किया है।

इधर कुछ वर्षों से अनुवाद की ऐसी धूम मची है कि बंगला साहित्य के नाटकों में से ऐसे ही कोई भाग्यहीन बचे होंगे जिनका अनुवाद हिंदी में न हो चुका हो। बा० जयशंकर प्रसाद ने तेरह मौलिक नाटकों की रचना की है जिनमें अजातशत्रु, जन्मेजय और चंद्रगुप्त अच्छे हैं।*

३—मूल-नाटककार-परिचय

मुद्राराक्षस के रचयिता के नाम तथा उनके पिता और पितामह के नाम-ज्ञान के लिए साहित्य प्रेमियों को नाट्यकला के उन आचार्यों को अनेकानेक धन्यवाद देना चाहिये जिन्होंने यह आवश्यक नियम बना दिया है कि प्रस्तावना में कवि-परिचय अवश्य दिया जाय। यह नियम प्राचीन, अर्वाचीन तथा आधुनिक समय तक के नाटकों में वेदवाक्य के समान माना गया है पर यह प्रथा पहले बंगला में उठा दी गई और उनके अनंतर अन्य भारतीय भाषाओं से भी उठती चली जाती है। मुद्राराक्षस के प्रणेता का नाम विशाखदत्त या विशाखदेव है। इनके पिता का नाम महाराज पृथु और पितामह का नाम सामंत बटेश्वरदत्त है। नाटक की प्रस्तावना से केवल इतना ही पता चलता है। इनकी एक अन्य कृति देवीचंद्रगुप्तम् का पता लगा है, जिसके अब तक १२ उद्धरण मिले हैं। पूरी प्रति अभी तक अप्राप्य है। जर्मन देशीय प्रोफेसर हिलब्रैंड ने भारत में भ्रमण कर मुद्राराक्षस की सभी प्राप्य प्रतियों का मिलान किया है, जिनमें कुछ प्रतियों में विशाखदत्त के पिता का नाम भास्कर दत्त भी लिखा मिला है।

प्रोफेसर विल्सन ने महाराज पृथु को चौहानवंशीय राय पिथौरा या पृथ्वीराज साबित करने का प्रयत्न किया था पर वे स्वयं उनकी पदवियों तथा उनके पिताओं के नामों की विभिन्नता का किसी प्रकार मंडन न कर

---

*भारतीय नाट्यकला तथा हिंदी नाटकों के इतिहास के विशेष परिचय के लिए संपादक द्वारा लिखित 'हिंदी नाट्य साहित्य' देखिए।

सके। उनका यह कथन कि 'सामंत बटेश्वर को चंद ने भाषा में लिखने के कारण संक्षेपतः सोमेश्वर लिखा होगा' युक्तियुक्त नहीं है क्योंकि पृथ्वीराज-विजय नामक संस्कृत महाकाव्य में भी 'जयति सोमेश्वर-नन्दनस्य' लिखा है।

साथ ही पृथु तथा पृथ्वी भी स्पष्टतया विभिन्न हैं और पृथ्वीराज के किसी विशाखदत्त नामधारी पुत्र के होने का पता नहीं है। प्रोफ़ेसर हिलब्रैंड की खोज से पृथु का पाठांतर भास्कर दत्त मिलने से वह प्रयत्न निर्मूल हो गया और अब वह उपेक्षणीय है।

इसके अतिरिक्त नाटककार के जन्मस्थान और जन्म तथा मृत्युकाल का कुछ भी पता नहीं है। प्रोफ़ेसर विल्सन का कथन है कि विशाखदत्त दक्षिण के निवासी नहीं थे।[1] इस कथन का कारण उस उपमा को बतलाया है जिसका अर्थ है 'हिम के समान निर्मल मोती।' पं० काशीनाथ त्र्यंबक तैलंग इस अंश को उद्धृत करते हुए लिखते हैं कि भारतीय आर्कियोलौजिकल सर्वे की रिपोर्ट में उत्तरी भारत के वराह अवतार के मंदिरों तथा उनके भग्नावशेषों का विवरण पढ़ते हुए मुझे भी यह विचार हुआ कि इस नाटक के भरतवाक्य के अनुसार कवि का उत्तरी भारत का ही निवासी होना समीचीन है।[2] महामहोपाध्याय पं० हर प्रसाद शास्त्री की सम्मति है कि गौड़ीय रीति की बहुलता के कारण कवि गौड़ देशीय ज्ञात होते हैं और बटेश्वर शब्द से बटेश्वर नगर के शिव-भक्त के वंश में हो सकते हैं।[3] प्रोफ़ेसर विधुभूषण गोस्वामी ने भी उनको उत्तरी भारत का निवासी मानते हुए लिखा है कि नाटक में एक को छोड़ कर[4] सभी स्थान उत्तरापथ ही के हैं।

पूर्वोक्त कारणों तथा विद्वानों की सम्मति से यह अवश्य निश्चित हो गया कि कवि विशाखदत्त उत्तरी भारतवर्ष के निवासी थे। यह भी निश्चित सा

---

१. हिन्दू थियेटर जि० २. पृ० १८२ टि.। यह हिम की उपमा सभी प्रतियों में नहीं मिलती। २. मुद्राराक्षस की भूमिका पृ० १३। ३. पं० जीवानंद विद्यासागर संपादित मुद्राराक्षस का आरंभ। ४. मलय को दक्षिण का माना है। इस पर आगे विचार किया जायगा।

ज्ञात होता है कि वे शैव थे जैसा कि नामों से तथा मंगलचरण के दोनों श्लोकों में शिव की स्तुति होने से माना जाना चाहिए। मुद्राराक्षस की कुछ प्रतियों में भरतवाक्य में चंद्रगुप्त के स्थान पर अवंतिवर्मा का नाम दिया गया है। इस नाम के मालवा के मौखरी वंश के एक राजा थे, जिनके कि नाटककार आश्रित हो सकते हैं। इस विषय पर आगे चल कर विचार किया जायगा।

विशाखदत्त एक सामंत सर्दार के पौत्र तथा महाराजा के पुत्र होने के कारण कुटिल राजनीति के पूर्ण ज्ञाता थे और स्वयं भी उसी प्रकार के समाज में रहने के कारण शृंगार, करुण आदि मृदु रसों का उनके हृदय में बहुत कम संचार हुआ था। उन्होंने स्वभावतः राजनीतिक विषय पर ही लेखनी उठाई और उसमें वे पूर्णतया सफल हुए। उनकी कवित्व शक्ति के बारे में केवल यही कहा जा सकता है कि वे कालिदास या भवभूति के समकक्ष नहीं थे। इस नीरस राजनीति विषयक नाटक से भिन्न इनके दो नाटक देवीचंद्रगुप्त तथा अभिसारिका वंचितक के कुछ अंश मिले हैं। इनके दो अनुष्टुभ् श्लोक वल्लभदेव की सुभाषितावली में संगृहीत हैं और उनकी अन्य कृतियाँ, यदि हों तो, अब अप्राप्य हैं। इनके नाटक से इतना अवश्य ज्ञात होता है कि ये ज्योतिष शास्त्र के भी ज्ञाता थे।

४—अनुवादक-परिचय

सुप्रसिद्ध सेठ अमीचंद के दो पुत्र राय रत्नचन्द बहादुर और शाह फतहचन्द काशी में आ बसे थे। शाह फतहचन्द दस भाई थे पर वंश केवल इन्हीं का चला। इनके पुत्र बाबू हर्षचन्द्र असंख्य संपत्ति के स्वामी हुए और उसे सत्कार्य में व्यय करके उन्होंने बहुत यश कमाया। उनके पुत्र बाबू गोपालचन्द उपनाम गिरिधर दास हुए जिन्होंने चालीस ग्रंथों की रचना की। इन्हीं के पुत्र हरिश्चंद्र हुए।

भारतेंदु बाबू हरिश्चंद्र का जन्म भाद्रपद शुक्ला पंचमी सं० १९०७ को हुआ था। आपने पाँच ही वर्ष की अवस्था में एक दोहा रचा था, जिस पर उनके पिता ने उन्हें आशीर्वाद दिया था। नौ वर्ष की अवस्था में पिता का परलोकवास हो गया। उसी समय ये पहले राजा शिवप्रसाद से अंगरेजी पढ़ने लगे, फिर कालेज में बैठाए गए। तीन चार वर्ष बाद सं० १९२१ में ये

के साथ जगन्नाथ जी का गए और तब से इनका पढ़ना लिखना छूट गया। वहाँ से लौटने पर देशहित के लिये पाश्चात्य शिक्षा आवश्यक समझ कर इन्होंने चौखंभा स्कूल खोला, जो अब हरिश्चंद्र हाईस्कूल कहलाता है। सं० १९२५ में कविवचनसुधा का जन्म हुआ। पाँच वर्ष बाद हरिश्चंद्र-मैगजीन आरंभ हुई पर आठ ही अंक निकल कर बंद हो गई। इसी वर्ष इन्होंने पेनी रीडिंग समाज स्थापित किया और कर्पूरमंजरी तथा चंद्रावली नाटकों की रचना की।

बाबू हरिश्चंद्र ने धर्मसंबंधी और ऐतिहासिक अनेक पुस्तकों की रचना की है, जिनमें तदीयसर्वस्व और काश्मीर कुसुम चुने हुए ग्रन्थ हैं। इन्होंने अधिकतर नाटकों और काव्यों ही की रचना की है, जिनमें सत्यहरिश्चंद्र, चन्द्रावली और प्रेम-फुलवारी प्रधान हैं। इतिहास की ओर अधिक रुचि होने के कारण आपकी प्रायः सभी रचनाओं में उसका संबंध प्रस्तुत है। आपने पारितोषिक दे देकर भी हिन्दी-भंडार में बहुत से ग्रन्थ रत्नों का संचयन किया है। आप जैसे प्रतिभावान विद्वान् और बहु-कला-कुशल थे वैसे ही गुणग्राहक भी थे। गुणियों का यह इतना उचित सम्मान करते थे कि इनके यहाँ सर्वदा विद्वानों, कवियों तथा अन्य कला-कुशल गुणियों का जमाव रहा करता था।

भारतीय राष्ट्रभाषा हिंदी का आकाशमंडल जब घोर तिमिराच्छन्न हो रहा था उस समय भारतेंदु के उदय होने से जो प्रकाश फैला था उस प्रकाश के लिये हिंदी भारतेंदु जी की चिरऋणी बनी रहेगी। हिंदी जगत ने इसी प्रकाश के लिये बा० हरिश्चंद्र को भारतेंदु की पदवी देकर सम्मानित किया था और इस उपाधि का राजा प्रजा दोनों ने समान रूप से आदर किया है।

भारतेंदु बा० हरिश्चंद्र जी पैंतीस वर्ष की अवस्था में माघ कृष्ण ६ सं० १९४१ (६ जनवरी १८८५ ई०) को गोलोक सिधारे। आपके दो पुत्र तथा एक कन्या हुई थी पर दोनों पुत्र शैशवावस्था में ही जाते रहे। कन्या के पाँच पुत्र हुए जिनमें तीन वर्तमान हैं।

५—नाटकीय घटना का सामयिक इतिहास

मगध देश या मागधों का प्रथम उल्लेख अथर्ववेद में मिलता है। पुराणों से पता लगता है कि महाभारत युद्ध के पहले मगध देश में बार्हद्रथों का राज्य

स्थापित हो चुका था। चेदिनरेश उपरिचार के पुत्र बृहद्रथ के लिए ही पहले मगध-नरेश की पदवी लिखी मिलती है। इसका पुत्र जरासंध था और पौत्र सहदेव महाभारत युद्ध का समसामयिक था। सहदेव के अनंतर २३ पीढ़ी तक इस वंश का मगध में राज्य था। इसके अनंतर अवंती-नरेश चंडप्रद्योत का मगध पर अधिकार हुआ और मगध-नरेश एक प्रकार उनकी अधीनता में रहने लगे।

इसके अनंतर गिरिव्रज के शैशुनाग-वंशी राजाओं का मगध पर अधिकार हो गया और प्रत्येक राजा राज्य बढ़ाने में सफल प्रयत्न हुआ। शिशुनाग, काकवर्ण, क्षेमधर्मन्, क्षत्राजीत और बिंबसार ने क्रमशः राज्य किया। इस वंश का पहला प्रतापी राजा बिंबसार हुआ। यह गौतम बुद्ध और महावीर तीर्थंकर का समकालीन तथा अंग देश का विजेता था। इसने अपनी जीवितावस्था ही में पुत्र को राज देदिया पर पुत्र ने लोभ-वश इसे मरवा डाला। बिंबसार के साला कोशलराज प्रसेन्-जित् ने अजातशत्रु पर बदला लेने के लिए चढ़ाई करदी पर अंत में सन्धि हो गई और प्रसेन्-जित् ने अपनी कन्या अजातशत्रु को ब्याह दी। अजातशत्रु पहले बौद्धों का कट्टर विरोधी था पर अन्त में बुद्ध के उपदेशों को सुनकर बौद्ध हो गया। इसने लिच्छिवियों पर भी विजय प्राप्त की और उन्हें दबाने के लिए गंगा और सोन के संगम पर पाटलिपुत्र नामक दुर्ग बनवाया। यह इस वंश का प्रथम सम्राट् था।

अजातशत्रु का उत्तराधिकारी दर्शक हुआ, जिसके अनंतर उदयाश्व या उदायी राजा हुआ। इसने पाटलिपुत्र के पास कुसुमपुर नामक नगर बसाया। इन सम्राटों ने राज्य बढ़ाने का कुछ प्रयत्न नहीं किया। इनके अनन्तर नंदिवर्द्धन और महानन्दि नामक दो सम्राटों का उल्लेख है। महानन्दि इस वंश का अन्तिम सम्राट् था, जिसकी शूद्रा स्त्री के नन्द नामक पुत्र हुआ। इसने मगध राज्य पर अधिकार करके नन्द वंश स्थापित किया।

इस प्रकार वि० सं० पूर्व ५८५ से वि० सं० पू० ३१५ तक लगभग पौने तीन सौ वर्ष तक राज्य करने पर शिशुनाग वंश का अन्त हुआ और नन्द वंश का प्रथम सम्राट् महापद्म नन्द हुआ। यह शूद्रा से उत्पन्न तथा क्षत्रियों का कठोर शत्रु था। यह अट्ठासी वर्ष राज्य कर मर गया। इसके अनन्तर

बारह वर्ष तक इसके पुत्रों के हाथ में रह कर मगध राज्य मौर्यों के हाथ में चला गया।

ग्रीक लेखकों के अनुसार उस समय के नन्दवंशीय राजा के कुस्वभाव के कारण हिंदू प्रजा में असंतोष फैला हुआ था। दूसरा कारण उनका शूद्रजात होना था। नन्दवंश वाले क्षत्रियों के नाशक थे, इससे उस समय के क्षत्रिय राजे भी उनसे विमुख थे। जिस समय चाणक्य नन्दों से बिगड़ खड़ा हुआ, उसी समय के आसपास सिकंदर भारत में आया और चला गया। उस समय चन्द्रगुप्त पंजाब में चक्कर लगा रहा था। सिकंदर की मृत्यु पर पंजाब के राजाओं ने यवनों के शासन के विरुद्ध विद्रोह किया और चन्द्रगुप्त इन बलवाइयों का मुखिया बन बैठा। इसी समय चाणक्य ने चन्द्रगुप्त को नन्दों के विरुद्ध उभाड़ा और पंजाब के राजाओं की सहायता से तथा आंतरिक षड्चक्र द्वारा मगध राज्य पर अधिकार कर चंद्रगुप्त को प्रथम मौर्य सम्राट् बनाया।

चंद्रगुप्त ने अधिकार-प्राप्ति के अनन्तर कोशल तक अपना राज्य बढ़ाया। वि० सं० २४० पू० में ग्रीक राजा सिल्यूकस निकेटोर सिकंदर के विजय किए हुए प्रांतों पर अधिकार करने के बाद भारतवर्ष में आया; पर चंद्रगुप्त से परास्त होकर लौट गया। इस पराजय के उपलक्ष में सिल्यूकस को अपनी कन्या चंद्रगुप्त से ब्याहनी पड़ी और काबुल, कंधार, हिरात तथा बिलूचिस्तान के प्रदेश भी उसे सौंपने पड़े। चंद्रगुप्त ने भी अपने श्वशुर को पाँच सौ हाथी प्रदान कर सम्मानित किया। इसके उपरांत सिल्यूकस ने मेगास्थनीज को अपना राजदूत बनाकर चंद्रगुप्त के दरबार में रखा।

इस प्रकार चौबीस वर्ष निष्कंटक राज्य कर पचास वर्ष की अवस्था में सं० २४१ पू० के निकट चन्द्रगुप्त की मृत्यु हुई। इसके अनन्तर इसके पुत्र बिंदुसार इसके ने पचीस वर्ष राज्य किया और तब परम प्रसिद्ध अशोक भारतवर्ष का सम्राट हुआ।

६—ग्रन्थ-परिचय

मुद्राराक्षस का स्थान संस्कृत साहित्य में बहुत ऊँचा है और अन्य नाटकों से भिन्न ऐतिहासिक तथा राजनीति-विषयक होने के कारण इसका कथावस्तु पुराण या भारत या रामायण से नहीं लिया गया है और न कोरी कपोल-कल्पना ही

है। वह शुद्ध इतिहास से लिया गया है। नाटक का मुख्य उद्देश्य है चाणक्य द्वारा स्थापित प्रथम मौर्य सम्राट् चंद्रगुप्त की राज्य श्री की स्थिरता, जिसके लिए नन्द वंश के पुराने स्वामिभक्त मन्त्री राक्षस को, जो मौर्य वंश से शत्रु भाव रखता था, मिलाना ध्येय रखा गया। भाषा नाटक के विषयानुकूल है। यदि इसमें महाकवि कालिदास के नाटकों का माधुर्य या सौंदर्य ढूँढ़ा जाय तो अवश्य ही न मिलेगा पर उसका न मिलना ही इस नाटक की विशेषता है। इसकी भाषा जोरदार तथा व्यावहारिक है और कहीं कहीं कुछ हास्यरस का भी पुट दिया गया है।

इस नाटक में एक विचित्रता यह है कि इसमें स्त्री पात्रों का अभाव सा है और शृंगार तथा करुण रस का संसर्ग भी नहीं होने पाया है। यद्यपि अन्तिम अङ्क में चन्दनदास की स्त्री रंगमंच पर आती है, पर वह भी नीरस, कठोर कर्त्तव्य-पालनोन्मुखी तथा स्वार्थत्यागिनी के रूप में प्रदर्शित है। उसके पास भी करुण रस नहीं फटकने पाया, तब शृंगार की कहां पूछ होती है। नाटककार ने लिख ही दिया है कि 'कलत्रमितरे सम्पत्सु चरपत्सु च, (अङ्क १ श्लो० ८५) अर्थात् राजनीतिज्ञ के लिये स्त्रियाँ सुख दुःख दोनों में भार सी प्रतीत होतीं हैं। इस प्रकार के राजनीति-धुरंधर नाटककार के लिखे गए राजनीति विषयक नाटक में माधुर्य या सौंदर्य का खोजना व्यर्थ है।

मुद्राराक्षस नाटक सात अङ्कों में है और नाट्यकला के सभी लक्षण इसमें पूर्ण रूप से वर्तमान हैं। इस नाटक में वीर रस प्रधान है। यद्यपि आश्चर्य की मात्रा भी प्रचुर रूप से वर्तमान है पर कर्मवीरत्व या उद्योग ही का प्राधान्य सारे नाटक में है। प्रधान नायक चन्द्रगुप्त धीरोदात्त है। पात्रों का विवेचन आगे दिया जायगा। प्रथम अङ्क में चाणक्य का मौर्य-राज्य की स्थिरता के लिए राक्षस को चन्द्रगुप्त का मन्त्री बनाने की दृढ़ इच्छा प्रकट करना बीज है। राक्षस की मोहर की प्राप्ति और शकटदास से पत्र लिखाकर मोहर करना तथा उसे मलयकेतु को कपट से दिखाना बिंदु है। इसी बिंदु तथा कार्य से नाटक का नामकरण हुआ है। विराधगुप्त का राक्षस से उसके प्रयत्नों का निष्फल होने का संदेह कहना पताका है। चाणक्य और चन्द्रगुप्त के मिथ्या कलह का संवाद राक्षस के पास जाना प्रकरी है। राक्षस का मन्त्रित्व करना कार्य है।

नाटक के कथावस्तु का निर्वाह भी विवेचनीय है। इसका प्रासंगिक कथावस्तु सर्वदा गौण तथा आधिकारिक कथावस्तु की सौंदर्य-वृद्धि में सहायक रहा। इसके दृश्य और घटनाक्रम ऐसी बुद्धिमानी और कुशलता से सङ्गठित किए गए हैं कि वे कहीं उखड़े से या असंबद्ध नहीं ज्ञात होते। कथावस्तु का आरम्भ, मध्य की अवस्थाएँ तथा अन्त भी बड़ी योग्यता से रखे गए हैं, जिससे वे कहीं बेडौल या भद्दे नहीं मालूम पड़ते। प्रथम अङ्क में चाणक्य का आकर कुछ पूर्वेतिहास कहना और नाटक का उद्देश्य बतलाना तथा उसी के साथ ही राक्षस की मुद्रा की प्राप्ति उसे फँसाने का प्रबन्ध करना दिखलाकर दर्शकों को नाटक की घटना का पूरा ज्ञान करा दिया गया। इसके अनन्तर द्वितीय अङ्क में राक्षस के प्रयत्नों का निष्फल होना तथा तृतीय अङ्क में चन्द्रगुप्त और चाणक्य का झूठा झगड़ा दिखलाना उद्देश्य पूर्ति का यत्न है। चतुर्थ और पंचम अङ्क में मलयकेतु का राक्षस के प्रति शंकोत्पत्ति से लेकर अन्त में सत्य कलह दिखलाना प्राप्त्याशा है। छठे में राक्षस का वधस्थान को जाना नियताप्ति और सातवें में मंत्रित्व ग्रहण करना फलागम है।

इस प्रकार विवेचना करने पर स्पष्ट ज्ञान होता है कि मुद्राराक्षस रूपक का प्रथम भेद नाटक है और नाट्यकला के अनुसार नाटकके सभी लक्षणों से युक्त है।

७—नाटकीय कथावस्तु का समय

नन्दवंश के नाश, चन्द्रगुप्त के राज्याधिकार, पर्वतक और सर्वार्थसिद्धि के मारे जाने तथा राक्षस के मलयकेतु के पास चले जाने से लेकर उसके फिर से चन्द्रगुप्त का मन्त्रित्व ग्रहण करने तक लगभग एक वर्ष का समय व्यतीत हुआ था। चतुर्थ अङ्क पंक्ति ४५-४६ में मलयकेतु का कथन है कि आज पिता को मरे दस महीने हुए और पर्वतक के मारे जाने के बाद ही राक्षस मलयकेतु के पास गया था। नाटक का आरंभ उस दिन से होता है जब जीवसिद्धि पर्वतक पर विषकन्या के प्रयोग करने के दण्ड में राज्य से निर्वासित किया जाता है और यह दन्ड पर्वतक के घात के दो ही चार दिन के अनन्तर दिया गया होगा। जिस दिन मलयकेतु ने पूर्वोक्त बात कही थी, उस दिन मार्ग-

शीर्ष की पूर्णिमा थी (देखिए चतुर्थ अंक पंक्ति २८४-२८८ की टिप्पणी)। इससे दस मास पिछले गिनने से फाल्गुन की पूर्णिमा आती है, जिसके दो एक दिन इधर या उधर पर्वतक की मृत्यु हुई होगी।

नाटककार को पूर्णिमा स्यात् प्रिय दिन था क्योंकि उसने प्रस्तावना में भी चंद्रग्रहण के बहाने पूर्णिमा का उल्लेख कर ही डाला है। पंडित मोरेश्वर रामचंद्र काले ने लिखा है कि प्रथम अंक का दृश्य चैत्र की पूर्णिमा के आस पास के दिन रखा गया होगा, क्योंकि कम से कम एक महीना चंद्रगुप्त के पाटलीपुत्र प्रवेश तथा प्रथम अंक की वर्णित घटना में अवश्य व्यतीत हुआ होगा और पर्वतक की जिस क्रिया को चंद्रगुप्त करना चाहता था, वह मासिक श्राद्ध रही होगी।

दूसरे अंक में विराधगुप्त ने राक्षस से कुसुमपुर का वृत्तांत कहते हुए कहा था कि 'जब चंद्रगुप्त की विजयघोषणा के विरोध से पुरवासियों के भाव का अनुमान करके आप नंदराज्य के उद्धारार्थ सुरंग से बाहर चले गए और जिस विषकन्या को आपने चंद्रगुप्त के नाशहेतु भेजा था, उससे तपस्वी पर्वतेश्वर मारा गया।' इससे यह निश्चित हो गया कि कुसुमपुर में चंद्रगुप्त की विजयघोषणा हो जाने पर पर्वतेश्वर मारा गया। मलयकेतु कुसुमपुर नगर ही से भागा था। चाणक्य ने पर्वतक के भाई वैरोधक पर विश्वास जमाकर उसी दिन की अर्द्धरात्रि को उसे नंदभवन में प्रवेश कराया था पर यह राक्षस के भेजे हुए घातकों द्वारा मारा गया (देखिये अंक २ पं० १८४-१९२ और २५०)। इस कारण चन्द्रगुप्त को उसके पुत्र या भाई आदि के न रहने पर पर्वतक की क्रिया करानी पड़ी और उसके आभूषणादि ब्राह्मणों को बाँट देने पड़े। प्रथम अंक पं० २३-२९ के अनुसार भी राक्षस का मलयकेतु से मिलने, म्लेच्छ राजाओं को सहायतार्थ उभाड़ने तथा इस तैयारी के समाचार को चाणक्य तक पहुँचने में एक मास के लगभग अवश्य लगा होगा।

पूर्वोक्त विचारों से प्रथम अंक का घटनारंभ चैत्र के अंत या वैशाख के आरंभ में हुआ।

दूसरा अंक भी लगभग एक मास बाद का होगा क्योंकि प्रथम अंक में सूली दिये जानेवाले शकटदास को छुड़ाकर सिद्धार्थक इस अंक में राक्षस

के पास पहुँचा। कुसुमपुर से मलयकेतु के पड़ाव तक की दूरी तथा दुर्गम रास्ते के लिये चतुर्थ अंक के आरंभ में करभक का कथन ही पर्याप्त है।

तीसरे अंक का दृश्य चातुर्मास के अनंतर आश्विन शुक्ल पूर्णिमा का है। इसका वर्णन उसी अंक में है।

चौथे अंक का दृश्य मार्गशीर्ष पूर्णिमा का है। (देखिये पंक्ति २८५-२८८ की टिप्पणी)

पाँचवें अंक का भी पूर्वोक्त तिथि के एक मास बाद का होना संभव है, क्योंकि मलयकेतु की सेना करभक की कथित दूरी को (अंक ४ पंक्ति २-३) तै कर कुसुमपुर के पास पहुँच गई थी। (अंक ५ पंक्ति ३१)

अंतिम दो अंकों की घटना का समय लेने पर नाटक की कथावस्तु का समय एक वर्ष के भीतर ही होता है।

८—पात्रों की विवेचना

कवि विशाखदत्त ने अपने पात्रों का चरित-चित्रण भी अच्छा किया है। इस नाटक के प्रधान पात्र कुटिल राजनीतिधुरंधर चाणक्य उपनाम कौटिल्य है और इनके प्रतिद्वंद्वी नंदवंश के मंत्री राक्षस हैं। नाटक के नायक मौर्यवंश के प्रथम सम्राट् चंद्रगुप्त तथा प्रतिनायक मलयकेतु हैं। अन्य पात्रों के चंदनदास, शकटदास और भागुरायण उल्लेखनीय हैं। चाणक्य और चंद्रगुप्त ऐतिहासिक पुरुष हैं। राक्षस भी ऐतिहासिक पुरुष होंगे क्योंकि ऐसे प्रधान पात्र को कल्पित मानना उचित नहीं। यदि ये कोरे कवि कल्पना मात्र होते तो क्या कवि राक्षस से अच्छे नाम की कल्पना नहीं कर सकता था। मलयकेतु भी ऐतिहासिक हो सकता है। अन्य पात्र कल्पित हैं।

इस नाटक में प्रथम पात्र-युगल के जीवन का केवल वही अंश दिखलाया गया है, जो राज्य के षड्यंत्रों में व्यतीत होता था। दोनों ही में स्वार्थ का चिन्ह भी नहीं देख पड़ता। चाणक्य ने इतने परिश्रम से, केवल अपनी प्रतिज्ञा को पूरी करने के लिये चंद्रगुप्त को राज्य का अधिकारी बनाया और अंत में उस राज्य को दृढ़ कर मंत्रित्व का पद तक न ग्रहण किया वरन् स्वस्थापित राज्य की भलाई के लिये उसे अपने प्रतिद्वंद्वी राक्षस को सौंप दिया। राक्षस भी निःस्वार्थ भाव से ही अपने गत स्वामिवंश का बदला

लेने को प्राणपण से लगा था। निःस्वार्थता ही तक दोनों समान हैं, पर इससे परे वे कहाँ तक एक दूसरे से भिन्न हैं, यह स्पष्टतया दिखला दिया गया है। चाणक्य दूरदर्शी, दृढ़प्रतिज्ञ और कुटिल नीति में पारंगत था। उसे अपने ऊपर पूर्ण विश्वास था और उसकी मेधा तथा स्मरण शक्ति बलवती थी। इन्हीं गुणों के कारण उसने शत्रु के षडयंत्रों को निष्फल करते हुए उनसे स्वयं लाभ उठाया और निज उद्देश्यसिद्धि के लिये उन्हीं का प्रयोग ठीक समय पर कर सफल प्रयत्न हुआ। इसमें मनुष्यों के पहचानने की शक्ति भी अपूर्व थी, पर इसके विपरीत राक्षस ने अंत तक अपने विश्वस्त मनुष्यों से ही धोखा खाया। शत्रु के यहाँ से भाग आने को इसने उत्तम प्रमाण तथा प्रशंसापत्र मान लिया था। एक बार इस विषय पर शंका हुई थी (देखिए अं० ५ पं० २३५-६) पर वह भी अंतिम समय में। राक्षस वीर सैनिक था पर राजनीति के कुटिल मार्गों का वह अच्छा ज्ञाता नहीं था, जिससे कभी कभी भूल कर जाता था। (देखिए अंक २ पं० १३७ की टि०) यह स्वभाव से मृदुल था और उदार हृदय होने के कारण किसी पर अविश्वास नहीं करता था। स्वामी के सर्वस्व नाश हो जाने के दुःख तथा उनका बदला लेने के उत्कट उत्साह से भी मेधाशक्ति आच्छादित हो रही थी। घटनाओं के वर्णन में यह विशेषता भी है कि सब बातें ठीक वैसी ही होती थीं जैसा कि चाणक्य चाहता था। कहीं भी उसकी इच्छा के विपरीत कोई घटना नहीं हुई। ऐसा जान पड़ता है कि चाणक्य घटनाओं का अनुशासन उसी प्रकार करता था जैसे काठ की पुतली नचाने वाला सूत्रों को हाथ में पकड़कर इच्छानुकूल उनसे कार्य कराता है। इस अवस्था में या तो हम चाणक्य की बहुज्ञता और दूरदर्शिता का परिचय पाते हैं अथवा कवि पर अस्वाभाविकता का दोष लगा सकते हैं। कभी कभी अनुकूल घटनाएँ ठीक समय पर हो जाती हैं पर आदि से अंत तक चाणक्य द्वारा प्रेरित सब घटनाओं का सटीक उतरना नाटक की स्वाभाविकता में बाधक होता है। अस्तु

चाणक्य का नाम विष्णुगुप्त था पर चणक का पुत्र होने से चाणक्य तथा कुटिल नीति का प्रवर्त्तक होने से वह कौटिल्य कहलाया। इसे काम-सूत्रकार वात्स्यायन भी बतलाया जाता है। संस्कृत कोषकारों ने इसके नाम

इस प्रकार दिए हैं—विष्णुगुप्तस्तु कौटिल्यश्चाणक्यो द्रामिलोऽङ्गलः। वात्स्यायनो मल्लनागपक्षिलस्वामिनावपि। यह वैदिक शास्त्र का अच्छा विद्वान् तथा राजनीति-विषयक कौटिल्य-शास्त्र का रचयिता है। राजनीति में इसकी इतनी प्रसिद्धि थी कि कामंदक ने स्वरचित ग्रंथ नीतिसार के आरंभ में इसकी प्रशंसा लिख कर इसे नमस्कार किया है। इसका मत प्रत्येक कार्य को अच्छे और पूर्ण रूप से करने का था इसमें पक्षपात का नाम भी नहीं था और शत्रु के उत्तम गुणों की प्रशंसा करने में भी नहीं चूकता था (देखिए अंक १ पंक्ति ४५-५७, अंक ७ पंक्ति ११६-६)। स्वस्थापित साम्राज्य के प्रधान अमात्य होने पर भी साधु के समान जीवन व्यतीत करना इसके विराग का अत्युत्कृष्ट प्रमाण है (देखिए कंचुकी का वर्णन अंक ३ पं० १२३-३२)। इसका अपने शिष्यों पर बड़ा प्रेम रहता था। (देखिए अं० १ पं० २० की टि०)। इसमें क्रोध, उग्रता तथा हठ की मात्रा भी पूर्ण रूप से वर्तमान थी। इसी से सब इससे डरते थे और यदि इस पर आत्मश्लाघा का दोषारोपण किया जाय तो अनुचित है क्योंकि इसने असंभव कार्य को भी संभव कर दिखलाया था। 'दैव दैव आलसी पुकारा' कहने वाले नहीं थे जैसा अंक ३ पं० १६८ में चंद्रगुप्त से कहा है। अस्तु, ऐसे पात्र की बँगला के सुप्रसिद्ध नाटककार द्विजेन्द्रलाल राय के चंद्रगुप्त नाटक में जो दुर्दशा की गई है वह अनुचित है।

इतिहास से राक्षस के बारे में कुछ नहीं ज्ञात होता। ऐसा कहा जाता है कि सुबुद्धिशर्मा नामक ब्राह्मण चदनदास के पड़ोस में बसता था और उसकी तीव्र बुद्धि पर प्रसन्न होकर नंद ने उसे मंत्री बना दिया था। राक्षस में निस्नेह अधिक था और उसने भी शत्रु की योग्यता की प्रशंसा कर हृदय की महत्ता दिखलाई है यह दैव, अशकुन और शुभाशुभ का विचार रखता था। इसके सेवकों पर इसका रोब नहीं पड़ता था। चाणक्य मार्ग की कठिनाइयों को कुचलते हुए उन्नत मस्तक होकर चले चलते थे, पर राक्षस दैव को दोष देकर चित्त को शान्त कर लेते थे (अं० ६ पं० १०४)।

अन्य पात्र-युगल, चंद्रगुप्त और मलयकेतु, नाटक के नायक तथा प्रतिनायक हैं। चंद्रगुप्त चाणक्य में पूज्य भाव रखता था और उसे उसकी योग्यता तथा नीति-कुशलता पर पूर्ण विश्वास था। मलयकेतु राक्षस पर

पहले ही से शंका करता था (अंक० ४ पं० १०४) और अंत में अविश्वास योग्य पुरुषों के कहने सुनने पर विश्वास कर उसने उसे निकाल भी दिया। इसमें चंद्रगुप्त के समान योग्यता नहीं थी। यह बिना विचार किए मनमाना कर बैठता था, जैसे कि पाँच राजाओं का मार डालना अंक० ५ पं० ४६५-२०)। दृढ़ प्रकृति का न होने से यह शत्रु के भेदियों की बातों में आ गया।

अन्य पात्रों में चंदनदास मित्रस्नेह का आदर्श रूप है। धन प्राण आदि सभी को तिलांजलि देकर इसने उसका निर्वाह किया। शकटदास ने भी मित्रता निबाही। भागुरायण ने मलयकेतु से स्नेह हो जाने पर भी स्वामिभक्ति का मार्ग नहीं छोड़ा (अं० ५ पं० ५७-८) अन्य पात्रों में भी यह गुण वर्तमान था।

६–कथावस्तु

नाटक का कथावस्तु बड़ी सफलता तथा बुद्धिमानी से संगठित किया गया है और उसकी मुख्य घटनाएँ इस प्रकार हैं। प्रथम अंक—(१) राक्षस की मुहर की अँगूठी का दैवात् चाणक्य को मिल जाना (२) शकटदास से जाली पत्र लिखवाना तथा उसको संदेश सहित सिद्धार्थक को सौंपना (३) जीवसिद्धि का देशनिर्वासन, शकटदास का भगाना तथा चंदनदास का कैद होना। द्वितीय अंक—(४) शकटदास का चाणक्य के चर सिद्धार्थक के साथ भागना और सिद्धाथक का राक्षस की सेवा में नियुक्त होना (५) मलयकेतु के गहनों को सिद्धार्थक को देना और सिद्धार्थक का मुहर लौटाना (६) पर्वतक के गहनों को धोखे से राक्षस के हाथ बेंचना। तृतीय अंक—(७) चंद्रगुप्त और चाणक्य का झूठा कलह। चतुर्थ अंक—(८) मलयकेतु का राक्षस पर शंका करना और चाणक्य के चर भागुरायण पर विश्वास। पंचम अंक—(९) मलयकेतु का राक्षस से कलह कर पाँच सहायक राजाओं को मरवा डालना (१०) मलयकेतु का युद्ध करने जाना तथा कैद होना। छठा अंक—(११) चंदनदास के रक्षार्थ चंद्रगुप्त की अधीनता मानने के लिए चाणक्य के चर का चतुरता से राक्षस को बाध्य करना। सातवाँ अंक—(१२) अंत में राक्षस का मंत्रित्व ग्रहण करना।

पूर्वोक्त घटनावली के देखने से ज्ञात हो जाता है कि नाट्यकला के आचार्यों ने कथावस्तु के जो विभाग किये हैं, उनका इस नाटक में कितनी उत्तमता से निर्वाह किया गया है इसका उल्लेख पहले किया जा चुका है। विद्वानों का मत है कि मृच्छकटिक को छोड़ कर इस नाटक से कोई अन्य नाटक इस गुण में आगे नहीं बढ़ सका है। सभी घटनाएँ एक उसी उद्देश्य राक्षस से मिलन—की पूर्ति की ओर जा रही है। चाणक्य के उद्देश्य निश्चित करते ही उसके सभी प्रयत्न उसी की पूर्ति के लिए हुए और अपने चरों से राक्षस को उसने इस प्रकार घेर लिया कि उसके सभी प्रयास निष्फल कर उसे अंत में ऐसे अवसर पर ला उपस्थित किया कि अंत में उसे या तो घोर कृतघ्नता के या मगध साम्राज्य के मंत्रित्व के बोझ में से एक को स्वीकार करना पड़ा।

आरंभ में दर्शकों को सभी बातों का पूरा पूरा ज्ञान कराते हुए जो उत्सुकता उत्पन्न की गई है, वह प्रायः अंत तक बढ़ती गई है और इसके दृश्य इतने सजीव और स्वाभाविक हैं कि कहीं जी नहीं ऊबता।

कहा जाता है कि इस नाटक से कोई उत्तम शिक्षा नहीं मिलती और इसके दोनों प्रधान पात्र अवसर पड़ने पर मित्रों तथा शत्रुओं को मार्ग से हटाने के लिए किसी उपाय को घृणित नहीं समझते थे। अस्तु, इसमें आदर्श सामने रखकर दैव पर भरोसा करने वालों को उद्योग या कर्मवीरत्व की उचित शिक्षा दी गई है। कर्म का ही फल दैव या निज कर्म है। कम में जो कुछ लिखा जाता है वह पुस्तकाकार किसी के साथ संसार में नहीं आता पर जो कुछ कर्म किया जाता है वही पुस्तक स्वरूप में जाते समय यहीं छोड़ जाना पड़ता है। कर्मवीरत्व को यदि कुशिक्षा समझा जाय तो इस पर मेरा कुछ कथन नहीं है। प्रधान पात्रों पर जो कटाक्ष है उस पर कुछ लिखने के पहले इस गौण बात पर विचार करना उचित है। यदि कोई दस पाँच शस्त्रधारी पुरुष साथ लेकर किसी के गृह पर आक्रमण करता है तो कहा जाता है कि वह डाँका डालता है पर जब कोई लाख दो लाख सेना लेकर किसी दूसरे के राज्य पर आक्रमण करता है तो वह जगद्विजयी, दिग्विजयी या चक्रवर्ती की उपाधियों से विभूषित किया जाता है। एक में केवल स्वार्थ है तो दूसरे में स्वार्थ के साथ यशोलिप्सा की मात्रा भी प्रचुरता से विद्यमान है। पर इस

नाटक के इन दोनों पात्रों में यह दिखलाया जा चुका है कि स्वार्थ का लेश भी नहीं है। तात्पर्य यह है कि व्यक्तिगत दोष तथा समाज के लिए किए गए दोष एक ही बाँट से नहीं तौले जाते।

नंद वंश की राज्यलक्ष्मी चंद्रगुप्त के वशीभूत होकर भी चांचल्य नहीं त्याग रही थी अर्थात् वह साम्राज्य के दो विभागों में—चंद्रगुप्त तथा पर्वतक के बीच—बाँटे जाने के विचार से अस्थिर हो रही थी। चाणक्य ने यह विचार कर कि साम्राज्य के दो भाग होने से पड़ोस में दो प्रबल साम्राज्यों का शांति पूर्वक रहना असंभव है और आपस के झगड़े में सहस्रों सैनिकों का रक्तपात होगा, इससे वह बँटवारे के विरुद्ध हो गया। इधर राक्षस ने बदला लेने के लिए चंद्रगुप्त पर विषकन्या का प्रयोग किया। चाणक्य ने अच्छा अवसर पाकर उस विषकन्या का पर्वतक पर प्रयोग करा दिया, जिससे बँटवारे का प्रश्न ही मिट गया। इसके अनंतर जब राक्षस पर्वतक के पुत्र मलयकेतु से मिलकर राज्य में षड्यंत्र रचने लगा और उसने अनेक राजाओं को सहायतार्थ उभाड़ा तब चाणक्य को भविष्य में होने वाले युद्ध की आशंका हुई। चाणक्य ने राक्षस को मिलाना ही उत्तम समझा और सहस्रों मनुष्यों के रक्तपात से उन्होंने एक जाली पत्र बना लेना या दो चार मनुष्यों का मारा जाना अधिक उचित माना। तृतीय अंक में नाटककार ने चाणक्य ही द्वारा इस विषय पर बहुत कुछ कहलाया है। मलयकेतु अंत में छोड़ दिया गया और शकटदास तथा चंदनदास की शूली दिखावट मात्र थी। बधिकों का मारा जाना केवल राक्षस से शस्त्र के फेंकवाने के लिये झूठ ही कहा गया था।

पूर्वोक्त विचारों से चाणक्य तथा राक्षस पर आरोपित दोषों का मार्जन हो जाता है। राजनीतिज्ञों का कार्य कितना कठिन है, यह नाटककार ने स्वयं ही कहा है देखिए अंक ४ पं० १८-२१)। नाटक में दो एक बातें विचारणीय हैं। जिस समय चाणक्य जीवसिद्धि, शकटदास तथा चंदनदास को दंड दे रहे थे उस समय तक उन्हें पर्वतक को अपना मित्र ही प्रकट करना ध्येय था, तब राजद्रोही के लिये शूली और राजहंता को केवल निर्वासन कैसा? क्या इस कारण से कि वह साधु था? अंक १ पं० ३५६ में चाणक्य कहते हैं कि 'ते वक्रनासादिक सचिव नहिं थिर सके करि, नसि चली।' उन वक्रनास आदि सचिवों ने राक्षस के समान बदला लेने

नदी के किनारे पहुँचे। यहाँ हूणों से युद्ध हुआ। इसके अनंतर काँबोजों से युद्ध हुआ और तब वह हिमालय की पार्वत्य जातियों तक पहुँचा।' [सर्ग ४ श्लोक ६०-६६] नाटकचाग ने भी कांबोज को एक जाति ही लिखा है तथा उसे भारत की पश्चिमोत्तर देशीय जातियों के नामों में गिनाया है। ग्यारहवीं शताब्दी के आरंभ में कांबोजों ने बंगाल के पालवंशी राजा को परास्त कर राज्य स्थापित किया, पर सं० १०४० के लगभग महीपाल ने इस जाति को निकालकर फिर से अधिकार कर लिया। फाहियान के यात्राविवरण में इस जाति का उल्लेख नहीं है। पूर्वोक्त कथनों से ज्ञात होता है कि यह जाति विक्रम संवत् की आरंभिक शताब्दियों में पश्चिमोत्तर पार्वत्य प्रांतों में ही बसी थी पर वहाँ से यात्रा करती दसवीं शताब्दी में तिब्बत आदि होती बंगाल के उत्तरी प्रांत तक पहुँच गई।

किरात—एक प्राचीन जंगली जाति विशेष। इसका उल्लेख महाभारत आदि पर्व, सर्ग १७७ श्लोक ३६], भारवि कृत किरातार्जुनीय तथा रघुवंश [सर्ग ४ श्लोक ७६] में है। किरातों का देश हिमालय के पूर्व का पार्वत्य प्रांत था, जिसके अंतर्गत आधुनिक नैपाल का कुछ पूर्वीय अंश, सिक्किम तथा भूटान माना जाता है।

कुलूट—जालंधर दोआब के पश्चिम और उत्तर का एक प्रांत, जो सतलज के दायें तट पर है और जिसे वर्तमान समय में कुलू कहते हैं। इस स्थान का उल्लेख कादंबरी तथा वराहमिहिर में भी है। ह्यूएनत्साँग ने इसका जालंधर से मथुरा तथा थानेश्वर के मार्ग पर होना लिखा है। वृहत्-संहिता [सं० १४ श्लोक २२] में पश्चिमोत्तर की जातियों में मद्र, अश्मक, कुलूत, चहडा आदि का उल्लेख है। उसी के २९ वें श्लोक में पूर्वोत्तर की जातियों के साथ भी कुलूतों का वर्णन है।

खस—यह भी एक पार्वत्य जाति है। राजशेखर ने काव्यमीमाँसा में कथोत्थमुक्तक के उदाहरण में जो श्लोक उद्धृत किया है उसमें खसों का निवासस्थान हिमालय दिया है। परंतु जस्टिस तैलंग तथा उन्हीं के अनुसार प्रो० विधुभूषण गोस्वामी ने खसों का निवासस्थान गारो तथा खसिया पहाड़ियाँ लिखा है, जो आसाम प्रांत में ब्रह्मपुत्र के बाएँ तट की ओर हैं। इसे मान कर जस्टिस तैलंग ने लिखा है कि इसके अनुसार 'खश' के स्थान

Missing Page

Missing

Page

Missing Page

गई, जिससे आर्यावर्त के समान उस प्रांत का नाम आरियन
ऐरण हुआ, जिससे ईरान शब्द बना। इस देश का एक अ
पारस्य प्रांत कहलाता था, जहाँ के वास। इखामनीय वंश का वि०
भग सात शताब्दी पहले अधिकार होने पर कुल देश पारस कह
महाभारत, विष्णुपुराण, रघुवंश, कथासरित्सागर आदि में प
पारसीक का उल्लेख मिलता है। विक्रम सं० के आरंभिक काल
वंश प्रबल था, जिससे पारस देश कभी उसके तथा कभी यवनों
में होता था, पर तीसरी शताब्दि के अंत में सासान वंश पारदो
कर स्वतंत्र हो गया। इस वंश का सं० ६६७-६ के नहीवंद
कर मुसलमानों ने पारस में आर्य संस्कारों का नाश कर दि
साथ योरोप की यूनानी [यवन] जाति का पारस पर जो अ
उसका भी अंत हो गया। पारस के किसी नरेश का नाम मेघाख
जुलता नहीं मिलता पर यह भी विचारणीय है कि यदि पारस
स्वयं मलवाइयों का साथ देने को इतनी दूर भारत पर चढ़ाई कर
वह घटना ऐसी गुप्त नहीं रहती। स्यात् किसी सेनानी के अधीन
आई हो।

मगध—मुद्राराक्षस में इसे एक जाति माना है [खस मगधगणै
मगध के उन रहने वालों से तात्पर्य हो जो चंद्रगुप्त से द्रोह रखते थे

मलय—इस नाम के बारे में जस्टिस तैलंग लिखते हैं कि
पाठ ठीक है तो नाटक में केवल यही एक दक्षिणीय स्थान है।
घाट का दक्षिणी छोर है। मलय नाम को छोड़ कर सभी स्थान
के तथा अधिकतर पश्चिमोत्तर सीमा के हैं। इससे यह ध्वनि निक
नाटक के मलय को पश्चिमोत्तर सीमा पर, मुख्य कर मलयके
की सीमा पर होना चाहिये या मलय पाठ ही अशुद्ध है। चाणक
चर ने कहा था कि कौलूत, काश्मीर और मलय मलयकेतु का
हैं, इससे इन तीनों का मलयकेतु के राज्य की सीमा पर होना
और साथ ही मलय को कौलूत तथा काश्मीर के आस पास हो
सिकंदर के समय के पंजाब में मल्ली और मल्लोई नाम की दो
होने का उल्लेख है। ग्रीक लेखकों ने मल्लोई जाति के पास अ

जाति का वर्णन किया है, जिन दोनों जातियों का अग्निशाली ने 'क्षौद्रक-मालव' समास में उल्लेख किया है तथा महाभारत में भी दोनों जातियों का साथ ही उल्लेख है। मिस्टर के० एच० ध्रुव ने युएनच्वांग के यात्रा-विवरण के अनुसार निश्चित किया है कि काश्मीर की पूर्वीय सीमा और कुलूत के मध्य में मलय जाति का स्थान था। डाक्टर जे० बर्गे ने भी इस शब्द की कुछ विवेचना की है, जिसका सारांश भी यहाँ दे दिया जाता है।* महाभारत [प० ६ श्लोक ३५६] में जातियों की एक सूची में विदेह, मागध, स्वच्छ, मलय और विजय के नाम दिए हैं। विष्णुपुराण [हॉल संग० जि० २ पृ० १६५-६] में उसी क्रम से वे ही नाम दिए गए हैं। रामायण [कां० ४ स० ४० श्लो० २५] में सुम्भ, मत्स्य, विदेह, मलय और काशीकोशल के नाम हैं। इनमें मगध, विदेह और काशीकोशल उत्तरी भारत के हैं और उनके साथ साथ रहने से मलयों के भी उत्तरी भारत के होने की संभावना है। रत्नकोश में मलय देश का उल्लेख है तथा अष्टावक्र का मलय देशवासी होना लिखा है। नेपाल में गंडक और राप्ती के तटों पर बसा हुआ प्रांत वर्तमान समय में मलय भूमि कहलाता है। लैसन ने [इंडि० एटलस द्वितीय सं० जि० १ पृ० ३५] इस नाम का पर्वत भी लिखा है। मिस्टर ध्रुव ने युएनच्वांग के मोव शब्द को मलय मान कर विवेचना की है, जिसे जुलीन अशुद्ध मानते हैं पर दूसरा पाठ सांपोहो चंपक या चाँबा का द्योतक जान पड़ता है। संभव है कि पर्वतक ने अपने पुत्र का नाम उसी जाति पर रखा हो जिसका वह राजा था या जिसे उसने विजय किया था और उसी जाति के कुछ विद्रोही, जो प्रकट रूप में मलयकेतु से मिले थे, उसके राज्य का लोभ रखते रहे हों।

मालवा—एक प्रसिद्ध प्रांत है, जो वर्तमान समय में सेंट्रल इंडिया एजेंसी के अंतर्गत है।

यवन—यह शब्द भी म्लेच्छ के समान अनेक समय में अनेक जातियों के लिये व्यवहृत हुआ है। महाभारत में 'योनिदेशाश्च यवनान्, लिखा है, पर यह योनि देश कहाँ है इसका उल्लेख नहीं है। स्यात् योनि और यूनान

---

*इंडियन एंटिक्वेरी, जि० १४ पृ० १०५—८ और ३२०।

पर्यायवाची शब्द हों। सिकंदर के समय के पहिले इयोनिया ग्रीस का सब से उत्तम भाग था और उसके पूर्व की ओर स्थित था। रघुवंश में लिखा है कि जब रघु दिग्विजय करते पारस पहुँचे तब उन्हें 'यवनीमुखपद्मानां' का सौरभ प्राप्त हुआ था। सिकंदर के आक्रमण के अनंतर पारस तथा मध्य एशिया में ग्रीक बसने लगे थे और वहाँ उनका अच्छा प्रभाव था विक्रम संवत् के पूर्व की दूसरी शताब्दि में मौर्य वंश का अंत कर जब पुष्यमित्र राजा हुआ तब मिनेंडर के अधीन ग्रीकों ने भारत पर चढ़ाई की थी पर परास्त होकर उन्हें लौट जाना पड़ा था। इसी पुष्यमित्र ने जब अश्वमेध यज्ञ किया और दिग्विजय के लिये सेना भेजी तब सिंध [बुंदेलखंड की नदी] नदी के तट पर उसने यवनों को परास्त किया था। मिनेंडर की चढ़ाई के अनंतर फिर कोई यूरोपियन आक्रमण स्थल मार्ग से नहीं हुआ। यदि यवन शब्द यूरोपियन जातियों के लिये प्रयोग किया जाता था, तो वह उन्हीं के लिये हो सकता है जो सिकंदर से मिनेंडर के समय तक भारत में आकर बस गए थे। जब ये यवन हिन्दुओं में मिल गए तब यह शब्द सभी परदेशी जाति के अर्थ में लिया जाने लगा। पर मुद्राराक्षस का यवन शब्द उसी अवस्था का द्योतक है, जब वे हिंदुओं में मिल चले थे। क्योंकि उसके अनंतर यवन शब्द एक जाति विशेष का सूचक न होकर म्लेच्छ शब्द के समान हिंदू धर्म से भिन्न सभी अन्य मतावलंबियों के लिये प्रयुक्त होने लगा।

वाल्हीक—व्यास और सतलज के बीच का प्रांत, जो केकय देश के उत्तर में है [रामायण, अयोध्या स० ७८]। त्रिकांड शेष में वाल्हीक और त्रिगर्त एक ही देश का नाम बतलाया गया है। महाभारत [कर्ण पर्व स० ४४] में लिखा है कि वाल्हीक जाति शवी और अपगा के पश्चिम में बसती थी, जो झंग प्रांत कहलाता है। मद्र, जिनकी राजधानी शाकल [ग्रीकों का संगाला] थी, वाहिक कहलाते थे, जो वाल्हीक का अपभ्रंश रूप है। दिल्ली के लौहस्तंभ पर सिंधु के वाल्हीकों का उल्लेख है। बलख को भी वल्हीक कहते हैं, जो तुर्किस्तान में है और जिसे ग्रीक बैक्ट्रिआना कहते थे। जेंद भाषा में वाल्हीक को वाख्तर कहते थे, जिससे ग्रीकों ने बैक्ट्रिआना या बैक्ट्रिया शब्द गढ़ लिया है।

शक—विक्रम शक के एक शताब्दि से अधिक पूर्व यूएहची नामक एक व्रात्य जाति चीन से निकाल दी गई और इसने सर दरिया के तटस्थ प्रांत में बसी हुई शक जाति को हटाकर वहाँ अधिकार कर लिया। इसी समय या इसके कुछ पूर्व शकों ने पारस के पश्चिम ओर के प्रांत पर अधिकार कर लिया था, जो शकस्थान या बाद को सीस्तान कहलाया। शकों के समूह का कुछ अंश पह्लवों के साथ भारत में भी आया और ग्रीकों के छोटे छोटे राज्यों को अधिकृत करके तक्षशिला तथा मथुरा के आस पास बस गया। इसके अनंतर लगभग दो शताब्दि बाद शकों ने सुराष्ट्र अर्थात् काठियावाड़ पर भी अधिकार कर लिया और वहाँ के क्षत्रप वंश को चौथी शताब्दि के मध्य में चंद्रगुप्त विक्रमादित्य ने अंत किया। इसके अनंतर शक जाति जिन जिन देशों में बस गई थी, वहाँ के निवासियों में मिल गई और उसका नाम मिट गया। महाभारत में भी शकों का उल्लेख है—शकानां पह्लवानाञ्च दरदानाञ्च ये नृपाः। (उद्योगपर्व स० ३ श्लो० १५)।

सिंध—भारत के पश्चिम बिलूचिस्तान से सटा हुआ प्रांत सिंध है, जिसके निवासी सैंधव कहलाते थे। अब वे सिंधी कहलाते हैं। विष्णु पुराण अंश २ अध्याय ३ श्लो० १७ में ['सौवीराः सैंधवाः हूणाः शाल्वा शाकल वासिनः'] सैंधवों का उल्लेख है। सिंध सम्राट् अशोक के साम्राज्य में सम्मिलित था। मौर्य साम्राज्य की अवनति पर पह्लवी जाति का सिंध पर अधिकार हो गया था। वि० सं० की दूसरी शताब्दि में कुशान वंशी सम्राट् कनिष्क ने सिंध देश अपने साम्राज्य में मिला लिया। कुशान वंश की अवनति पर उनके प्रांताध्यक्ष सुराष्ट्र के शक क्षत्रपों का बल इतना बढ़ा कि मालवा, सिंध, कच्छ, राजपुताना तथा उत्तरी कोंकण तक उनका राज्य फैल गया। सं० ४४५ में चंद्रगुप्त द्वितीय ने इस राज्य का अंत कर दिया। इसके अनंतर सिंध में शूद्रों का राज्य हुआ, जिसके अंतर्गत बिलूचिस्तान भी था। उसी प्रांत की रक्षा में सिंध का राज्य स्थापित हुआ। अंतिम राजा सिंहराय तथा उनके पुत्र साहसी अरबों से युद्ध करने में सं० ७०१ तथा ७०३ में मारे गए। उनके ब्राह्मण मंत्री चच तथा उनके पुत्र दाहिर सिंध के राजा हुए। इन्हीं दाहिर के समय कासिम के पुत्र मुहम्मद ने सिंध पर चढ़ाई की थी।

हूण—हूणों का उल्लेख महाभारत, मार्कंडेय पुराण, रघुवंश, बृहत्सं आदि अनेक ग्रंथों में मिलता है, जिससे यह निश्चित रूप से नहीं कहा सकता कि हूणों का उल्लेख करने के कारण अमुक ग्रंथकार अमुक श. में हुआ। भारतवर्ष पर श्वेत हूणों का आक्रमण पाँचवीं तथा छठी शता. में हुआ था पर इसके पूर्व क्या उनमें से कुछ भारत में आकर पंजाब आस पास नहीं बस सकते थे? मुद्राराक्षस में हूण विजयगर्वित जाति न है प्रत्युत् मलयकेतु की आक्रमणकारी सेना का एक अंश मात्र उस ज का था। छठी शताब्दि के पूर्वार्द्ध में हूणों को बालादित्य और यशोधर्मा पूर्णतया पराजित कर उनके साम्राज्य का नाश कर दिया, जिसके कुछ समय बाद हूणों के नाम का भी एक प्रकार लोप हो गया।

इन सब जातियों तथा स्थानों पर विवेचना करने के अनंतर यही ज्ञा होता है कि मुद्राराक्षस में इनका जिस प्रकार उल्लेख है, उससे नाटक का निर्माण-काल पाँचवीं शताब्दी प्रत्युत् उसके पहिले का रहा होगा।

११—ग्रंथ-निर्माण काल

१—मुद्राराक्षस के निर्माण-काल के निश्चित करने का पहिले पहिल प्रो० विल्सन ने प्रयास किया था। इन्होंने नाटक के दो श्लोकांश लेकर अपना सिद्धांत खड़ा किया है। पहिला म्लेच्छ शब्द है, जिसका नाटक कई बार प्रयोग हुआ है पर अंतिम श्लोक के प्रयोग को मुख्य मान कर उसी पर तर्क किया गया है। 'म्लेच्छैरुद्विज्यमाना भुजमुगमधुना संश्रिता राजमूर्तेः' श्लोक के म्लेच्छ से मुसलमान का तात्पर्य लिया गया है और गजनवी तथा गोरी का समय निश्चित किया गया है। दूसरा श्लोक नाटक के पाँचवें अंक के आरंभ में है।

> बुद्धिजलनिर्झरैः सिच्यमाना देशकालसैः।
> दर्शयिष्यति कार्यफले गुरुकं चाणक्य नीतिलता॥

इस पर प्रो० विल्सन का कथन है कि इस प्रकार की आलंकृत शैली नाटक के निर्माण-काल की रचनाओं में स्वाभाविक रूप से नहीं मिलती। स्यात् हिन्दू अपने पड़ोसियों से इसे ग्रहण कर रहे थे। पूर्वोक्त तर्क के आधार पर मुद्राराक्षस का निर्माण-काल ग्यारहवीं या बारहवीं शताब्दि निश्चित

किया गया और इनकी सम्मति को बाद के यूरोपियन विद्वान् ध्रुव सत्य मान कर उसी का प्रचार करते रहे।

२—पूर्वोक्त निश्चय के विरुद्ध पहिले पहिल बंबई हाईकोर्ट के जज पं० काशीनाथ तैलंग ने लेखनी उठाई और विद्वत्तापूर्ण विवेचना कर दिखलाया कि उसकी भित्ति निर्मूल है। म्लेच्छ शब्द से मुसलमानों ही से तात्पर्य है, ऐसा समझने का कोई विशेष कारण नहीं है और संस्कृत साहित्य के प्रत्येक युग में इससे यही तात्पर्य निकलता है, ऐसा कहा ही नहीं जा सकता। अब प्रोफेसर विलसन का कथन तभी ग्राह्य हो सकता है जब इसके साथ साथ अन्य कोई कारण भी दिया गया हो पर ऐसा नहीं किया गया है। साथ ही नाटक में मलयकेतु म्लेच्छ कहा गया है पर उसका, उसके चाचा वैरोचक तथा उसके पिता पर्वतक, पर्वतेश्वर या शैलेश्वर के नाम मुसलमानों के नामों से नहीं हैं* और मृत पिता को जल देने का उल्लेख भी मुद्राराक्षस

*मलयकेतु के नाम पर जो कुछ कहा गया है उसके साथ यह भी उल्लेख करना उचित है कि पारस के राजा का नाम भी मेघनाद, मेघाख्य या मेघाक्ष दिया गया है। ये नाम भी पारसीय नहीं ज्ञात होते पर ये पारसीय नाम के संस्कृत रूप हैं, जैसा भारतेन्दु बा० हरिश्चंद्र ने अलेक्जैंडर का अलक्षेन्द्र तथा पोरशिया का पुरश्री गढ़ लिया था। पर दोनों में इतनी विभिन्नता है कि पारसीक के बारे में हम जानते हैं कि वे कौन हैं, उसका अर्थ रूढ़ि है तथा उस पर कोई सिद्धांत नहीं खड़ा करना है, पर म्लेच्छ शब्द से किससे तात्पर्य है, इसका अर्थ रूढ़ि नहीं है और इसकी भित्ति पर पूरा सिद्धांत खड़ा किया गया है।

म्लेच्छ शब्द का प्रयोग उसी प्रकार का है जिस प्रकार ग्रीकों का बर्बर या बारबेरियन शब्द है वे ग्रीकों से इतर सभी जातियों को उसी नाम से संबोधित करते थे। मुद्राराक्षस ही में 'म्लेच्छराजबलस्य मध्यात् प्रधानतमाः पंच राजानः' (अंक १ पं० २२४-६२) में कौलूत चित्रवर्मा, मलयनरपति सिंहनाद, काश्मीर-राज पुष्कराक्ष, सिंधु नरेश सिंधुसेन और पारसीक मेघाक्ष सभी परिगणित हैं। यह सभी राजे पश्चिमोत्तर सीमा के हैं। महाभारत में भी म्लेच्छ शब्द का प्रयोग हुआ है (आदि पर्व, सर्ग १७७ श्लोक ३७)।

के म्लेच्छों के मुसलमान होने के सिद्धांत को भ्रांतिमय बतलाता है * यह मानना कि नाटक के उसी श्लोक में म्लेच्छ का अर्थ मुसलमान लि० जाय और उसके पहले के प्रयोग में वैसा न समझा जाय, एक नया सिद्धांत स्थापित करना है, पर उसके लिये कोई उत्तम कारण नहीं होने से वह मान नहीं है। पूर्वोक्त विचारों से प्रो० विलसन की तर्कना की प्रथम उक्ति अत्यंत निर्बल हो जाती है। पर यदि उनकी उस उक्ति को मान भी लिया जाय कि म्लेच्छ से मुसलमानों का अर्थ लिया गया है तब भी यह विचारणीय है कि मुद्राराक्षस का समय ईसवी ग्यारहवीं या बारहवीं शताब्दि कैसे हो सकता है। 'म्लेच्छैरुद्विज्यमाना भुजयुगमधुना, संश्रिता राजमूर्तेः' से मुसलमानों के अधिकार स्थापित होने की ध्वनि नहीं निकलती। श्लोकांश का आशय है कि म्लेच्छों के उपद्रवों से दुखित होकर राज्यलक्ष्मी विष्णुरूप तत्सामयिक राजा के बल की आश्रित होती है। इस आशय से यही ज्ञात होता है कि मुसलमानों के आक्रमण उस समय तक क्षणिक थे तथा हिंदुओं द्वारा वे दलित किये गये थे और गजनवी तथा गोरी की चढ़ाइयों के समान उनका स्थायी प्रभाव भारतवर्ष पर नहीं पड़ा था। इतिहास से ज्ञात होता है कि लगभग एक शताब्दि तक सिंध की ओर से मुसलमानों की चढ़ाइयाँ होती रहीं, पर सभी में वे एक कासिम के पुत्र मुहम्मद की चढ़ाई को छोड़ कर, असफल-प्रयत्न हुए। सिंध की सीमा के मुसलमान सूबेदार ने भरोच, उज्जैन और मालवा तक सेनाएँ भेजी थीं पर उसके उत्तराधिकारी तामीम के समय 'मुसलमान' भारत के अनेक स्थानों से हट आए और उस समय तक वे प्राचीन समय के अधिकार से आगे नहीं बढ़े थे।‡ जूनेद की

---

* मुसलमान म्लेच्छों का पितरों को जलदान देना पूर्व-इस्लाम काल का द्योतक है, बाद का नहीं।

† यदि नाटककार का म्लेच्छ शब्द से मुसलमान तात्पर्य था और वे दसवीं या ग्यारहवीं शताब्दि में वर्तमान थे तब उन्हें कांभोज, बाल्हीक आदि नाम लिखने की आवश्यकता नहीं रह गई थी। उस समय तक अफ़ग़ानिस्तान तथा उसके पूर्व के प्रांतों की सभी जातियाँ मुसलमान हो गई थीं तथा वे भिन्न भिन्न जातियाँ नहीं रह गई थीं।

‡ इलिअट डाउसन जि० १ पृ० १२६।

चढ़ाइयाँ आठवीं शताब्दि के मध्य की हैं और प्रो० विलसन के सिद्धांत पर उस श्लोकांश के अनुसार म्लेच्छ शब्द आठवीं शताब्दि के मुसलमानों का द्योतक हो सकता है।

३—प्रोफेसर विलसन ने पाँचवें अंक के आरंभिक श्लोक के बारे में जो कुछ कहा है, उसके विरुद्ध मि० तैलंग का कथन है कि नीलि-पाद्य और उसके पुष्पों का उल्लेख कालिदास कृत मालविकाग्निमित्र पृ० १० में और भवभूति के वीर-चरित पृ० ६१ में है। उस रूपक का यहाँ अधिक अलंकृत होना पूर्वोक्त आलोचना के योग्य नहीं है।

४—प्रो० विलसन जैन क्षपणक जीवसिद्धि के नाटक में एक पात्र होने को भी मुद्राराक्षस की नवीनता का एक कारण मानते हैं और जैन के लिए क्षपणक शब्द के प्रयोग को भी भारत से बौद्धों के लुप्त होने के बाद के समय का शाब्दिक गड़बड़ समझते हैं।' यहाँ यह समझ लेना चाहिए कि प्रोफेसर विलसन जैनों के समय को बहुत आधुनिक मानते हैं। आधुनिक खोज से उनकी यह युक्ति भी निर्भ्रान्त नहीं रह गई। *क्षपणक शब्द के प्रयोग पर जो आपेक्ष है, वह भी अयुक्त है क्योंकि उस शब्द का केवल बौद्धों के लिये प्रयोग होता है, ऐसा कहने का कोई कारण ज्ञात नहीं होता। पंचतत्र में जो प्रोफेसर विलसन के उक्त 'समय' के पहले का है, यह शब्द जैनों के लिए आया है पर उसके लिए भी प्रोफेसर साहब वही गड़बड़ी मानते हैं गोविंदानंद की शारीरिक भाष्य की टीका और प्रबोधचंद्रोदय में भी बौद्ध और जैन स्पष्ट भिन्न भिन्न माने गए हैं। प्रोफेसर विलसन ने स्यात् श्रमणक और क्षपणक शब्दों के समझने में स्वयं भूल की है। क्षपणक, श्रमणक, अर्हत्, श्रावक और जिन आदि शब्दों का प्रयोग बहुधा दोनों ही मतावलम्बियों के लिये पाया जाता है। दोनों मत ब्राह्मणों की दृष्टि में एक ही से हैं, इससे यह गड़बड़ होना स्वाभाविक है। जीवसिद्धि के जैन

---

*शंकराचार्य ने जैन मत का खंडन किया है, जो आठवीं शताब्दि के आरंभ में माने जाते हैं। उनके समय में इस मत की अवश्य ही प्रबलता रही होगी, जिसके लिए प्राचीन समय में कई शताब्दियाँ लग गई होंगी। वस्तुतः बौद्ध और जैनमत साथ ही साथ चलाए गए थे।

मतावलम्बी होने पर तथा उसे देखना अशकुन मानने पर भी चाणक्य और राक्षस ने उसे अपना अंतरंग मित्र बनाया था। साथ ही वह जैसे कुकार्य में लगाया गया था उससे ज्ञात होता है कि धार्मिक कट्टरपन के कम हो जाने पर भी द्वेष का नाश नहीं हो गया था।

५—प्रोफेसर विलसन की खंडनात्मक आलोचना करने पर विद्वद्वर पं० तैलंग ने अन्य कारणों से समय निकालने का भी प्रयत्न किया है। पहले दशरूप और सरस्वती कंठाभरण* में मुद्राराक्षस से उद्धृत अंशों पर विचार किया गया है। दशरूप में मुद्राराक्षस का तीन बार† उल्लेख है। पहले में इससे पूरा एक अंश उदाहरण के लिए लिया गया है, दूसरे स्थान पर

---

*हितोपदेश के सुहृदभेद का ११३ वाँ श्लोक भी मुद्राराक्षस से उद्धृत है। वह श्लोक यों है—

अत्युच्छ्रिते मंत्रिणि पार्थिवे च विष्टभ्य पादावुपतिष्ठते श्रीः।
सा स्त्री स्वभावादसहा भरस्य तयोर्द्वयोरेकतरं जहाति॥

फारस के न्यायी नौशेरवाँ ने, जो सं० ६८८-७१२ तक बादशाह था, पहलवी भाषा में एक पुस्तक का अनुवाद कराया था जिसे 'करतक और दमनक' कहते थे। पहलवी से अरबी में उसका अनुवाद द्वितीय खलीफा के समय में हुआ और ५१५ हि० में उससे फारसी में अनुवाद हुआ जो 'कलील: दमन: या अनवारे सुहेली' कहलाता है। कुछ विद्वानों का मत है कि यह पंचतंत्र का और कुछ विद्वानों का मत है कि यह हितोपदेश का अनुवाद है. हितोपदेश का एक आधार पंचतंत्र भी है।

†दशरूपक में एक श्लोक मुद्राराक्षस से उद्धृत है, जिसे भर्तृहरिशतक से लिया गया लिखा गया है। वह श्लोक यों है—

प्रारभ्यते न खलु विघ्नभयेन नीचैः, प्रारभ्यविघ्नविहता विरमंतिमध्याः। विघ्नैः पुनः पुनरपि प्रतिहन्यमानाः, प्रारब्धमुत्तमगुणास्त्वमिवोद्वहन्ति। पर नीति शतक में अंतिम पद 'प्रारब्धमुत्तमगुणा न परित्यजति' है और 'त्वमिवोद्वहति' मुद्राराक्षस का पाठ है, जो उसके लिए उपयुक्त है क्योंकि विराधगुप्त राक्षस को प्रयत्न करते रहने के लिए उत्तेजना दे रहा है।

नाटक के कुछ पात्रों का उल्लेख है और तीसरे में नाटक का आधार बृहत्कथा को बतलाया गया है। सरस्वती कंठाभरण में मुद्राराक्षस के नाम का उल्लेख नहीं है, पर एक विशेष अंश दोनों में समान रूप से है, जिसे मुद्राराक्षस से उद्धृत मानना चाहिए। दूसरा मुद्राराक्षस के एक प्राकृत श्लोक* का संस्कृत अनुवाद है, जिनकी दूसरी पंक्तियों में कुछ भिन्नता है। दशरूपक के लेखक धनंजय परमार-वंशीय राजा मुंज के समय में हुए, जो राजा भोज के पितृव्य थे।† सरस्वती कंठाभरण इन्हीं राजा भोज की कृति है। मुंज की मृत्यु सं १०५० और १०५४ के बीच में हुई और राजा भोज के सिंहासनारूढ़ होने के समय सं १०६० या उसके पूर्व है††। पूर्वोक्त विचारों से यह निश्चित हो गया कि मुद्राराक्षस नाटक सं १०४४ वि० के पूर्व की कृति है।‡

६—मि० तैलंग के बतलाये पूर्वोक्त दोनों ग्रंथों के सिवा शार्गंधर पद्धति में मुद्राराक्षस (अंक ७ श्लोक ३) के एक श्लोक के भावार्थ की नकल मुक्तापीड कृत कह कर उद्धृत है। यह मुक्तापीड या ललितादित्य काश्मीर के राजा थे और इनका काल सन् ७२६—७५३ ई० है। विशाखदत्त कृत दो अनुष्टुभ् श्लोक वल्लभदेव के सुभाषित में संगृहीत हैं, जिनका काल

---

* उवरि घणं घणरडिअं दूरेदइदा किमेददावदिआम्।
हिमवदि दिव्वो संहिओ सीसे सप्पो समाविट्ठो॥

† दशरूप का रचयिता धनंजय तथा उसकी दशरूपावलोक टीका का रचयिता धनिक दोनों भाई थे। ये तीनों उद्धरण अवलोक ही में हैं। पहिला प्रथम प्रकाश के अंतिम श्लोक की टीका में, दूसरा द्वितीय प्रकाश के ५९ वें श्लोक के पूर्वार्ध 'संघात्य' के उदाहरण में और तीसरा तीसरे प्रकाश के १६ वें श्लोक के नालिका के उदाहरण में दिया गया है।

†† देखिये नागरी प्रचारणी पत्रिका, नया सन्दर्भ भाग १ पृ० १२३—४

‡ प्रारभ्यते नखलु.........'श्लोक कुछ भेदों के साथ भर्तृहरि शतक

चंद्र:ौंशताब्दि का पूर्वार्द्ध है। इधर हाल में विशाखदत्त कृत एक नाटक देवी चंद्रगुप्तम् का पता चला है, जिसके उद्धरण उक्त नाटककार के नाम सहित रामचंद्र गुणचंद्र कृत नाट्यदर्पण तथा भोज कृत शृंगार प्रकाश में दिए गए हैं।

७—भरतवाक्य यहाँ पूर्ण उद्धृत कर देना आवश्यक जान पड़ता है क्योंकि इसे लेकर मि० तैलंग के सिवा अन्य विद्वानों ने भी कुछ तर्क किया है

वाराहीमात्मयोनेस्तनुमवनविधावास्थितस्यानुरूपां,
यस्य प्रागदंतकोटिं प्रलयपरिगता शिश्रिये भूतधात्री।
म्लेच्छैरुद्विज्यमाना भुजयुगमधुना संश्रिताराजमूर्तेः;
स श्रीमद्बन्धुभृत्यश्चिरमवतु महीं पार्थिवश्चन्द्रगुप्तः॥

मिस्टर काशी प्रसाद जायसवाल ने 'म्लेच्छैरुद्विज्यमाना', अधुना श्री चंद्रगुप्तः' शब्दों पर विचार करते हुए निश्चित किया था कि नाटककार ने अपने समय के राजा गुप्तवंशीय चंद्रगुप्त द्वितीय का उल्लेख किया है, 'जो हूणों को परास्त करेंगे'। इस प्रकार नाटक का निर्माण काल उन्होंने चंद्रगुप्त द्वितीय का समय अर्थात् पाँचवीं शताब्दि निश्चित किया है। *मिस्टर बी० जे० अंतानी ने इन विचारों का खंडन किया है।† उनका कथन है कि म्लेच्छैरुद्विज्यमाना के म्लेच्छ शब्द से हूण तात्पर्य क्यों लिया गया है और ऐसा अर्थ लेने को उद्विज्यमाना का भविष्य में अर्थ क्यों लगाया गया है? वस्तुतः म्लेच्छ शब्द हूण, यवन, शक आदि किसी भी जाति का

का समय सातवीं शताब्दि के लगभग माना है। यदि विशाखदत्त ने यह श्लोक भर्तृहर से उद्धृत किया है तो उन्होंने सातवीं शताब्दि के अनंतर मुद्राराक्षस की रचना की है और यदि मुद्राराक्षस से शतक में लिया गया है तो वे उसके पहले रहे होंगे।

*इन्डियन ऐन्टिक्वेरी जि० ४२ पृ० २६५—५७।

†इन्डियन ऐन्टिक्वेरी जि० ५१ सा० १६२२ पृ० ४६—५१।

पर्यायवाची नहीं हो सकता पर उसका अर्थ इस व्यापक रूप में अवश्य लिया जाता था कि सनातन धर्म मानने वाले भारतीयों से इतर सभी अन्य जातियाँ उसी विशेषण से विभूषित की जाती थीं। स्कंदगुप्त के जूनागढ़ के लेख से 'पितोऽपि आमूलमरनदर्पा निर्वचना म्लेच्छदेशेषु' उल्लेख कर मि० अंतानी ने दिखलाया भी है कि उस म्लेच्छ से हूण का भी तात्पर्य लिया जाता है। चंद्रगुप्त द्वितीय के समय हूणों की भारत पर न ऐसी चढ़ाई हुई थी और न वे ऐसे प्रबल हो पाए थे कि उनको परास्त करने के कारण चंद्रगुप्त को वाराह अवतार की उपमा देनी सुसंगत होती। नृसिंह बालादित्य तथा यशोधर्मन के समय वस्तुतः हूण परास्त किए गए थे और उनका प्रबल राज्य छिन्न भिन्न हुआ था। यह सब ऐतिहासिक तर्क वितर्क केवल 'अधुना' शब्द पर उठाया गया था, जिसका अर्थ मिस्टर जायसवाल ने वर्तमान लिया था।

नाटककार ने भरत वाक्य के पहले चंद्रगुप्त से निम्नलिखित श्लोक कहलाया है—

> राक्षसेन समं मैत्री राज्ये चारोपिता वयम्।
> नंदाश्चोन्मूलिताः सर्वे किं कर्तव्यमतः प्रियम्॥

इस पर राक्षस मंत्री के कहने का तात्पर्य है कि 'अब राजा चंद्रगुप्त राज्य करें'। इस प्रकार अधुना केवल भूत कालिक क्रियाओं के अनंतर 'अब' का ही अर्थ देता है। ग्रंथनिर्माण का समय कुछ भी हो पर चंद्रगुप्त से भरतवाक्य में मौर्य चंद्रगुप्त ही का भास होता है। नाटककार विशाखदत्त ने अपने आश्रयदाता का नाटक में कहीं उल्लेख नहीं किया है और यदि उस आश्रयदाता का नाम भी चंद्रगुप्त हो और वह भी मौर्य-सम्राट् ही सा प्रतापी हो रहा हो, तो उसका भी उल्लेख इसमें मान लेना समीचीन हो सकता है।

मिस्टर अंतानी ने यशोधर्मन के मंदसोर स्तंभलेख के श्लोकों से तथा भरतवाक्य और एक अन्य श्लोक (अंक ३ पं० १६४-७) में समानता दिखलाई है। उसे भी यहाँ उद्धृत किया जाता है—भरतवाक्य तथा लेख के जिस दूसरे अंतिम श्लोक की दो पंक्तियों में समानता दिखलाई है, वह यों है—

आविर्भूतावलेपैरविनयपटुभिर्ल्लंघिताचार मार्गै-
र्मोहादैदंयुगीनैरपशुभरतिभिः पीड्यमाना नरेंद्रैः।
यस्यक्ष्मा शार्ङ्गपाणेरिव कठिन धनुर्ज्याकिणांकप्रकोष्ठं
बाहु लोकोपकारव्रतसफलपरिस्पंदधीरं प्रपन्ना ॥

मुद्राराक्षस

आशैलेन्द्राच्छिलांतः स्खलित सुरनदीशीकरासारशीता-
त्तीरान्ता नैकरागस्फुरितमणिरुचो दक्षिणस्यार्णवस्य।
आगत्यागत्य भीतिप्रणतनृपशतैः शश्वदेवक्रियंतां,
चूडारत्नांशुगर्भास्तव चरणयुगस्यांगुलीरंध्रभागाः॥

मंदसोर-स्तंभलेख का पाँचवा श्लोक

आलौहित्योपकंठात्तलवनगहनोपत्यकादामहेन्द्रा-
दा गंगाश्लिष्ट सानोस्तुहिन शिखरिणः पश्चिमादापयोधेः।
सामंतैर्यस्य बाहुद्रविणहृतमदैः पादयोरानमद्भि-
श्चूडारत्नांशुराजिव्यतिकरशबला भूमिभागाः क्रियते॥

मंदसोर स्तंभलेख के छठे श्लोक की अंतिम दो पंक्ति—

नीचैस्तेनापि यस्य प्रणति भुजबलावर्जनक्लिष्ट मूर्ध्ना
चूडापुष्पोपहारैर्मिहिरकुलनृपेणार्चित पादयुग्मम्॥

जस्टिस तैलंग ने जिन हस्तलिखित प्रतियों का मिलान किया है, उनमें से एक में अंतिम श्लोक के चंद्रगुप्त के स्थान पर अवंतिवर्मा पाठ है। इस पर आप लिखते हैं कि इस नाम के दो राजाओं का पता चलता है। एक काश्मीर-नरेश थे और दूसरे कान्यकुब्जाधिपति हर्षवर्धन के बहनोई मौखरीवंश के ग्रहवर्मा के पिता थे। काश्मीर-नरेश अवंतिवर्मा के बारे में आपका कथन है कि जिस प्रति में वह नाम दिया गया है, वह उस राज्य से इतने दूर प्रांत में मिली है कि उस संबंध से काश्मीर के राजा अवंतिवर्मा का ही नाटक में उल्लेख मानना उचित नहीं है। परंतु इस पर विचार करने से, यदि कुछ प्राचीन हस्तलिखित प्रतियों का इतिहास लिखा जाय, तो ज्ञात होगा कि उनमें से बहुतों ने दूर दूर की यात्रा की है, पूर्वोक्त तर्क को अव्यर्थ नहीं माना जा सकता। नाटककार के चंद्रगुप्त के स्थान पर अवंतिवर्मा का नाम

अपने आश्रयदाता की कीर्ति बढ़ाने के लिये ही लिखा गया होगा। पर यदि अवंतिवर्मा को काश्मीर का राजा मानिए तो यह कठिनाई उत्पन्न होती है कि कवि काश्मीर राज्य के यशः सौरभ को म्लेच्छ काश्मीर-नरेश पुष्कराक्ष के रूप में मलयकेतु के अधीन तथा उसी के द्वारा उसकी अपमृत्यु कराकर मलिन न करता। इस विचार से काश्मीर के अवंतिवर्मा का उल्लेख श्लोक में होना अग्राह्य है। अब दूसरे अवंतिवर्मा के संबंध में विचार करना चाहिए। जस्टिस तैलंग ने तथा उन्हीं के आधार पर विधुभूषण गोस्वामी ने अवंतिवर्मा को पश्चिमीय मगध अर्थात् बिहार का राजा तथा हर्षवर्धन को कन्नौज का राजा मान लिया है। परंतु यह ठीक नहीं है। थानेश्वर के वैश्यवंशी राजा प्रभाकरवर्द्धन को तीन संतति थी—राज्यवर्द्धन, हर्षवर्द्धन और राज्यश्री। इसी राज्यश्री से कन्नौज के राजा अवंतिवर्मा के पुत्र ग्रहवर्मा का विवाह हुआ था। अवंतिवर्मा के सिक्कों पर गु० सं० २५० (वि० सं० ६१२) मिला है, जिससे ज्ञात होता है कि ये गुप्त वंश के अधीन थे। *मालवराज देवगुप्त ने कन्नौज पर चढ़ाई कर ग्रहवर्मा को मार डाला और इसके अनंतर राज्यवर्द्धन ने मालव-नरेश से इस चढ़ाई का बदला लिया। राज्यवर्द्धन के मारे जाने पर हर्षवर्द्धन ने दिग्विजय कर कन्नौज को अपनी राजधानी बनाया। विशाखदत्त का इन अवंतिवर्मा के समय में नाटक रचना संभव हो सकता है। इन्होंने हूणों को पराजित करने में गुप्तों की तथा अन्य मित्र राजाओं की सहायता की होगी, जिस कारण इनके नाम का उस श्लोक में चंद्रगुप्त के स्थान पर प्रयोग हुआ होगा। उस श्लोक में म्लेच्छ शब्द इन्हीं हूणों के लिए आया कहा जायगा। इन विचारों से कवि विशाखदत्त का समय ईसवी छठी शताब्दि का उत्तरार्द्ध हो सकता है।

पर यह विचारणीय है कि नाटक के एक पात्र राक्षस के मुख से किसी ऐसे राजा के विषय में 'चिरमवतुमहीं' कहलाना, जो उससे दस ग्यारह शताब्दि बाद होगा, कहाँ तक नाटककार के लिये उचित था। यदि ऐसा ही होता तो वह किसी देवता को लाकर कहला देता पर नाटककार को उसकी आवश्यकता नहीं पड़ी क्योंकि राक्षस तथा नाटककार दोनों के आश्रयदाताओं का एक ही नाम था और दोनों के लिए वे सब विशेषण उचित थे।

---

*प्राचीन राजवंश भाग २, पृ० ३१४—५ और ३७५

अवंतिवर्मा के सिवा दंतिवर्मा और रंतिवर्मा भी पाठ मिलता है, जिसमें प्रथम नाम के तीन राजे दक्षिण में हुए। दो राष्ट्रकूट और एक पल्लव। इनका काल सन् ६०० ई० सन् ७५० और ७७६-८३० ई० है। पर नाटककार ही के अनुसार 'म्लेच्छदेशसविशेय: अर्यावर्तस्ततः परम्' है। उसने अर्यावर्त का होने से उससे भिन्न सभी को म्लेच्छ कहा है और ऐसी हालत में उसके आश्रयदाता को आर्यावर्त ही का एक प्रतापी नरेश होना चाहिए। जिनिकारों के कारण चंद्रगुप्त के स्थान पर इन अन्य नामों का लिखा जाना अधिक संगत ज्ञात होता है।

उक्त श्लोक में चंद्रगुप्त के दो विशेषण पार्थिवः और श्रीमद्बंधुभृत्यः दिए गए हैं। दूसरे का अर्थ ढुंढिराज ने 'श्रीमंतः बंधवो भृत्याश्च यस्य सः' अर्थ लगाया है पर विष्णु भगवान से समानता दिए जाने वाले राजा के विषय में यह छोटी बात लिखना कि उसके नौकर भी थे और हाथी घोड़े भी थे इत्यादि विशाखदत्त से राजनीति कुशल साहित्यिक को शोभा नहीं देता। पर यह विशेषण सार्थक है। सम्राट् चंद्रगुप्त विक्रमादित्य अपने बड़े भाई सम्राट् रामगुप्त के अत्यंत अनुयायी थे और उन्हीं के लिए यह पद आया है। कवि नाटककार इस पद में विष्णु तथा चंद्रगुप्त में समानता बतला रहा है और चंद्रगुप्त नाम से मौर्य सम्राट् तथा अपने आश्रयदाता दोनों का स्मरण कर रहा है। उसका भाव यह है कि जिस प्रकार विष्णु भगवान ने वाराह अवतार लेकर डूबी हुई पृथ्वी को हिरण्याक्ष से रक्षाकर अपने दंताग्र पर धारण किया था उसी प्रकार चंद्रगुप्त भी म्लेच्छों से उसको बचाकर अब अपने दोनों हाथों के बीच उसे आश्रय देकर चिरकाल तक उसकी रक्षा करे। चंद्रगुप्त मौर्य ने ग्रीक तथा पर्वतक आदि म्लेच्छों से संत्रस्त हुई पृथ्वी की रक्षा की थी और उन म्लेच्छों को भारत से दूर किया था। राक्षस के मुख से कहलाने से यह मौर्य सम्राट् का द्योतक हुआ और साथ ही कवि अपने आश्रयदाता चंद्रगुप्त विक्रमादित्य पर भी इसे घटाता है क्योंकि उक्त प्रतापी सम्राट् ने शकों का समूल नाश कर भारत से उनका नाम मिटा दिया था। शक म्लेच्छ थे और बहुत दिनों से उस जाति ने भारत के पश्चिमोत्तर भाग पर अपना राज्य जमा रक्खा था।

८—निर्माण काल के निरूपण का एक अन्य मार्ग पाटलिपुत्र नगर की

स्थिति का विचार है। नाटक का रंगस्थल अधिकतर पाटलिपुत्र, कुसुमपुत्र या पुष्पपुर ही में है। जस्टिस तैलंग ने इस विषय पर जो कुछ विचार किया है वह पहिले दे दिया जाता है। नाटक में पाटलिपुत्र का जो भूगोल मिलता है, वह मौर्य्य सम्राट् चंद्रगुप्त के समय की स्थिति के अनुकूल न होगा प्रत्युत नाटककार के समय ही के अनुकूल होगा और यह तर्क बिलकुल सारहीन नहीं है। पूर्वोक्त तर्क इस विचार से अधिक पुष्ट होता है कि नाटककार ने भौगोलिक स्थिति का जो कुछ वर्णन किया है, उसका नाटक में अन्य तात्पर्य से ही उल्लेख हो गया है। नाटक से ज्ञात होता है कि पाटलिपुत्र सोन नदी के दक्षिण में था और सुगांगप्रासाद* गंगा जी पर था। इससे यह भी मान लेना ठीक है कि नाटक-रचना के समय पाटलिपुत्र बसा हुआ नगर था। यह विचार तभी मान्य है, जब हम नाटक में दी हुई भौगोलिक स्थिति के संबंध में जो तर्क ऊपर कर आए हैं, वह ठीक हो। चीनी यात्री फाहियान, जो सन् ३६२ ई० तक यात्रा करता रहा, पाटलिपुत्र को मगध की राजधानी लिखता है पर युवनच्वांग, जिसने सन् ६२६ और ६४३ के बीच यात्रा की थी, इसे बहुत दिनों से उजड़ा हुआ लिखता है अर्थात् उस समय तक पाटलिपुत्र वर्तमान था। पर सन् ७५६ ई० के चीनी वर्णन से ज्ञात होता है कि 'होलिंगनदी का तट टूट गया और वह लुप्त हो गया'। अनुवादक ने होलिंग से गंगा जी का तात्पर्य लिया है। मिस्टर कनिंघम तथा मिस्टर बेगलर ने यही मान कर लिखा है कि गंगा जी के तट के टूटने से पाटलिपुत्र नष्ट हुआ। इस विचार से मुद्राराक्षस की रचना आठवीं शताब्दि ईस्वी के पूर्वार्द्ध की है। मार्टेनजिन के उक्त विवरण की फिर से प्रकाशित प्रति में वह अंश इस प्रकार दिया गया है कि 'सन् ६६८ में चीन ने होलिंग देश खोया और भारतवर्ष के राजों ने उस समय से दरबार आना छोड़ दिया।' इस प्रकार से दोनों अनुवाद एक दूसरे से भिन्न हैं, इस लिए इस विषय पर अधिक नहीं लिखा जाता है। आधुनिक पटना शेरशाह का बसाया हुआ है। पाटलिपुत्र की स्थिति के बारे में अन्य विद्वानों ने जो कुछ तर्क

---

*यह प्रासाद गुप्त काल के आरंभ में निर्मित हुआ था और इसका उल्लेख भी इस नाटक के उस काल का होना सूचित करता है।

किया है, उसमें प्रोफेसर विलसन के अनुसार मुद्राराक्षस का रचनाकाल ग्यारहवीं शताब्दि मान लिया है। उस तर्क वितर्क में जेनरल कनिंगहम ने नाटककार के अनुसार पाटलिपुत्र को दोनों नदियों के प्राचीन भाग के मध्य में माना है पर ऐसा ठीक नहीं है। वह दोनों नदियों के दक्षिण में स्थित था। तात्पर्य यह कि उक्त विवेचना से कोई फल नहीं निकला।

६—यहाँ तक जस्टिस तैलंग के इस संबंध की विवेचना का दिग्दर्शन हुआ। अब इसी विषय को लेकर दूसरी प्रकार से विवेचना की जायगी। मौर्य सम्राट् चंद्रगुप्त के समय के पाटलिपुत्र की स्थिति या अवस्था सेल्यूकस के भेजे हुए राजदूत मेगास्थनीज के विवरण में इस प्रकार दी हुई है। 'यह नगर ८० स्टेडिया* लंबा और १५ स्टेडिया चौड़ा था। इसके चारों ओर लकड़ी की चहार दीवारी थी, जिसमें तीर चलाने के लिए छिद्र बने हुए थे। इसमें ६४ फाटक और ५७० बुर्ज थे। नगर के एक ओर गंगा और दूसरी ओर सोन की धारा बहती थी। चहार दीवारी के चारों ओर ६०० फ़ीट चौड़ी और ३० हाथ गहरी खाईं थी, जिसमें सोन का जल भरा जाता था।' अब कवि विशाखदत्त ने पाटलिपुत्र की स्थिति नाटक में किस प्रकार दी है, इसका विवेचना आवश्यक है। तृतीय अंक में चंद्रगुप्त को सुगाँगप्रासाद पर खड़ा कर नाटककार वहाँ से दीखती हुई गंगा पर कटाक्षपात करते हुए शरत् पर कविता करते हैं 'गंगांशरन्नयति सिंधुपतिं प्रसन्नाम्'। इसके अनंतर चंद्रगुप्त चारों ओर घूम कर देखते हैं कि कौमुदी महोत्सव नहीं मनाया गया है। इन दोनों अंशों से इतना मालूम हुआ कि सुगांगप्रासाद से गंगा दिखलाती थी और उसके चारों ओर नगर बसा हुआ था। अर्थात् गंगा जी के तट पर नगर था तथा अच्छा प्रकार बसा हुआ था। चौथे अंक में मलयकेतु अपने हाथियों की प्रशंसा करता हुआ कहता है कि 'शोणां सिंदूरशोणा मम गजपतयः पास्यंति शतशः।' इससे यह निश्चित है कि पाटलिपुत्र तक पहुँचने के लिए मलयकेतु को सोन नदी पार करना था। उसी अंक में

---

*स्टेडियम का बहुवचन स्टेडिया है। अनुमानतः एक अंग्रेजी मील लगभग १० स्टेडिया के होता है (स्मिथ की अर्ली हिस्ट्री आफ इंडिया पृ० १३५ टि०)

इसके अनंतर लग्नक मुहूर्त बतलाते हुए कहता है कि 'तुम्हाणं उत्तलाए दिशाए दक्खिलएँ दिसं पत्थिदाणं'। इससे यह ज्ञात हुआ कि पाटलिपुत्र सोन के दक्षिण में है। पूर्वोक्त विचारों से यह निश्चित रूप से ज्ञात हो गया कि नाटक का पाटलिपुत्र गंगा के तट पर बसा हुआ था और सोन नदी के दक्षिण ओर था अर्थात् गंगा और सोन के मध्य में नहीं रह गया था।

चद्रगुप्त मौर्य्य के समय मेगास्थनीज-वर्णित तथा मुद्राराक्षस नाटक के वर्णित पाटलिपुत्र नामक नगर की स्थतियों में यह विभिन्नता है कि पहले समय में वह गगा जी तथा सोन नदी के मध्य में था पर दूसरे समय सोन के दक्षिण और गंगा जी के तट पर था। इस कारण यह निश्चित रूप से कहा जा सकता है कि कवि ने घटनाकाल के पाटलिपुत्र की स्थिति का नाटक में समावेश नहीं किया है वरन् अपने ही समय की स्थिति का। अब यह विचारणीय है कि यह स्थिति परिवर्तन कब हुआ। फाहियान ने अपने यात्रा विवरण में पाँचवीं शताब्दि के आरंभ के पाठलिपुत्र का जो वर्णन दिया है, वह संक्षेप में यों है। 'गंडकसोनादि का जहाँ गंगा जी से संगम हुआ है, वहाँ से नदी उतर का एक योजन (साढ़े ६ मील) दक्षिण किनारे किनारे चलने पर मगध राज्य की राजधानी पुष्पपुर पहुँचा।' नगर में अशोक के राजप्रासाद और सभा भवन की प्रशंसा करते हुए लिखा है कि 'मध्यदेश में यह नगर सबसे बड़ा तथा समृद्धशाली है।' उस समय की रथयात्रा, पाठशाला, सदावर्त और औषधालय का भी वर्णन है। फाहियान के पूर्वोक्त वर्णन से यह जाना जाता है कि पाटलिपुत्र सोन के दक्षिण में तथा वैभवशाली होते हुए मगध की राजधानी था। यह वर्णन नाटककार के समय के पाटलिपुत्र का चित्र सा ज्ञात होता है।

हुएनत्सांग ने अपने यात्रा विवरण में पाटलिपुत्र का इस प्रकार वर्णन किया है। 'गंगा जी के दक्षिण में सत्तर मील के घेरे का एक प्राचीन नगर है। यद्यपि यह बहुत दिनों से उजाड़ है पर अभी तक बाहरी दीवालें खड़ी हैं। सत्ययुग में इसका नाम कुसुमपुर था, क्योंकि राजा के महल में फूल बहुत थे। त्रेता में इसका काम पाटलिपुत्र था।......प्राचीन महल के उत्तर एक ऊँचा स्तभ है..........उसी के पास स्तूप का खंडहर है.......।' हुएनत्सांग

के कथनानुसार पाटलिपुत्र सातवीं शताब्दि के पूर्वार्द्ध के बहुत पहले उजाड़ हो गया था। इससे यह निश्चित हो जाता है कि नाटक लिखने के समय पाटलिपुत्र की जो अवस्था थी वह सातवीं शताब्दि के पहले की थी। अर्थात् नाटक रचना का समय फाहियान की यात्रा के समय के आस पास, विशेषतः पहिले तथा सुएनच्वांग के बहुत पहले था।

कर्पूर प्राकार नामक एक जैन ग्रंथ है जिसमें 'वीर निर्माणतो वर्षशतेष्वेकोनविंशतौ चतुर्दश ब्दयुक्तेषु व्यतीतेषु दुरागमः चैत्र सप्तमी दिने विष्टौ भावी म्लेच्छकुलो नृपः....गंगा प्रवाहस्तन्नगरं प्लावयिष्यति' लिखा है। तात्पर्य यह कि सन् १४७२ ई० में यह नगर तीसरी बार गंगा में डूब गया था। इसके पहिले सन् ८५० ई० में कौंगजु-एन के अनुसार भी यह नगर जल में डूब गया था। इसके पहिले त्रिलोकसार नामक जैन ग्रंथ के अनुसार सं० ४७२ वि० में पहिले पहिल पाटलिपुत्र जलमग्न हुआ था। उक्त ग्रंथ में लिखा है कि 'श्री वीरनाथ निर्वृतेः सकाशात् पञ्चोत्तर षट् छत वर्षाणि पंचमास युतानि गत्वा पश्चात् विक्रमांक शकराजो जयते। ततउपरि चतुर्नवत्युत्तर त्रिशत वर्षाणि सप्त मासाधिकानि गत्वा पश्चात् कल्कि जायते'। इससे यह ज्ञात हो गया कि मुद्राराक्षस में लिखित पटना की स्थिति ४७२ वि० के प्रथम जलमग्न के पहिले की है।

ऊपर लिखे गए अनेक विद्वानों के सिद्धांतों तथा तर्कों पर विचार करने से जो सार निकलता है वह संक्षेपतः इस प्रकार है। प्रोफेसर विलसन के सिद्धांतों की खंडनात्मक आलोचना करने पर जस्टिस तैलंग ने उनके सिद्धांतों में म्लेच्छ शब्द की भित्ति पर खड़े किए गए सिद्धांत के विषय में लिखा है कि यदि इसे निस्सार न माना जाय तो यह आठवीं शताब्दि का द्योतक हो सकता है। मुद्राराक्षस नाटक से जो अंश अन्य ग्रंथों में उद्धृत किए गए हैं, उनसे यह निश्चित हो जाता है कि यह सं० १०४४ से पूर्व की रचना है। भरतवाक्य के विषय में तर्क करते हुये उसका निर्माण का एक प्रकार निश्चित सा किया गया है। पाटलिपुत्र की स्थिति पर विचार करते हुए जस्टिस तैलंग ने आठवीं शताब्दि में निर्माणकाल का होना संभावित माना है पर अन्य प्रकार से विचार करने पर उसका चौथी शताब्दि के आस पास होना

अधिक संभव है। गंगा-सोन-संगम भी एक भौगोलिक वैचित्र्य है। उसकी यात्रा के विषय में 'आर्किओलोजिस्टस्' ने कोई स्वतंत्र तर्क शैली पर विचार नहीं किया है प्रत्युत् वे प्रोफेसर विलसन के सिद्धांत ही को अकाट्य मान कर चले हैं। यह गंगा-सोन-संगम चंद्रगुप्त मौर्य्य के समय पटना के पूर्व था पर फाहियान के समय तक लगभग एक सहस्त्र वर्ष में पश्चिम को यात्रा करता हुआ पटना से एक योजन पश्चिम पहुँच गया। इसके अनंतर लगभग चौदह शताब्दि में इसने सत्रह अठारह कोस की ओर यात्रा की है। जब सुगाँगप्रासाद से चंद्रगुप्त ने गंगा जी का वर्णन किया तब यदि सोन भी वहाँ से दीखती तो नाटककार उसके विषय में भी कुछ कहलाता। साथ ही मलयकेतु द्वारा सोन नद पार करना कहलाकर उसका पटना के पास होना भी प्रकट किया है क्योंकि इस प्रकार तो सेना को अनेक नदी उतरनी पड़ी होगी पर उन सब का उल्लेख करना नाटककार का ध्येय न था। जिस नगर पर अधिकार करना हो उसे परिखा के समान घेरने वाली नदी विशेष उल्लेखनीय है और मलयकेतु भी सोन के दक्षिण चल कर उसे पार करना चाहता था। इससे यह ज्ञात होता है कि सोन पटना के बहुत दूर उस समय तक नहीं हट चुकी थी।

नाटकोल्लिखित स्थानों तथा जातियों की विवेचना से ज्ञात होता है कि इन सब का उल्लेख मौर्य्य-कालीन होने के नाते नहीं है प्रत्युत् नाटककार कालीन होने से है। काश्मीर-नरेश पुष्कराक्ष का समय चौथी-पाँचवीं शताब्दि है। कांबोज, खस, मलय आदि जातियों का उल्लेख भी जिस प्रकार हुआ है, उससे उन्हीं शताब्दियों का द्योतन होता है। शक जाति विक्रम शाका के कुछ ही पहिले भारत में आई और चंद्रगुप्त विक्रमादित्य के समय सन् ३६४ ई० के लगभग उसका उत्तर भारत से लोप हो गया। ऐसी में उक्त जाति का उल्लेख नाश के आस पास ही होना चाहिए, बाद का नहीं। हूणों का उल्लेख भी उनके प्रबल होने के पहिले अर्थात् गुप्तकाल के प्रथम तीन सम्राटों के समय का है, स्कंदगुप्त समय का नहीं है अतः इन सब से नाटक का निर्माण काल चौथी ही ज्ञात होता है।

पूर्व कथा

(क*)

पूर्व काल में भारतवर्ष में मगध राज्य एक बड़ा भारी जनस्थान था। जरासंध आदि अनेक प्रसिद्ध पुरुवंशी राजा यहाँ बड़े प्रसिद्ध हुए हैं। इस देश की राजधानी पाटलिपुत्र अथवा पुष्पपुर थी। इन लोगों ने अपना प्रताप और शौर्य इतना बढ़ाया था कि आज तक इनका नाम भूमंडल पर प्रसिद्ध है किंतु कालचक्र बड़ा प्रबल है कि किसी को भी एक अवस्था में रहने नहीं देता। अंत में नंदवंश † ने पौरवों को निकालकर वहाँ अपनी जय-पताका उड़ाई; वरंच सारे भारतवर्ष में अपना प्रबल प्रताप विस्तारित कर दिया।

इतिहासग्रंथों में लिखा है कि एक सौ अड़तीस बरस नंदवंश ने मगध देश का राज्य किया। इसी वंश में महानंद का जन्म हुआ। यह बड़ा प्रसिद्ध और अत्यंत प्रतापशाली राजा हुआ। जब जगद्विजयी सिकंदर (अलक्षेंद्र) ने भारतवर्ष पर चढ़ाई किया था तब असंख्य हाथी, बीस हजार सवार और दो लाख पैदल लेकर महानंद ने उसके विरुद्ध प्रयाण किया था ‡। सिद्धांत यह कि भारतवर्ष में उस समय महानंद सा प्रतापी और कोई राजा न था।

महानंद के दो मंत्री थे। मुख्य का नाम शकटार और दूसरे का राक्षस §। शकटार शूद्र और राक्षस ब्राह्मण था। ये दोनों अत्यंत बुद्धिमान

---

*भारतेंदुजी लिखित।

†नंदवंश सम्मिलित क्षत्रियों का वंश था। ये लोग शुद्ध क्षत्री नहीं थे।

‡सिकंदर के कान्यकुब्ज से आगे न बढ़ने से महानंद से उससे मुकाबिला नहीं हुआ।

§बृहत्कथा में राक्षस मंत्री का नाम कहीं नहीं है, केवल वररुचि से एक सच्चे राक्षस से मैत्री की कथा यों लिखी है—"एक बड़ा प्रचंड राक्षस पाटलिपुत्र में फिरा करता था। वह एक रात्रि वररुचि से मिला और पूछा कि इस नगर में कौन सुंदर है?" वररुचि ने उत्तर दिया—"जो जिसको

और महा प्रतिभासंपन्न थे। केवल भेद इतना था कि राक्षस धीर और गंभीर था, उसके विरुद्ध शकटार अत्यंत उद्धत था। यहाँ तक कि अपने प्राचीनपने के अभिमान से कभी कभी यह राजा पर भी अपना प्रभुत्व जमाना चाहता था। महानंद भी अत्यंत उग्र असहनशील और क्रोधी था, जिसका परिणाम यह हुआ कि महानंद ने अंत को शकटार को क्रोधांध होकर बड़े निविड़ बंदीखाने में कैद किया और सपरिवार उसके भोजन को केवल दो सेर सत्तू देता था*।

शकटार ने बहुत दिनतक महामात्य का अधिकार भोगा था इससे यह

रुचे वही सुंदर है।" इसपर प्रसन्न होकर राक्षस ने उससे मित्रता की और कहा कि हम सब बात में तुम्हारी सहायता करेंगे और फिर सदा राजकाज में ध्यान में प्रत्यक्ष होकर राक्षस वररुचि की सहायता करता।

* बृहत्कथा में यह कहानी और ही चाल पर लिखी है। वररुचि, व्याड़ि और इंद्रदत्त तीनों को गुरुदक्षिणा देने के हेतु करोड़ों रुपये के सोने की आवश्यकता हुई। तब इन लोगों ने सलाह किया कि नंद (सत्यनंद) राजा के पास चलकर उससे सोना लें। उन दिनों राजा का डेरा अयोध्या में था। ये तीनों ब्राह्मण वहाँ गए, किंतु संयोग से इन्हीं दिनों राजा मर गया। तब आपस में सलाह करके इंद्रदत्त योगबल से अपना शरीर छोड़कर राजा के शरीर में चला गया, जिससे राजा फिर जी उठा। तभी से उसका नाम योगानंद हुआ। योगानंद ने वररुचि को करोड़ रुपये देने की आज्ञा किया। शकटार बड़ा बुद्धिमान था; उसने सोचा कि राजा का मरकर जीना और एकबारगी एक अपरिचित को करोड़ रुपया देना, इसमें हो न हो कोई भेद है। ऐसा न हो कि अपना काम करके फिर राजा का शरीर छोड़कर यह चला जाय। यह सोचकर शकटार ने राज्यभर में जितने मुरदे मिले उनको जलवा दिया, इसीमें इंद्रदत्त का भी शरीर जल गया। जब व्याड़ि ने यह वृत्तांत योगानंद से कहा तो वह यह सुनकर पहले तो दुःखी हुआ पर फिर वररुचि को अपना मंत्री बनाया। अंत में शकटार उग्रता से संतप्त होकर उसको अंधे कूएँ में कैद किया। बृहत्कथा में शकटार के स्थान पर शकटाल नाम लिखा है।

अनादर उसके पक्ष में अत्यंत दुखदाई हुआ। नित्य सत्तू का बरतन हाथ में लेकर अपने परिवार से कहता कि जो एक भी नंदवंश को जड़ से नाश करने में समर्थ हो वह यह सत्तू खाय। मंत्री के इस वाक्य से दुःखित होकर उसके परिवार का कोई भी सत्तू न खाता। अंत में कारागार की पीड़ा से एक एक करके उसके परिवार के सब लोग मर गए।

एक तो अपमान का दुःख दूसरे कुटुंब का नाश दोनों कारणों से शकटार अत्यंत तनछीन मनमलीन दीन हीन हो गया। किंतु वह अपने मनसूबे का ऐसा पक्का था कि शत्रु से बदला लेने की इच्छा से अपने प्राण नहीं त्याग किए और थोड़े बहुत भोजन इत्यादि से शरीर को जीवित रक्खा। रात दिन इसी सोच में रहता कि किस उपाय से वह अपना बदला ले सकेगा

कहते हैं कि राजा महानंद एक दिन हाथ मुँह धोकर हँसते हँसते जनाने में आ रहे थे। विचक्षणा नाम की एक दासी, जो राजा के मुँह लगने के कारण कुछ धृष्ट हो गई थी, राजा को हँसता देखकर हँस पड़ी। राजा उसकी ढिठाई से बहुत चिढ़े और उससे पूछा "तू क्यों हँसी?" उसने उत्तर दिया—"जिस बात पर महाराज हँसे उसी पर मैं भी हँसी।" महानंद इस बात पर और भी चिढ़े और कहा कि "अभी बतला कि मैं क्यों हँसा, नहीं तो तुझ को प्राणदंड होगा।" दासी से और कुछ उपाय न बन पड़ा और उसने घबड़ाकर इसके उत्तर देने को एक महीने की मुहलत चाही। राजा ने कहा कि "आज से ठीक एक महीने के भीतर जो उत्तर न देगी तो कभी तेरे प्राण न बचेंगे।"

विचक्षणा के प्राण उस समय तो बच गए पर महीने के जितने दिन बीतते थे मारे चिंता के वह उतनी ही मरी जाती थी। कुछ सोच विचार कर वह एक दिन कुछ खाने पीने की सामग्री लेकर शकटार के पास गई और रो रो कर अपनी सब विपत्ति कहने लगी। मंत्री ने कुछ देर तक सोचकर उस अवसर की सब घटना पूछी और हँस कर कहा—"मैं जान गया, राजा क्यों हँसे थे। कुल्ला करने के समय पानी के छोटे छींटों पर राजा को बटबीज की याद आई और यह भी ध्यान हुआ कि ऐसे बड़े बट वृक्ष इन्हीं छोटे बीजों के अंतर्गत हैं। किंतु भूमि पर पड़ते ही वह जल की छींटें नाश हो

गये राजा अपनी इसी भावना को याद करके हँसते थे।" विचक्षणा ने हाथ जोड़कर कहा—"यदि आपके अनुमान से मेरे प्राण की रक्षा होगी तो मैं जिस तरह से होगा, आपको कैदखाने से छुड़ाऊँगी और जन्म भर आपकी दासी होकर रहूँगी।"

राजा ने विचक्षणा से एक दिन फिर हँसने का कारण पूछा, तो विचक्षणा ने शकटार से जैसा सुना था कह सुनाया। राजा ने चमत्कृत होकर पूछा "सच बता तुझ से यह भेद किसने कहा?" दासी ने शकटार का सब वृत्तांत कहा और राजा को शकटार की बुद्धि की प्रशंसा करते देख अवसर पाकर उसके मुक्त होने की भी प्रार्थना की। राजा ने शकटार को बंदी से छुड़ाकर राक्षस के नीचे मंत्री बनाकर रक्खा।

ऐसे अवसर पर राजा लोग बहुत चूक जाते हैं। पहले तो किसी की अत्यंत प्रतिष्ठा बढ़ानी ही नीति-विरुद्ध है। यदि संयोग से बढ़ जाय तो उसकी बहुत सी बातों को तरह देकर टालना चाहिये और जो कदाचित् बड़े प्रतिष्ठित मनुष्य का राजा अनादर करे तो उसकी जड़ काट कर छोड़े, फिर उसका कभी विश्वास न करे। प्रायः अमीर लोग पहले तो मुसाहिबों या कारिंदों का बेतरह सिर चढ़ाते हैं और फिर छोटी छोटी बातों पर उनकी प्रतिष्ठा हान कर देते हैं। इसीसे ऐसे लोग राजाओं के प्राण के ग्राहक हो जाते हैं और अंत में नंद की भाँति उनका सर्वनाश होता है।

शकटार यद्यपि बंदीखाने से छूटा और छोटा मंत्री भी हुआ, किंतु अपनी अप्रतिष्ठा और परिवार के नाश का शोक उसके चित्त में सदा पहिले ही सा जागता रहा। रात दिन वह यही सोचता कि किस उपाय से ऐसे अव्यवस्थित चित्त उद्धत राजा को नाश करके अपना बदला लें। एक दिन घोड़े पर वह हवा खाने जाता था। नगर के बाहर एक स्थान पर देखता है कि एक काला सा ब्राम्हण अपनी कुटी के सामने मार्ग की कुशा उखाड़ उखाड़ कर उसकी जड़ में मठा डालता जाता है। पसीने से लथपथ है, परंतु शरीर की ओर कुछ भी ध्यान नहीं देता। चारो ओर कुशा के बड़े बड़े ढेर लगे हुए हैं। शकटार ने आश्चर्य से ब्राम्हण से इस श्रम का कारण पूछा। उसने कहा—मेरा नाम विष्णुगुप्त चाणक्य है। मैं ब्रम्हचर्य में नीति, वैद्यक, ज्योतिष, रसायन आदि संसार की उपयोगी सब विद्या पढ़ कर विवाह की इच्छा से

नगर की ओर आया था किंतु कुश गड़ जाने से मेरे मनोरथ में विघ्न हुआ, इससे जब तक इन बाधक कुशाओं का सर्वनाश न कर लूँगा और काम न करूँगा। मटा इस वास्ते इनकी जड़ में देता हूँ जिससे पृथ्वी के भीतर इनका मूल भी भस्म हो जाय।"

शकटार के जी में यह ध्यान आया कि ऐसा पक्का ब्राह्मण जो किसी प्रकार राजा से क्रुद्ध हो जाय तो उसका जड़ से नाश कर के छोड़े। यह सोच-कर उसने चाणक्य से कहा कि जो आप नगर में चलकर पाठशाला स्थापित करें तो अपने को मैं बड़ा अनुगृहीत समझूँ। मैं इसके बदले बेलदार लगा-कर यहाँ की सब कुशाओं को खुदवा डलूँगा। चाणक्य इस पर सम्मत हुआ और नगर में आकर एक पाठशाला स्थापित की। बहुत से विद्यार्थी लोग पढ़ने आने लगे और पाठशाला बड़े धूम धाम से चल निकली।

अब शकटार इस सोच में हुआ कि चाणक्य से राजा से किस चाल से बिगाड़ हो। एक दिन राजा के घर में श्राद्ध था, उस अवसर को शकटार अपने मनोरथ सिद्ध होने का अच्छा समय सोचकर चाणक्य को श्राद्ध का न्यौता देकर अपने साथ ले आया और श्राद्ध के आसन पर बिठलाकर चला गया। क्योंकि वह जानता था कि चाणक्य का रंग काला, आँखें लाल और दाँत काले होने के कारण नंद उसको आसन पर से उठा देगा, जिससे चाणक्य अत्यंत क्रुद्ध होकर उसका सर्वनाश करेगा।

और ठीक ऐसा ही हुआ—जब राक्षस के साथ नंद श्राद्धशाला में आया और एक अनिमंत्रित ब्राह्मण को आसन पर बैठा हुआ और श्राद्ध के अयोग्य देखा तो चिढ़कर आज्ञा दिया कि इसको बाल पकड़ कर यहाँ से निकाल दो। इस अपमान से ठोकर खाए हुए सर्प की भाँति अत्यंत क्रोधित होकर शिखा खोलकर चाणक्य ने सबके सामने प्रतिज्ञा की कि जब तक इस दुष्ट राजा का सत्यानाश न कर लूँगा, तबतक शिखा न बाँधूगा। यह प्रतिज्ञा करके बड़े क्रोध से राजभवन से चला गया।

शकटार अवसर पाकर चाणक्य को मार्ग में से अपने घर ले आया और राजा की अनेक निंदा करके उसका क्रोध और भी बढ़ाया और अपनी सब दुर्दशा कहकर नंद के नाश में सहाया करने की प्रतिज्ञा की। चाणक्य ने कहा कि जब तक हम राजा के घर का भीतरी हाल न जानें कोई उपाय

नहीं सोच सकते। शकटार ने इस विषय में विचक्षणा को सहायता लेने का वृत्तांत कहा और रात को एकांत में बुलाकर चाणक्य के सामने उससे सब बात का करार ले लिया।

महानंद के नौ पुत्र थे। आठ विवाहिता रानी से और एक चंद्रगुप्त मुरा नाम की एक नाइन स्त्री से। इसीसे चंद्रगुप्त को मौर्य और वृषल भी कहते हैं। चंद्रगुप्त बड़ा बुद्धिमान था। इसीसे और आठों भाई इससे भीतरी द्वेष रखते थे चंद्रगुप्त की बुद्धिमानी की बहुत सी कहानियाँ हैं। कहते हैं कि एक बेर रूम के बादशाह ने महानंद के पास एक कृत्रिम सिंह लोहे की जाली के पिंजड़े में बंद करके भेजा और कहला दिया कि पिंजड़ा टूटने न पावे और सिंह इसमें से निकल जाय। महानन्द और उसके आठ औरस पुत्रों ने इसको बहुत कुछ सोचा, परंतु बुद्धि ने कुछ काम न किया। चंद्रगुप्त ने विचारा कि यह सिंह अवश्य किसी ऐसे पदार्थ का बना होगा, जो या तो पानी से या आग से गल जाय, यह सोचकर पहले उसने उस पिंजड़े को पानी के कुंड में रखा और जब वह पानी से न गला तो उस पिंजड़े के चारों तरफ आग जलवाई, जिसकी गर्मी से वह सिंह, जो लाह और राल का बना था, गल गया। एक बेर ऐसे ही किसी बादशाह ने एक अँगीठी में दहकती हुई आग,* एक बोरा सरसों और मीठा फल महानन्द के पास अपने दूत के द्वारा भेज दिया। राजा की सभा का कोई

---

*दहकती आग की कथा "जरासंधवध महाकाव्य" में भी है कि जरासंध ने उग्रसेन के पास अँगीठी भेजी थी, शायद उसी से यह कथा निकाली गई हो, कौन जाने।

सवैया—रूपे की रूपनिधान अनूप अँगीठी नई गढ़ि मोल मँगाई।
ता मधि पावकपुंज धर्‌यो 'गिरिधारन' जामें प्रभा अधिकाई॥
तेज सों ताके ललाई भई रज में मिली आसु सबै रजताई।
मानो प्रवाल की थाल बनायकै लाल की रास बिसाल लगाई॥१॥
ढाँकि के पावक दूत के हाथ दै बात कही इहि भाँति बुझायकै।
भोज भुआल सभा महँ सम्मुख राखिकै यों कहिये सिर नायकै॥

भी मनुष्य इसका आशय न समझ सका, किंतु चंद्रगुप्त ने सोचकर कहा कि अँगीठी यह दिखलाने को भेजी है कि मेरा क्रोध अग्नि है और सरसों यह सूचना कराती है कि मेरी सेना असंख्या है और फल भेजने का आशय यह है कि मेरी मित्रता का फल मधुर है। इसके उत्तर में चंद्रगुप्त ने एक घड़ा जल और एक पिंजड़े में थोड़े से तीतर और एक अमूल्य रत्न भेजा जिसका आशय यह था कि तुम्हारा क्रोध हमारी नीति से सहज ही बुझाया जा सकता है और तुम्हारी सेना कितनी भी असंख्य क्यों न हो हमारे वीर उसको भक्षण करने में समर्थ हैं और हमारी मित्रता सदा अमूल्य और एक रस है। ऐसे ही तीन पुतलीवाली कहानी भी इसी के साथ प्रसिद्ध है। इसी बुद्धिमानी के कारण चंद्रगुप्त से उसके भाई लोग बुरा मानते थे और महानन्द भी अपने औरस पुत्रों का पक्ष करके इससे कुढ़ता था। यह यद्यपि शूद्रा के गर्भ से था, परंतु ज्येष्ठ होने के कारण अपने को राज का भागी समझता था और इसीसे इसका राजपरिवार से पूर्ण वैमनस्य था चाणक्य और शकटार ने इसीसे निश्चय किया कि हम लोग चंद्रगुप्त को राज का

यांहि पठायो जरासुत ने अवलोकहु नीके अधीरज लाय कै।
पुत्र खवार कै नातिन पाय कै जीहौ जे पाय कै कौन उपायकै ॥२॥

दोहा—पुनत चार तिहि हाथ लै, गयो भैम दरबार।
बासव ऐसे कैक सब, जहँ बैठे सरदार ॥३॥

अरिल्ल—जाय जरासुत दूत भैमपति पद परयौ।
देखि जराऊ जगह हिये संभ्रम भरयौ।
भगत जरावन द्रव्य पात आगे धरयौ।
सोच जराइवे अभय हाल बरनन करयौ ॥४॥

सुनि बिहँसे जदुबीर जीत की चाय सों।
हँसि बोले गोबिन्द कहहु यह रायसों।
उचित सगुरपन कीन छत्रकुल न्याय सों।
चहो दमाद सहाय सुताकी हाय सों ॥५॥

लोभ देकर अपनी ओर मिला लें और नंदों का नाश कर के इसीको राजा बनावें।

यह सब सलाह पक्की हो जाने के पीछे चाणक्य तो अपनी पुरानी कुटी में चला गया और शकटार ने चंद्रगुप्त और विचक्षणा को तब तक सिखा पढ़ाकर पक्का करके अपनी ओर फोड़ लिया। चाणक्य ने कुटी में जाकर हलाहल विष मिले हुए कुछ ऐसे पकवान तैयार किए जो परीक्षा करने में न पकड़े जायँ, किन्तु खाते ही प्राण-नाश हो जाय। विचक्षणाने किसी प्रकार से महानंद को पुत्रों समेत यह पकवान खिला दिया, जिससे बेचारे सब के सब एक साथ परमधाम को सिधारे*।

सोरठा—इमि कहि द्रुत गहि चाम, आप आप सिर मैं दियो।
तुरतहि गयो बुझाय, ज्ञान पाय मन भ्रांत जिमि ॥६॥
बिदा कियो नृप दूत, उर मैं सर को अंक करि।
निरखि बृहद्रथ-पूत, सबन सहित कोप्यो अतिहि ॥७॥

*नाटककार ने अ० ४ श्लोक १२ में नंदों के नाश का कारण चाणक्य-कृत अभिचार ही लिखा है। (संपा०)

भारतवर्ष की कथाओं में लिखा है कि चाणक्य ने अभिचार से मारण का प्रयोग करके इन सभों को मार डाला। विचक्षणा ने उस अभिचार का निर्माल्य किसी प्रकार इन लोगों के अंग में छुला दिया था। किन्तु वर्तमान काल के विद्वान् लोग सोचते हैं कि उस निर्माल्य में मंत्र का बल नहीं था, चाणक्य ने कुछ औषध ऐसे विषमिश्रित बनाये थे कि जिनके भोजन वा स्पर्श से मनुष्य का सद्यः नाश हो जाय। भट्ट सामदेव के कथा-सरित्सागर के पीठलंबक के चौथे तरंग में लिखा है—"योगानंद को ऊँची अवस्था में नये प्रकार की कामवासना उत्पन्न हुई। वररुचि ने यह सोच कर कि राजा को तो भोगविलास से छुट्टी ही नहीं है, इससे राजकाज का काम शकटार से निकाला जाय तो अच्छी तरह से चले। यह विचार कर और राजा से पूछ कर शकटार को अँधे कुएँ से निकालकर वररुचि ने मंत्री पद पर नियत

चंद्रगुप्त इस समय चाणक्य के साथ था। शकटार अपने दुःख और पापों से संतप्त होकर निविड़ बन में चला गया और अनशन करके प्राण त्याग किये। कोई कोई इतिहास लेखक कहते हैं कि चाणक्य ने अपने हाथ से शस्त्र द्वारा नंद का वध किया और फिर क्रम से उसके पुत्रों को भी मारा, किन्तु इस विषय का कोई दृढ़ प्रमाण नहीं। चाहे जिस प्रकार से हो

किया। एक दिन शिकार खेलने में गङ्गा में राजा ने अपनी पाँचों उँगलियों की परछाँई वररुचि को दिखलाई। वररुचि ने अपनी दो उँगलियों की परछाँई ऊपर से दिखाई जिससे राजा की हाथ की परछाँईं छिप गई। राजा ने इन संज्ञाओं का कारण पूछा। वररुचि ने कहा—आपका यह आशय था कि पाँच मनुष्य मिलाकर सब कार्य साध सकते हैं। मैंने यह कहा कि जो दो चित्त एक हो जाय तो पाँच का बल व्यर्थ है। इस बात पर राजा ने वररुचि की बड़ी स्तुति की। एक दिन राजा ने अपनी रानी को एक ब्राह्मण से खिड़की में से बात करते देख कर उस ब्राह्मण को मारने की आज्ञा किया, किन्तु अनेक कारणों से वह बच गया। वररुचि ने कहा कि आपके सब महल की यही दशा है और अनेक स्त्री वेषधारी पुरुष महल में रहते हैं और उन सबों को पकड़ कर दिखला दिया और इसीसे उस ब्राह्मण के प्राण बचे। एक दिन योगानंद की रानी के एक चित्र में, जो महल में लगा हुआ था, वररुचि ने जाँघ में तिल बना दिया। योगानंद को गुप्त स्थान में वररुचि के तिल बनाने से उस पर भी सन्देह हुआ और शकटार को आज्ञा दिया कि तुम वररुचि को आजही रात को मार डालो। शकटार ने उसको अपने घर में छिपा रक्खा और किसी और को उसके बदले मारकर उसका मारना प्रकट किया। एक बेर राजा का पुत्र हिरण्यगुप्त जंगल में शिकार खेलने गया था, वहाँ रात को सिंह के भय से एक पेड़ पर चढ़ गया। उस वृक्ष पर एक भालू था, किन्तु इसने उसको अभय दिया। इन दोनों में यह बात ठहरी कि आधी रात तक कुँवर सोवे भालू पहरा दे, फिर भालू सोवे कुँवर पहरा दें। भालू ने अपना मित्र धर्म निबाहा और सिंह के बहकाने पर भी कुँवर की रक्षा की किन्तु अपनी पारी में कुँवर ने सिंह के बहकाने से भालू को ढकेलना

चाणक्य ने नंदों का नाश किया किंतु केवल पुत्र सहित राजा के मारने ही से वह चंद्रगुप्त को राजसिंहासन पर न बैठा सका इससे अपने अंतरंग मित्र जीवसिद्धि को क्षपणक के वेष में राक्षस के पास छोड़ कर आप राजा लोगों से सहायता लेने की इच्छा से विदेश निकला। अंत में अफ़ग़ानिस्तान वा उसके उत्तर ओर के निवासी पर्वतक नामक लोभपरतंत्र एक राजा से मिल कर और जीतने के पीछे मगध राज्य का आधा भाग देने के नियम पर उसको पटने पर चढ़ा लाया। पर्वतक के भाई का नाम वैरोधक* और पुत्र का मलयकेतु था। और पाँच म्लेच्छ राजाओं को पर्वतक अपनी सहायता को लाया था।

इधर राक्षस मंत्री राजा के मरने से दुःखी होकर उसके भाई सर्वार्थसिद्धि को सिंहासन पर बैठाकर राजकाज चलाने लगा। चाणक्य ने पर्वतक की सेना लेकर कुसुमपुर चारों ओर से घेर लिया। पन्द्रह दिन तक घोरतर युद्ध

चाहा, जिस पर उसने जागकर मित्रता के कारण कुँवर को मारा तो नहीं किंतु कान में मूत दिया, जिससे कुँवर गूँगा और बहिरा हो गया। राजा को बेटे की इस दुर्दशा पर बड़ा सोच हुआ और कहा कि वररुचि जीता होता तो इस समय उपाय सोचता। शकटार ने यह अवसर समझ कर राजा से कहा कि वररुचि जीता है और लाकर राजा के सामने खड़ा कर दिया। वररुचि ने कहा—कुँवर ने मित्रद्रोह किया है उसी का यह फल है। यह वृत्तान्त कह कर उसको उपाय से अच्छा किया। राजा ने पूछा—तुमने यह सब वृत्तांत किस तरह जाना? वररुचि ने कहा—योगबल से, जैसे रानी का तिल। (ठीक यही कहानी राजा भोज, उसकी रानी भानुमती, और उसके पुत्र और कालिदास की भी प्रसिद्ध है; यह सब कह कर और उदास होकर वररुचि जंगल में चला गया। वररुचि से शकटार ने राजा को मारने को कहा था, किंतु वह धर्मिष्ठ था इससे सम्मत न हुआ। वररुचि के चले जाने पर शकटार ने अवसर पाकर चाणक्य द्वारा कृत्या से नंद को मारा।

*लिखी पुस्तकों में यह नाम वैरोधक, वैरोचक, वैबोधक, विरोध, वैरोध इत्यादि कई चाल से लिखा है।

हुआ। राक्षस की सेना और नागरिक लोग लड़ते लड़ते शिथिल हो गए; इसी समय में गुप्तरीति से जीवसिद्धि के बहकाने से राजा सर्वार्थसिद्धि वैरागी होकर वन में चला गया। इस कुसमय में राजा के चले जाने से राक्षस और भी उदास हुआ। चंदनदास नामक एक बड़े धनी जौहरी के घर में अपने कुटुम्ब को छोड़कर और शकटदास कायस्थ तथा अनेक राजनीति जाननेवाले विश्वासपात्र मित्रों को और कई आवश्यक काम सौंपकर राजा सर्वार्थसिद्धि के फेर लाने को आप तपोवन की ओर गया।

चाणक्य ने जीवसिद्धि द्वारा यह सब सुनकर राक्षस के पहुँचने के पहले ही अपने मनुष्यों से राजा सर्वार्थसिद्धि को मरवा डाला। राक्षस जब तपोवन में पहुँचा और सर्वार्थसिद्धि को मरा देखा तो अत्यंत उदास होकर वहीं रहने लगा। यद्यपि सर्वार्थसिद्धि के मार डालने से चाणक्य की नंदकुल के नाश की प्रतिज्ञा पूरी हो चुकी थी; किंतु उसने सोचा कि जब तक राक्षस चंद्रगुप्त का मंत्री न होगा तब तक राज्य स्थिर न होगा। वरंच बड़े विनय से तपोवन में राक्षस के पास मंत्रित्व स्वीकार करने का संदेशा भेजा, परंतु प्रभुभक्त राक्षस ने उसको स्वीकार नहीं किया।

तपोवन में कई दिन रहकर राक्षस ने यह सोचा कि जब तक पर्वतक को हम न फोड़ेंगे, काम न चलेगा यह सोच कर वह पर्वतक के राज्य में गया और वहाँ उसके बूढ़े मंत्री से कहा कि चाणक्य बड़ा दगाबाज है, वह आधा राज कभी न देगा, आप राजा को लिखिए, वह मुझसे मिलें तो मैं सब राज्य उनको दूँ। मंत्री ने पत्रद्वारा पर्वतक को यह सब वृत्त और राक्षस की नीतिकुशलता लिख भेजा और यह भी लिखा कि मैं अत्यंत वृद्ध हूँ, आगे से मंत्री का काम राक्षस को दीजिये। पाटलिपुत्र विजय होने पर भी चाणक्य आधा राज्य देने में विलंब करता है, यह देखकर सहज लोभी पर्वतक ने मंत्री की बात मान ली और पत्रद्वारा राक्षस को गुप्त रीति से अपना मुख्य अमात्य बनाकर इधर ऊपर के चित्त से चाणक्य से मिला रहा।

जीवसिद्धि के द्वारा चाणक्य ने राक्षस का सब हाल जान कर अत्यंत सावधानतापूर्वक चलना आरंभ किया। अनेक भाषा जाननेवाले बहुत से

धूर्त पुरुषों को वेष बदल बदलकर भेद लेने को चारों ओर नियुक्त किया। चंद्रगुप्त को राक्षस का कोई गुप्तचर धोखे से किसी प्रकार की हानि न पहुँचावे इसका भी पक्का प्रबंध किया और पर्वतक की विश्वासघातकता का बदला लेने का दृढ़ संकल्प से, परंतु अत्यंतगुप्त रूप से, उपाय सोचने लगा।

राक्षस ने केवल पर्वतक की सहायता से राज के मिलने की आशा छोड़ कर कुलूत,* मलय, काश्मीर, सिंधु और पारस इन पाँच देशों के राजाओं से सहायता ली। जब इन पाँचों देश के राजाओं ने बड़े आदर से राक्षस को सहायता देना स्वीकार किया तो वह तपोवन के निकट से फिर लौट आया और वहाँ से चंद्रगुप्त के मारने को एक विषकन्या† भेजी और अपना विश्वासपात्र समझकर जीवसिद्धि को उसके साथ कर दिया। चाणक्य ने जीवसिद्धि द्वारा यह सब बात जानकर और पर्वतक की धूर्तता और विश्वासघातकता से कुढ़कर प्रगट में इस उपहार को बड़ी प्रसन्नता से ग्रहण किया और लानेवाले को बहुत सा पुरस्कार देकर बिदा किया। साँझ होने के पीछे धूर्ताधिराज चाणक्य ने इस कन्या को पर्वतक के पास भेज दिया और इंद्रियलोलुप पर्वतक उसी रात को उस कन्या के संग से मर गया। इधर चाणक्य ने यह सोचा कि मलयकेतु यहाँ रहेगा तो इसको राज्य का हिस्सा देना पड़ेगा, उससे किसी तरह इसको यहाँ से भगावे तो काम चले। इस कार्य के हेतु भागुरायण नाम* एक प्रतिष्ठित विश्वासपात्र पुरुष को मलयकेतु के पास सिखा

---

* कुलूत देश किलात वा कुल्लू देश।

† विषकन्या शास्त्रों में दो प्रकार की लिखी हैं। एक तो थोड़े से ऐसे बुरे योग हैं कि उस लग्न में उस प्रकार के ग्रहों के समय जो कन्या उत्पन्न हो उसके साथ जिसका विवाह हो वा जो उसका साथ करे वह साथ ही वा शीघ्र ही मर जाता है। दूसरे प्रकार की विषकन्या वैद्यकरीति से बनाई जाती थी। छोटेपन से वरन गर्भ से कन्या को दूध में वा भोजन में थोड़ा थोड़ा विष देते देते बड़ी होने पर उसका शरीर ऐसा विषमय हो जाता था कि जो उसका अंगसंग करता वह मर जाता।

पढ़ाकर भेज दिया। उसने पिछली रात को मलयकेतु से जाकर उसका बड़ा हित बनकर उससे कहा कि आज चाणक्य ने विश्वासघातकता करके आपके पिता को विषकन्या के प्रयोग से मार डाला और औसर पाकर आपको भी मार डालेगा। मलयकेतु बेचारा इस बात के सुनते ही सन्न हो गया और पिता के शयनागार में जाकर देखा तो पर्वतक को बिछौने पर मरा हुआ पाया। इस भयानक दृश्य के देखते ही मुग्ध मलयकेतु के प्राण सूख गये और भागुरायण की सलाह से उसी रात को छिपकर वहाँ से भागकर अपने राज्य की ओर चला गया। इधर चाणक्य के सिखाये भद्रभट इत्यादि चंद्रगुप्त के कई बड़े बड़े अधिकारी प्रकट में राजद्रोही बनकर मलयकेतु और भागुरायण के साथ ही भाग गये।

राक्षस ने मलयकेतु से पर्वतक के मारे जाने का समाचार सुनकर अत्यंत सोच किया और बड़े आग्रह तथा सावधानी से चंद्रगुप्त और चाणक्य के अनिष्टसाधन में प्रवृत्त हुआ।

चाणक्य ने कुसुमपुर में दूसरे दिन यह प्रसिद्ध कर दिया कि पर्वतक और चंद्रगुप्त दोनों समान बंधु थे, इससे राक्षस ने विषकन्या भेजकर पर्वतक को मार डाला और नगर के लोगों के चित्त पर, जिनको यह सब गुप्त अनुसंधि न मालूम थी इस बात का निश्चय भी करा दिया।

इसके पीछे चाणक्य और राक्षस के परस्पर नीति की जो चोटें चली हैं उसी का इस नाटक में वर्णन है।

(ख*)

जब नंद रोग शय्या से उठे तब बड़े अत्याचारी हो गए और कुल राज्य प्रबंध अपने प्रधान मंत्री शकटार के हाथ में दे दिया जो स्वतन्त्रता से सब कार्य करने लगा। एक दिन वृद्ध राजा मंत्री के साथ नगर के दक्षिण पहाड़

---

* विल्फोर्ड की 'क्रॉनोलोजी ऑव इण्डिया' से उद्धृत (विलिअम फ्रैंकलिन्स 'द एन्शट साइट ऑव पालीब्रोथा, सन् १८१७)

में अहेर खेलने गए और वहाँ तृषित होने पर रक्षकों को छोड़ कर मंत्री के साथ एक सुन्दर तालाब पर गए, जो एक बड़े वृक्ष की छाया में था। इसी के पास की पहाड़ी में पाताल कंदरा नामक गुफा है, जो पाताल जाने का रास्ता कहा जाता है। यहाँ शकटार ने राजा को तालाब में फेंक दिया और ऊपर से पत्थर डाल दिया। संध्या को राजा का घोड़ा लेकर राजधानी को लौटा और सूचना दी कि स्वामी रक्षकों को छोड़कर जंगल में चले गए तथा वे क्या हुए यह उसे ज्ञात नहीं। यह घोड़ा एक वृक्ष के नीचे चरता हुआ मिल गया। कुछ दिन अनंतर शकटार और एक अन्य राजमंत्री वक्रनास ने उग्रधन्वा को गद्दी पर बिठाया, जो नंद का सब से छोटा पुत्र था।

युवक राजा को शकटार की सूचना से संतोष नहीं हुआ, इससे वह अन्य मंत्रियों से पूछताछ करता रहा पर उससे जब कुछ नहीं हुआ, तब उसने राजसभा के सभी प्रधान पुरुषों को एकत्र किया और उन्हें मृत्युदंड की धमकी दी कि वे तीन दिन के भीतर उसके पिता की मृत्यु का ठीक समाचार लावें। इस धमकी ने काम किया। चौथे दिन उन्होंने सूचना दी कि शकटार ने वृद्ध राजा को मार डाला और उनका शव पाताल कंदरा के पास एक तालाब में पत्थर के नीचे दबा हुआ पड़ा है। उग्रधन्वा ने ऊँटों सहित मनुष्यों को तुरंत भेजा, जो शव और पत्थर दोनों ले आए। तब शकटार ने दोष मान लिया। इस पर वह सपरिवार एक छोटी कोठरी में बंद किया गया जिसका द्वार चुन दिया गया था और केवल भोजन देने भर मोखा खुला रहा। कुछ दिनों में सब मर गए केवल सबसे छोटा पुत्र विकटार बच गया, जिसे युवा राजा ने छुड़ा कर नौकर रख लिया।

विकटार ने बदला लेने का निश्चिय किया। एक दिन राजा ने उसे श्राद्ध के लिए ब्राह्मण लाने को कहा। विकटार उद्धत स्वभाव के एक कुरूप ब्राह्मण को लिवा लाया कि राजा ऐसे ब्राह्मण को देखकर घृणा से उसका अपमान करेगा और वह शाप देगा। उसका यह षड्यंत्र ठीक उतरा। राजा ने उस ब्राह्मण को निकाल देने की आज्ञा दी और उसने कठोर शाप देते हुए प्रतिज्ञा की कि जब तक वह उसका नाश न कर लेगा तब तक शिखा

न बाँधेगा। वह कुपित ब्राह्मण यह कहता हुआ वहाँ से निकला कि 'जो राजा होना चाहता हो वह मेरे पीछे आवे।' चंद्रगुप्त उसी समय अपने आठ मित्रों के साथ उठकर उसके साथ चला गया। वे बहुत जल्द गंगाजी पार उतरे और नैपाल के राजा पर्वतेश्वर* के पास गए, जिसने इनका अच्छा स्वागत किया। इन लोगों ने उसकी प्रार्थना की कि वह उनकी धन और सेना से सहायता करे। चंद्रगुप्त ने साथही प्रतिज्ञा की कि सफलता प्राप्त होने पर वह प्राची का आधा राज्य उसे देगा। पर्वतेश्वर ने कहा कि वह इतनी सेना एकत्र नहीं कर सकता कि ऐसे बलशाली राज्य पर अधिकार कर सके पर उसकी यवनों (ग्रीक), शकों, काम्बोजों (गजनी के) और किरातों (पूर्वी नैपाल के पहाड़ी) से मित्रता है और वह उनकी सहायता ले सकता है।

उग्रधन्वा ने चंद्रगुप्त के इस व्यवहार पर क्रोधित होकर उसके भाइयों को मरवा डाला। पर्वतेश्वर ने बहुत बड़ी सेना तैयार की और अपने भाई वैरोचक तथा पुत्र मलयकेतु को साथ लिया। मित्र राजे जल्दी प्राची की राजधानी के पास पहुँचे और वहाँ का राजा भी सेना सहित युद्धार्थ बाहर निकला। युद्ध हुआ जिसमें उग्रधन्वा परास्त हुआ और बहुत मारकाट के अनंतर स्वयं भी मारा गया। नगर घिर गया और वहाँ के दुर्गाध्यक्ष सर्वार्थसिद्धि ऐसे प्रबल शत्रु से नगर की रक्षा को असम्भव समझ कर विंध्य पर्वत में चले गये तथा साधु हो गए। राक्षस पर्वतेश्वर से मिल गया।

चंद्रगुप्त ने गद्दी मिलने पर सुमाल्यादिकों का नाश किया और मित्र राजों को उनके सहायतार्थ अच्छा पुरस्कार देकर विदा किया। यवनों को अपने पास रख लिया और पर्वतेश्वर को प्राची का अर्द्ध राज्य देने से नाहीं कर दिया। वह बलात् अपने स्वत्व पर अधिकार करने में अपने को अयोग्य समझ कर बदला लेने की इच्छा सहित स्वदेश लौट गया। राक्षस की राय से पर्वतेश्वर ने एक घातक चंद्रगुप्त को मारने के लिए नियत किया पर विष्णुगुप्त ने शंका कर केवल उस षड्यंत्र को निष्फल ही न किया वरन

---

*इम्पीरियल गजे० जि० १९ में यह किरात वंश का लिखा गया है।

शत्रु पर उलट दिया अर्थात् घातक को मिलाकर उसे पर्वतेश्वर को मारने भेजा जिसमें वह सफल हुआ। राक्षस ने मलयकेतु को पिता का बदला लेने के लिये उभाड़ा और वह इस सम्मति से प्रसन्न भी हुआ पर उसने यह कहकर नहीं माना कि चंद्रगुप्त ने बहुत से यवनों को नौकर रख लिया है, राजधानी में दुर्ग बनवाकर उसमें सेना रखकर सुरक्षित कर लिया है तथा प्रत्येक फाटकों पर हाथियों को रक्षार्थ रखा है और इधर इसके मित्र राजे चंद्रगुप्त के बल से डरकर या उसकी कृपा से संतुष्ट होकर अलग हो गए, जिससे उसका प्रभाव ऐसा जम गया है कि सफलता पूर्वक उसके विरुद्ध कोई प्रयत्न नहीं किया जा सकता।

(ग*)

विष्णुपुराण के अनुसार नंदवंश अंतिम क्षत्रिय राजवंश था। कलियुग के आरंभ में इनका राज्य था। नंदवंश के सर्वार्थसिद्धि नामक राजा बहुत प्रसिद्ध हुए। वक्रनासादि अनेक योग्य ब्राह्मण मंत्री थे पर उनमें राक्षस प्रधान था। राजा की दो रानियाँ थीं जिनमें एक सुनंदा क्षत्रियाणी थी और दूसरी मुरा नाम्नी शूद्रा थी पर अपने रूप लावण्य से राजा को अधिक प्रिय थी। एक दिन किसी तपोनिष्ठ ब्राह्मण का राजा ने आतिथ्य किया और चरणोदक को दोनों रानियों पर छिड़का। नव विंदु सुनंदा पर और एक मुरा पर पड़ा पर इसने उस विंदु को बड़े आग्रह से ग्रहण किया जिससे वह तपस्वी बहुत प्रसन्न हुआ। इसे मौर्य नामक एक पुत्र हुआ। सुनंदा ने मांस का एक टुकड़ा प्रसव किया जिसमें नौ गर्भ के चिन्ह थे। राक्षस ने इन्हें तैल में रखा और कुछ दिन रक्षा करने पर नौ बच्चे उत्पन्न हुए, जो नवनंद कहलाए। इन्होंने क्रमशः मगध का राज्य किया। मुरा का पुत्र सेनापति हुआ और उसे सौ पुत्र हुए, जिनमें चंद्रगुप्त मुख्य था।

नंदगण मौर्य तथा उसके पुत्रों से द्वेष रखते थे। इस कारण उन्हें कैद

---

*ढुंढिराज के उपोद्घात का आशय।

कर दिया और बहुत थोड़ा अन्नजल उन्हें देते थे। इससे चंद्रगुप्त को छोड़कर और सब मर गए। इसी समय सिंहलद्वीप के राजा ने जीवित सिंह के समान की एक मूर्ति पिंजड़े में बंद करवा कर भेजा कि जंगला बिना खोले ही वह बाहर निकाल लिया जाय। चंद्रगुप्त की मेधाशक्ति प्रसिद्ध थी, इससे वह इस पहेली को हल करने के लिए कैदखानेसे बाहर निकाला गया। चंद्रगुप्त ने उस सिंह को देखकर तुरंत समझ लिया कि यह मोम का बना हुआ है और उसे तप्त छड़ से गला कर निकाल दिया। इससे नंदों का द्वेष और भी बढ़ा और चंद्रगुप्त ने भी अपने पिता तथा भाई का बदला लेना निश्चित किया।

इसने एक दिन विष्णुगुप्त नामक ब्राह्मण को देखा कि वह कुशों को उखाड़ने तथा जड़ से नष्ट करने के महान उद्योग में लगा हुआ है। चणक का पुत्र होने के कारण इसी का नाम चाणक्य भी था और पैर में गड़ जाने के कारण वह कुशों पर इतना कुपित था। चंद्रगुप्त ने अपनी अर्थ-सिद्धि में इससे अधिक सहायता पाने की आशा से मैत्री की और चाणक्य ने भी सहायता देने की प्रतिज्ञा की। एक दिन चाणक्य नंद के भोजनागार में जाकर प्रधान आसन पर बैठ गया और मंत्रियों के मना करने पर भी नदों ने उसे उस स्थान से उठवा दिया। चाणक्य ने इस अपमान से क्रोधांध होकर शिखा खोलकर प्रतिज्ञा की कि जब तक नंद वंश का नाश न कर लूँगा तब तक शिखा न बाँधूँगा। इसके अनंतर अपने सहपाठी इंदुशर्मा नामक ब्राह्मण को क्षपणक के छद्म वेश में राक्षसादि मंत्रियों का भेद लेने भेजा और म्लेच्छराज पर्वतक को मगध का आधा साम्राज्य देने का लोभ देकर नंदों के विरुद्ध उभाड़ा। चंद्रगुप्त ने यह सहायता पाकर कुसुमपुर घेर लिया और नंदो के मारे जाने पर उस पर अधिकार कर लिया। राक्षस वृद्ध सर्वार्थसिद्धि को सुरंग द्वारा बाहर एक आश्रम में लिवा गया, जहाँ वह चाणक्य के चरों द्वारा मारा गया। राक्षस ने कुछ दिन कुसुमपुर में रहकर चंद्रगुप्त तथा चाणक्य को मारने का प्रयत्न किया पर सब चाणक्य की दूरदर्शिता से निष्फल हुए चंद्रगुप्त को मारने के लिए राक्षस द्वारा प्रेरित विषकन्या को चाणक्य ने पर्वतक के पड़ाव में भेज दिया, जिससे संग करने के कारण वह उसी रात्रि को मर गया। पर्वतक का पुत्र मलयकेतु चाणक्य के

भेदियों से यह सुनकर कि उसका पिता चाणक्य ही के द्वारा मारा गया है डर कर तथा बदला लेने की इच्छा से अपने राज्य को भाग गया। राक्षस भी भाग कर मलयकेतु के पास चला गया और कुसुमपुर पर आक्रमण करने का विचार किया।

राक्षस और मलयकेतु के आक्रमण का जिस समय शोर मच रहा था उसी समय से नाटक आरंभ होता है।

नाटक के पात्रगण

पुरुष--पात्र

चद्रगुप्त—पाटलिपुत्र के नए राजा, वृषल तथा मौर्य द्वारा संबोधित और नाटक के नायक।

चाणक्य—विष्णुगुप्त नामक राजनीतिज्ञ ब्राह्मण और राक्षस के मिलाए जाने तक चद्रगुप्त के मत्री।

मलयकेतु—पर्वतक का पुत्र और नाटक का प्रतिनायक।

राक्षस—नंद का ब्राह्मण-मंत्री जो चंद्रगुप्त के विरुद्ध षड्यंत्र करता रहा पर अंत में चाणक्य द्वारा उसका मंत्री बनाया गया।

भागुरायण—मलयकेतु का मित्र पर चाणक्य का गुप्त भेदिया।

निपुणक, जीवसिद्धि, सिद्धार्थक, समिद्धार्थक—चाणक्य के भेदिये।

शारंगरव—चाणक्य का शिष्य।

चंदनदास, शकटदास—राक्षस के मित्र।

विराधगुप्त, करभक—राक्षस के भेदिये।

प्रियंवदक—राक्षस का सेवक।

भासुरक—भागुरायण का सेवक।

वैहीनर—चंद्रगुप्त का कंचुकी।

जाजलि—मलयकेतु का कंचुकी।

स्त्री—पात्र

शोणोत्तरा—चंद्रगुप्त की प्रतीहारी।

विजया—मलयकेतु की प्रतीहारी।

अन्य—पात्र

सूत्रधार, नटी, द्वारपाल, चंदनदास की स्त्री तथा पुत्र, वंदीजन आदि।

मुद्राराक्षस नाटक

प्रस्तावना

स्थान—रंगभूमि

[रंगशाला में नांदी-मंगलपाठ]

भारति नेह नव नीर, नीत बरसत सुरस अथोर।
जयति अपूरब घन कोऊ लखि नाचत मन मोर॥

'कौन है सीस पै?'

'चंद्रकला'

'कहा याको है नाम यही त्रिपुरारी?'

'हाँ यही नाम है भूल गईं किमि जानत हू तुम प्रानपियारी'॥

'नारिहि पूछत चंद्रहि नाहि'

'कहै बिजया जदि चंद्र लबारी'

यों गिरिजै छलि गंग छिपावत ईस हरौ सब पीर तुम्हारी॥

पाद-प्रहार सों जाय पताल न भूमि सबै तनु-बोझ के मारे।
हाथ नचाइबे सों नभ मैं इत के उत टूटि परैं नहिं तारे॥
देखन सो जरि जाहिं न लोक, न खोलत नैन कृपा उर धारे।
यो थल के बिनु कष्ट सों नाचत, सर्व हरौ दुख सर्व तुम्हारे॥

[नाँदी-पाठ के अनंतर]

सूत्रधार—बस, बहुत मत बढ़ाओ। सुनो आज मुझे सभासदों आज्ञा है कि 'सामंत बटेश्वरदत्त के पौत्र और महाराज पृथु पुत्र विशाखदत्त कवि का बनाया मुद्राराक्षस नाटक खेलो।" व है जो सभा काव्य के गुण और दोष को सब भाँत समझती उसी के सामने खेलने में मेरा भी चित्त संतुष्ट होता है।

उपजै आछे खेत में मूरखहू के धान।
सघन होन मैं धान के चहिय न गुनी किसान॥

ती, अब मैं घर से सुघर घरनी को बुलाकर कुछ गाने बजाने का ढंग जमाऊं। (घूमकर) यही मेरा घर है, चलूँ। (आगे बढ़कर) अहा! आज तो मेरे घर में कोई उत्सव जान पड़ता है, क्योंकि घरवाले सब अपने-अपने काम में चूर हो रहे हैं।

पीसत कोऊ सुगंध, कोऊ जल भरिकै लावत।
कोऊ बैठिकै रंग रंग की माल बनावत॥
कहुँ तियगन हुँकार-सहित, अति स्रवन सोहावत।
होत मुसल को शब्द सुखद जिय को सुनि भावत॥

जो हो, घर से स्त्री को बुलाकर पूछ लेता हूँ।

(नेपथ्य की ओर देखकर)

री गुनवारी! सब उपाय की जाननवारी!
घर की राखनवारी! सब कछु साधनवारी!
मो गृह नीति सरूप काज सब करन सँवारी!
बेगि आउ री नटी! विलंब न करु सुनि प्यारी!

[नटी आती है]

नटी—आर्यपुत्र! मैं आई, अनुग्रहपूर्वक कुछ आज्ञा दीजिये।

सूत्र०—प्यारी आज्ञा पीछे दी जायगी, पहले यह बता कि आज ब्राह्मणों का न्योता करके तुमने कुटुंब के लोगों पर क्यों अनुग्रह किया है? या आप ही से आज अतिथि लोगों ने कृपा किया है कि ऐसे धूम से रसोई चढ़ रही है? ४०

नटी—आर्य! मैंने ब्राह्मणों को न्योता दिया है।

सूत्र०—क्यों? किस निमित्त से?

नटी—चंद्रग्रहण लगनेवाला है।

सूत्र०—कौन कहता है?

नटी—नगर के लोगों के मुँह सुना है।

सूत्र०—प्यारी! मैंने ज्योतिः शास्त्र के चौसठों अंगों में बड़ा परिश्रम किया है। जो हो, रसोई तो होने दो, पर आज तो गहन है यह तो किसी ने तुम्हे धोखा ही दिया है क्योंकि— ५०

चंद्र-बिंब पूर न भए क्रूर केतु हठ दाप।
बल सों करिहै ग्रास कहँ

(नेपथ्य में)

हैं! मेरे जीते चंद्र को कौन बल से ग्रस सकता है?

सूत्र०— जेहि बुध रच्छत आप॥

नटी—आर्य! यह पृथ्वी ही पर से चंद्रमा को कौन बचाना चाहता है?

सूत्र०—प्यारी! मैंने भी नहीं लखा, देखो, अब फिर से वही पढ़ता हूँ और अब जब वह फिर बोलेगा तो मैं उसकी बोली से पहिचान लूंगा कि कौन है।

['चंद्रबिंब पूर न भए' फिर से पढ़ता है]

(नेपथ्य में)

हैं! मेरे जीते चंद्र को कौन बल से ग्रस सकता है?

सूत्र०—(सुनकर) जाना।

अरे? अहै कौटिल्य

नटी—(डर नाट्य करती है)

सूत्र०— दुष्ट टेढ़ी मतिवारो।
नदबंश जिन सहजहिं निज क्रोधनल जारो॥
चंद्रग्रहण को नाम सुनत निज नृप को मानी।
इतही आवत चंद्रगुप्त पै कछु भय जानी॥

तो अब चलो, हम लोग चलें।

(दोनों जाते हैं)

इति प्रस्तावना

—:※:—

प्रथम अंक

स्थान—चाणक्य का घर

[अपनी खुली शिखा को हाथ से फटकारता हुआ चाणक्य आता है]

चाणक्य—बता! कौन है जो मेरे जीते चंद्रगुप्त को बल से ग्रसना चाहता है?

सदा दंति के कुंभ को जो बिदारै।
ललाई नए चंद सी जौन धारै॥
जँभाई समै काल सो जौन बाढ़ै।
भलो सिंह के दाँत सो कौन काढ़ै?

और भी

कालसर्पिणी नंदकुल, क्रोध धूम सी जौन।
अबहूँ बाँधन देत नहिं अहो शिखा मम कौन!
दहन नंदकुल-बन सहज अति प्रज्वलित प्रताप।
को मम क्रोधानल-पतँग भयो चहत अब पाप!

शारंगरव! शारंगरव!!

[शिष्य आता है]

शिष्य—गुरु जी! क्या आज्ञा है?

चाणक्य—बेटा मैं बैठना चाहता हूँ।

शिष्य—महाराज! इस दालान में बेंत की चटाई पहले ही से बिछी है। आप विराजिये।

चाणक्य—बेटा केवल कार्य में तत्परता मुझे व्याकुल करती है, न कि और उपाध्यायों के तुल्य शिष्यजन से दुःशीलता। (बैठकर आप ही आप) क्या सब लोग यह बात जान गए कि मेरे नंदवंश के नाश से क्रुद्ध होकर राक्षस पितावध से दुखी मलयकेतु से मिलकर यवनराज की सहायता लेकर चंद्रगुप्त पर चढ़ाई किया चाहता है। (कुछ सोचकर) क्या हुआ, जब मैं नंदवंशवध

की बड़ी प्रतिज्ञारूपी नदी से पार उतर चुका तब यह बात प्रकाशित होने ही से क्या मैं इसको न पूरी कर सकूंगा ? क्योंकि—

दिसि-सरिस रिपु-रमनी-बदन-ससि सोक-कारिख लायकै।
लै नीति पवनहि सचिव बिटपन छार डारि, जरायकै ॥
बिनु पुरनिवासी पच्छिगन नृप बंसमूल नसायकै।
भो शांत मम क्रोधाग्नि यह कछु आन हित नहिं पायकै ॥

और भी

जिन जनन ने अति सोच सों नृप भय प्रगट धिक नहिं कह्यौ।
पै मम अनादर को अतिहि वह सोच जिय जिनके रह्यौ ॥
ते लखहिं आसन सों गिरायो नंद सहित समाज को।
जिमि सिखर तें बनराज क्रोधि बिदारई गजराज को ॥

सो यद्यपि मैं अपनी प्रतिज्ञा पूरी कर चुका हूँ, तो भी चंद्रगुप्त के हेतु शस्त्र अब भी धारण करता हूँ। देखो, मैंने—

नवनंदन को मूल सहित खोद्यो छन भर में।
चंद्रगुप्त में श्री राखी नलिनी जिमि सर में।
क्रोध प्रीति सों एक नासिकै एक बसायो।
सत्रु मित्र को प्रगट सबन फल लै दिखलायो ॥

अथवा जब तक राक्षस नहीं पकड़ा जाता तब तक नंदों के मारने से क्या और चंद्रगुप्त को राज्य मिलने ही से क्या ? (कुछ सोचकर) अहा ! राक्षस की नंदवंश में कैसी दृढ़ भक्ति है। जब तक नंदवंश का कोई भी जीता रहेगा, तब तक वह कभी शूद्र का मंत्री बनना स्वीकार न करेगा, इससे उसके पकड़ने में हम लोगों को निरुद्यम रहना अच्छा नहीं। यही समझकर तो नंदवंश का सर्वार्थसिद्धि बिचारा तपोवन में चला गया, तौ भी हमने मार डाला। देखो, राक्षस मलयकेतु को मिलाकर हमारे बिगाड़ने में यत्न करता ही जाता है। (आकाश में देखकर) वाह ! राक्षस मंत्री वाह। क्यों न हो ! वाह ! मंत्रियों में बृहस्पति के समान वाह ! तू धन्य है, क्योंकि—

जब लौं रहै सुख राज को तब लौं सबै सेवा करैं।
पुनि राज बिगड़े कौन स्वामी ? तनिक नहिं चित में धरैं॥
जे बिपतिहू मैं पालि पूरब प्रीति काज सँवारहीं।
ते धन्य नर तुम सारिखे दुरलभ अहैं संसय नहीं॥

इसी से तो हम लोग इतना यत्न करके तुम्हें मिलाया चाहते हैं कि तुम अनुग्रह करके चंद्रगुप्त के मंत्री बनो, क्योंकि—

मूरख, कातर, स्वामिभक्त कछु काम न आवै।
पंडित हू बिनु भक्ति काज कछु नाहिं बनावै॥
निज स्वारथ की प्रीति करैं ते सब जिमि नारी।
बुद्धि, भक्ति दोउ होय तबै सेवक सुखकारी॥

सो मैं भी इस विषय में कुछ सोता नहीं हूँ; यथाशक्ति उसी के फँसाने का प्रयत्न करता रहता हूँ। देखो, पर्वतक को चाणक्य ने मारा यह अपवाद न होगा, क्योंकि सब जानते हैं कि चंद्रगुप्त और पर्वतक मेरे मित्र हैं, तो मैं पर्वतक को मारकर अपना पक्ष निर्बल कर दूँगा ऐसी शंका कोई न करेगा। सब यही कहेंगे कि राक्षस ने विषकन्या-प्रयोग करके चाणक्य के मित्र पर्वतक को मार डाला। पर एकांत में मैंने भी भागुरायण द्वारा मलयकेतु के जी में यह निश्चय करा दिया है कि तेरे पिता को चाणक्य ही ने मारा, इससे मलयकेतु मुझसे बिगड़ रहा है। जो हो, यदि यह राक्षस लड़ाई करने को उद्यत होगा तो भी पकड़ा जायगा। पर जो हम मलयकेतु को पकड़ेंगे तो लोग निश्चय कर लेंगे कि अवश्य चाणक्य ही ने अपने मित्र इसके पिता को मारा और अब मित्रपुत्र अर्थात् मलयकेतु को मारना चाहता है। और भी, अनेक देश की भाषा, पहिरावा, चाल, व्यवहार जानने वाले अनेक वेषधारी बहुत से दूत मैंने इसी हेतु चारों ओर भेज रक्खे हैं कि वे भेद लेते रहें कि कौन हम लोगों से शत्रुता रखता है, कौन मित्र है। और कुसुमपुर निवासी नंद के मंत्री और संबंधियों के ठीक ठीक वृत्तांत का अन्वेषण हो रहा है, वैसे ही भद्रभटादिकों को बड़े बड़े पद देकर चंद्रगुप्त के पास रख दिया है

और भक्ति की परीक्षा लेकर बहुत से अप्रमादी पुरुष भी शत्रु से रक्षा करने को नियत कर दिए हैं। वैसे ही मेरा सहपाठी मित्र विष्णुशर्मा नामक ब्राह्मण, जो शुक्र-नीति और चौसठों कला से ज्योतिष-शास्त्र में बड़ा प्रवीण है, उसे मैंने पहले ही जैन संन्यासी बनाकर नंदवध की प्रतिज्ञा के अनंतर ही कुसुमपुर में भेज दिया है। वह वहाँ नंद के मंत्रियों से मित्रता, विशेष कर के राक्षस का अपने पर बड़ा विश्वास बढ़ाकर सब काम सिद्ध करेगा। इससे मेरा सब काम बन गया है, परन्तु चंद्रगुप्त सब राज्य का भार मेरे ही ऊपर रखकर सुख करता है। सच है, जो अपने बल बिना और अनेक दुःखों के भोगे बिना राज्य मिलता है वही सुख देता है। क्योंकि—

अपने बल सों लावहीं जदपि मारि सिकार।
तदपि सुखी नहिं होत हैं राजा-सिंह-कुमार॥

[यम का चित्र हाथ में लिये योगी का वेष धारण किये दूत आता है]

दूत—अरे! और देव को काम नहिं जम को करो प्रनाम।
जो दूजेन के भक्त को प्रान हरत परिनाम॥

और

उलटे ते हू बनत है काज किये अति हेत।
जो जम जी सब को हरत सोई जीविका देत॥

तो इस घर में चलकर जम पट दिखाकर गावें।

[घूमता है]

शिष्य—रावल जी! ड्यौढ़ी के भीतर न जाना।

दूत—अरे ब्राह्मण! यह किसका घर है?

शिष्य—हम लोगों के परम प्रसिद्ध गुरु चाणक्य का।

दूत—(हँसकर) अरे ब्राह्मण! तब तो यह मेरे गुरुभाई ही का

शिष्य—(क्रोध से) छिः मूर्ख ! क्या तू गुरुजी से भी धर्म विशेष जानता है ?

दूत—अरे ब्राह्मण ! क्रोध मत कर, सभी सब कुछ नहीं जानते, कुछ तेरा गुरु जानता है, कुछ मेरे से लोग जानते हैं।

शिष्य—(क्रोध से) मूर्ख ! क्या तेरे कहने से गुरु जी की सर्वज्ञता उड़ जायगी ?

दूत—भला ब्राह्मण ! जो तेरा गुरु सब जानता है तो बतलावे कि चंद्र किसको नहीं अच्छा लगता ?

शिष्य—मूर्ख ! इसको जानने से गुरु को क्या काम ?

दूत—यही तो कहता हूँ कि यह तेरा गुरु ही समझेगा कि इसके जानने से क्या होता है ? तू तो सूधा मनुष्य है, तू केवल इतना ही जानता है कि कमल को चंद्र प्यारा नहीं है। देख—

> जदपि होत सुंदर कमल उलटो तदपि सुभाव।
> जो नित पूरन चंद सौं करत विरोध बनाव॥

चाणक्य—(सुनकर आप ही आप) अहा ! "मैं चंद्रगुप्त के बैरियों को जानता हूँ" यह कोई गूढ़ वचन से कहता है।

शिष्य—चल मूर्ख क्या बेठिकाने की बकवाद कर रहा है।

दूत—अरे ब्राह्मण ! यह सब ठिकाने की बातें होंगी।

शिष्य—कैसे होंगी। ?

दूत—जो कोई सुननेवाला और समझनेवाला होय।

चाणक्य—रावल जी ! बेखटके चले आइए, यहाँ आपको सुनने और समझनेवाले मिलेंगे।

दूत—आया (आगे बढ़कर) जय हो महाराज की।

चाणक्य—(देखकर आप ही आप) कामों की भीड़ से यह नहीं निश्चय होता कि निपुणक को किस बात के जानने के लिये भेजा था। अरे जाना, इसे लोगों के जी का भेद लेने को भेजा था। (प्रकाश) आओ आओ, कहो अच्छे हो ? बैठो।

दूत—जो आज्ञा (भूमि में बैठता है)।

चाणक्य—कहो, जिस काम को गए थे उसका क्या किया ? चंद्रगुप्त को लोग चाहते हैं कि नहीं ?

दूत—महाराज ! आपने पहले ही से ऐसा प्रबंध किया है कि कोई चंद्रगुप्त से बिराग न करे इस हेतु सारी प्रजा महाराज चंद्रगुप्त में अनुरक्त है, पर राक्षस मंत्री के दृढ़ मित्र तीन ऐसे हैं जो चंद्रगुप्त की वृद्धि नहीं सह सकते।

चाणक्य—(क्रोध से) अरे ! कह कौन अपना जीवन नहीं सह सकते, उनके नाम तू जानता है ?

दूत—जो नाम न जानता तो आपके सामने क्यों कर निवेदन करता।

चाणक्य—मैं सुना चाहता हूँ कि उनके क्या नाम हैं ?

दूत—महाराज सुनिये। पहले तो शत्रु का पक्षपात करनेवाला क्षपणक है।

चाणक्य—(हर्ष से आप ही आप) हमारे शत्रुओं का पक्षपाती क्षपणक है ! (प्रकाश) उसका नाम क्या है ?

दूत—जीवसिद्धि नाम है।

चाणक्य—तूनें कैसे जाना कि क्षपणक मेरे शत्रुओं का पक्षपाती है ?

दूत—क्योंकि उसने राक्षस मंत्री के कहने से देव पर्वतेश्वर पर विष-कन्या का प्रयोग किया,

चाणक्य—(आप ही आप) जीवसिद्धि तो हमारा गुप्तदूत है। (प्रकाश) हाँ, और कौन है ?

दूत—महाराज ! दूसरा राक्षस मंत्री का प्यारा सखा शकटदास कायथ है।

चाणक्य—(हंसकर आप ही आप) कायथ कोई बड़ी बात नहीं है तो भी क्षुद्र शत्रु की भी उपेक्षा नहीं करनी चाहिए, इसी हेतु तो मैंने सिद्धार्थक को उसका मित्र बनाकर उसके पास रक्खा है। (प्रकाश) हाँ, तीसरा कौन है ?

दूत—(हँसकर) तीसरा तो राक्षस मंत्री का मानो हृदय ही पुष्पपुरवासी चंदनदास नामक वह बड़ा जौहरी है, जिसके घर में मंत्री राक्षस अपना कुटुंब छोड़ गया है।

चाणक्य—(आप ही आप) अरे यह उसका बड़ा अंतरंग मित्र होगा; क्योंकि पूरे विश्वास बिना राक्षस अपना कुटुंब यों न छोड़ जाता। (प्रकाश) भला तूने यह कैसे जाना कि राक्षस मंत्री वहाँ अपना कुटुंब छोड़ गया?

दूत—महाराज! इस 'मोहर" की अंगूठी से आपको विश्वास होगा। (अंगूठी देता है)।

चाणक्य—(अंगूठी लेकर और उसमें राक्षस का नाम बाँचकर, प्रसन्न होकर, आप ही आप) अहा! मैं समझता हूँ कि राक्षस ही मेरे हाथ लगा। (प्रकाश) भला तुमने यह अंगूठी कैसे पाई? मुझसे सब वृत्तांत तो कहो।

दूत—सुनिये! जब मुझे आपने नगर के लोगों का भेद लेने भेजा तब मैंने यह सोचा कि बिना भेस बदले मैं दूसरे के घर में न घुसने पाऊँगा, इससे मैं जोगी का भेस करके जमराज का चित्र हाथ में लिये फिरता फिरता चंदनदास जौहरी के घर में चला गया और वहाँ चित्र फैलाकर गीत गाने लगा।

चाणक्य—हाँ, तब?

दूत—तब, महाराज! कौतुक देखने को एक पाँच बरस का बड़ा सुंदर बालक एक परदे की आड़ से बाहर निकला। उस समय परदे के भीतर स्त्रियों में बड़ा कलकल हुआ कि 'लड़का कहाँ गया?" इतने में एक स्त्री ने द्वार के बाहर मुख निकालकर देखा और लड़के को झट पकड़ ले गई; पर पुरुष की उंगली से स्त्री की उंगली पतली होती है इससे द्वार ही पर यह अंगूठी गिर पड़ी और मैं उस पर राक्षस मंत्री का नाम देखकर आपके पास उठा लाया।

चाणक्य—वाह वाह! क्यों न हो अच्छा जाओ मैंने सब सुन लिया। तुम्हें इसका फल शीघ्र ही मिलेगा।

दूत—जो आज्ञा (जाता है)।

चाणक्य—शारंगरव ! शारंगरव !

शिष्य—(आकर) आज्ञा, गुरुजी !

चाणक्य—बेटा ! कलम, दावात, कागज तो लाओ।

शिष्य—जो आज्ञा। (बाहर जाकर ले आता है) गुरुजी ! ले आया।

चाणक्य—(लेकर आप ही आप) क्या लिखूँ, इसी पत्र से राक्षस को जीतना है।

[प्रतिहारी आती है]

प्रति०—जय हो ! महाराज की जय हो !

चाणक्य—(हर्ष से आप ही आप) वाह वाह ! कैसा सगुन हुआ कि कार्यारंभ ही में जय शब्द सुनाई पड़ा। (प्रकाश) कहो शोणोत्तरा। क्यों आई हो ?

प्रति०—महाराज ! राजा चंद्रगुप्त ने प्रणाम कहा है और पूछा है कि मैं पर्वतेश्वर की क्रिया किया चाहता हूँ इससे आपकी आज्ञा हो तो इनके पहिरे आभरणों को पंडित ब्राह्मणों को दूँ।

चाणक्य—(हर्ष से आप ही आप) वाह ! चंद्रगुप्त ! वाह ! क्यों न हो। मेरे जी की बात सोचकर संदेश कहला भेजा है। (प्रकाश) शोणोत्तरा ! चंद्रगुप्त से कहो कि "वाह ! बेटा वाह ! क्यों न हो बहुत अच्छा विचार किया, तुम व्यवहार में बड़े ही चतुर हो इससे जो सोचा है सो करो, पर पर्वतेश्वर के पहिरे हुए आभरण गुणवान् ब्राह्मणों को देना चाहिएँ, इससे ब्राह्मण मैं चुनके भेजूंगा।"

प्रति०—जो आज्ञा, महराज ! (जाती है)।

चाणक्य—शारंगरव ! विश्वावसु आदि तीनों भाइयों से कहो कि जाकर चन्द्रगुप्त से आभरण लेकर मुझसे मिलें।

शिष्य—जो आज्ञा (जाता है)।

चाणक्य—(आप ही आप) पीछे तो यह लिखें; पर पहिले क्या लिखें ? (सोच कर) अहा ! दूतों के मुख से ज्ञात हुआ है कि उस म्लेच्छ-राजसेना में से प्रधान पाँच राजा परम भक्ति से राक्षस की सेवा करते हैं।

प्रथम चित्रवर्मा कुलूत को राजा भारी।
मलय-देशपति सिंहनाद दूजो बलधारी॥
तीजो पुसकरनयन अहै कस्मीर देश को।
सिंधुसेन पुनि सिंधु-नृपति अति उग्र भेष को॥
मेघाक्ष पाँचवों प्रबल अति; बहु हय जुत पारस नृपति।
अब चित्रगुप्त इन नाम को मेटहिं हम जब लिखहिं हति॥

(कुछ सोचकर) अथवा न लिखूँ अभी सब बात योंही रहे।
प्रकाश) शारंगरव! शारंगरव!

शिष्य—(आकर) आज्ञा, गुरुजी!

चाणक्य—बेटा! वैदिक लोग कितना ही अच्छा लिखें तो भी उनके अक्षर अच्छे नहीं होते इससे सिद्धार्थक से कहो (कान में कहकर) कि वह शकटदास के पास जाकर यह सब बात यों लिखवाकर और "किसी का लिखा कुछ कोई आप ही बाँचे" यह सरनामें पर नाम बिना लिखवाकर हमारे पास आवे और शकटदास से यह न कहे कि चाणक्य ने लिखवाया है।

शिष्य—जो आज्ञा (जाता है)।

चाणक्य—(आप ही आप) अहा! मलयकेतु को जो जीत लिया।

[चिट्ठी लेकर सिद्धार्थक आता है]

सि०—जय हो महाराज की, जय हो महाराज! यह शकटदास के हाथ का लेख है।

चाणक्य—(लेकर देखता है) वाह! कैसे सुन्दर अक्षर हैं (पढ़कर बेटा यह मोहर कर दो।

सि०—जो आज्ञा (मोहर करके) महाराज, इस पर मोहर हो गई, अब और कहिये क्या आज्ञा है?

चाणक्य—बेटा! हम तुम्हें एक अपने निज के काम में भेजा चाहते हैं।

सि०—(हर्ष से) महाराज, तो आपकी कृपा है कहिये, यह दास आपके कौन काम आ सकता है?

चाणक्य—सुनो, पहले जहाँ सूली दी जाती है वहाँ जाकर रोष-पूर्वक फाँसी देने वालों को दहिनी आँख दबाकर समझा देना और जब वे तेरी बात समझ कर डर से इधर उधर भाग जायँ तब तुम शकटदास को लेकर राक्षस मंत्री के पास चले जाना। वह अपने मित्र के प्राण बचाने से तुम पर बड़ा प्रसन्न होगा और तुम्हें पारि-तोषिक देगा, तुम उसको लेकर कुछ दिनों तक राक्षस ही के पास रहना और जब और भी लोग पहुँच जाय तब यह काम करना। (कान में समाचार कहता है)

सि०—जो आज्ञा महाराज !

चाणक्य—शारंगरव ! शारंगरव !

शिष्य—(आकर) आज्ञा गुरुजी !

चाणक्य—कालपाशिक और दंडपाशिक से यह कह दो कि चंद्रगुप्त आज्ञा करता है कि जीवसिद्धि क्षपणक ने राक्षस के कहने से विषकन्या का प्रयोग करके पर्वतेश्वर को मार डाला, यह दोष प्रसिद्ध करके अपमान पूर्वक उसको नगर से निकाल दें।

शिष्य—जो आज्ञा। (घूमता है)।

चाणक्य—बेटा ! ठहर—सुन और वह जो शकटदास कायथ है वह राक्षस के कहने से नित्य हम लोगों की बुराई करता है, यही दोष प्रकट करके उसको सूली दे दें और उसके कुटुंब को कारागार में भेज दें।

शिष्य—जो आज्ञा महाराज ! (जाता है)।

चाणक्य—(चिंता करके आप ही आप) हा ! क्या किसी भाँति यह दुरात्मा राक्षस पकड़ा जायगा ?

सि०—महाराज ! लिया।

चाणक्य—(हर्ष से आप ही आप) अहा ! क्या राक्षस को ले लिया ? (प्रकाश) कहो, क्या पाया ?

सि०—महाराज ! आपने जो संदेशा कहा वह मैंने भली भाँति समझ लिया, अब काम पूरा करने जाता हूँ।

चाणक्य—(मोहर और पत्र देकर) सिद्धार्थक ! जा तेरा काम सिद्ध हो।

सि०—जो आज्ञा (प्रणाम करके जाता है)।

शिष्य—(आकर) गुरुजी, कालपाशिक, दंडपाशिक आपसे निवेदन करते हैं कि महाराज चंद्रगुप्त की आज्ञा पूर्ण करने जाते हैं।

चाणक्य—अच्छा, बेटा ! मैं चंदनदास जौहरी को देखा चाहता हूँ

शिष्य—जो आज्ञा (बाहर जाकर चंदनदास को लेकर आता है इधर आइये, सेठ जी !

चंदन०—(आप ही आप) यह चाणक्य ऐसा निर्दय है कि यह जो एकाएक किसी को बुलावे तो लोग बिना अपराध भी इससे डरते हैं फिर कहाँ मैं इसका नित्य का अपराधी। इसीसे मैंने धनसेनादिक तीन महाजनों से कह दिया है कि दुष्ट चाणक्य जो मेरा घर लूट ले तो आश्चर्य नहीं इससे स्वामी राक्षस का कुटुम्ब कहीं और ले जाओ, मेरी जो गति होनी है वह हो।

शिष्य—इधर आइये, शाहजी।

चंदन०—आया। (दोनों घूमते हैं)

चाणक्य—(देखकर) आइये, साहजी ! कहिये, अच्छे तो हैं ? बैठिये, यह आसन है।

चंदन०—(प्रणाम करके) महाराज ! आप नहीं जानते कि अनुचित सत्कार अनादर से भी विशेष दुःख का कारण होता है, इससे मैं पृथ्वी ही पर बैठूँगा।

चाणक्य—वाह ! आप ऐसा न कहिये। आपको तो हम लोगों के साथ यह व्यवहार उचित ही है इससे आप आसन पर बैठिये।

चंदन०—(आप ही आप) कोई बात तो इस दुष्ट ने जानी। (प्रकाश) जो आज्ञा (बैठता है)।

चाणक्य—कहिये साहजी ! चंदनदासजी ! आपको व्यापार में लाभ तो होता है न ?

चंदन०—(स्वगत) यह अधिक आदर शंका उत्पन्न करता है

(प्रकाश) महाराज! क्यों नहीं, आपकी कृपा से सब बनिज व्यापार अच्छी भाँति चलता है।

चाणक्य—कहिये, साहजी! पुराने राजाओं के गुण चंद्रगुप्त के दोषों को देखकर कभी लोगों को स्मरण आते हैं?

चंदन०—(कान पर हाथ रखकर) राम! राम! शरद ऋतु के पूर्ण चंद्रमा की भाँति शोभित चंद्रगुप्त को देखकर कौन नहीं प्रसन्न होता?

चाणक्य—जो प्रजा ऐसी प्रसन्न है, तो राजा भी प्रजा से कुछ अपना भला चाहते हैं।

चंदन०—महाराज! जो आज्ञा। मुझसे कौन और कितनी वस्तु चाहते हैं?

चाणक्य—सुनिये, साहजी! नंद का राज्य नहीं है, चंद्रगुप्त का राज्य है। धन से प्रसन्न होने वाला तो वह लालची नंद ही था चद्रगुप्त तो तुम्हारे ही भले से प्रसन्न होता है।

चंदन०—(हर्ष से) महाराज! यह तो आप की कृपा है।

चाणक्य—पर यह तो मुझसे पूछिये कि वह भला किस प्रकार से होगा?

चंदन—कृपा करके कहिये।

चाणक्य०—सौ बात की एक बात यह है कि राजा के विरुद्ध कामों को छोड़ो?

चंदन०—महाराज! वह कौन अभागा है जिसे आप राजविरोधी समझते हैं?

चाणक्य—उनमें पहले तो तुम्हीं हो।

चंदन०—(कानों पर हाथ रखकर) राम! राम! भला तिनके से और अग्नि से कैसा विरोध?

चाणक्य—विरोध यही है कि तुमने राजा के शत्रु राक्षस मंत्री का कुटुंब तक घर में रख छोड़ा है।

चंदन०—महाराज यह किसी दुष्ट ने आप से झूठ कह दिया है।

चाणक्य—सेठ जी! डरो मत, राजा के भय से पुराने राजा के सेवक लोग अपने मित्रों के पास बिना चाहे भी कुटुंब छोड़कर भाग जाते हैं; इससे इसके छिपाने ही में दोष होगा।

चंदन०—महाराज! ठीक है, पहले मेरे घर पर राक्षस मंत्री ३४ का कुटुम्ब था।

चाणक्य—पहले तो कहा कि किसी ने झूठ कहा है। अब कहते हो, था; यह गबड़े की बात कैसी?

चंदन०—महाराज! इतना ही मुझसे बातों में फेर पड़ गया।

चाणक्य—सुनो, चंद्रगुप्त के राज्य में छल का विचार नहीं होता। इससे राक्षस का कुटुम्ब दो तो सच्चे हो जाओगे।

चंदन०—महाराज! मैं कहता हूँ न, पहले राक्षस का कुटुम्ब था।

चाणक्य—तो अब कहाँ गया?

चंदन०—न जाने कहाँ गया।

चाणक्य—(हँसकर) सुनो, सेठजी! तुम क्या नहीं जानते ३५ कि साँप तो सिर पर बूटी पहाड़ पर। जैसा चाणक्य ने नंद को......
(इतना कहकर लाज से चुप रह जाता है)

चंदन०—(आप ही आप)

प्रिया दूर, घन गरजहीं, अहो! दुःख अति घोर।
औषधि दूर हिमादि पै, सिर पै सर्प कठोर॥

चाणक्य—चंद्रगुप्त को अब राक्षस मंत्री राज पर से उठा देगा, यह आशा छोड़ो, क्योंकि देखो,—

नृप नंद जीवित नीतिबल सों मति रही जिनकी भली।
ते वक्रनासादिक सचिव नहिं थिर सके करि, नसि चली॥
सो श्री सिमिटि अब आय लिपटी चंद्रगुप्त नरेस सों। ३६०
तेहि दूर को करि सकै? चाँदनि छुटत कहुँ राकेस सों?

और भी

("सबा दंति के कुंभ को" इत्यादि फिर से पढ़ता है।)

चंदन०—(आप ही आप) अब तुमको सब कहना फबता है।

(नेपथ्य में) हटो हटो—

चाणक्य—शारंगरव ! यह क्या कोलाहल है देखो तो ?

शिष्य—जो आज्ञा। (बाहर जाकर फिर आकर) महाराज, राजा चंद्रगुप्त की आज्ञा से राजद्वेषी जीवसिद्धि क्षपणक निरादरपूर्वक नगर से निकाला जाता है।

चाणक्य—क्षपणक ! आहा ! हा ! अथवा राजविरोध का फल भोगे। सुनो, चंदनदास ! देखा, राजा अपने द्वेषियों को कैसा कड़ा दंड देता है। मैं तुम्हारे भले की कहता हूँ। सुनो और राक्षस का कुटुम्ब देकर जन्म भर राजा की कृपा से सुख भोगो।

चंदन०—महाराज ! मेरे घर राक्षस मंत्री का कुटुम्ब नहीं है।

(नेपथ्य में कलकल होता है)

चाणक्य—शारंगरव ! देख तो, यह क्या कलकल होता है।

शिष्य—जो आज्ञा (बाहर जाकर फिर आता है) महाराज ! राजा की आज्ञा से राजद्वेषी शकटदास कायस्थ को सूली देने ले जाते हैं।

चाणक्य—राजविरोध का फल भोगे। देखो, सेठजी ! राजा अपने विरोधियों को कड़ा दंड देता है ! इससे राक्षस का कुटुम्ब छिपाना वह कभी न सहेगा। इससे उसका कुटुम्ब देकर तुमको अपना प्राण और कुटुम्ब बचाना हो तो बचाओ।

चंदन—महाराज ! क्या आप मुझे डर दिखाते हैं ? मेरे यहाँ अमात्य राक्षस का कुटुम्ब हई नहीं है पर जो होता तो भी मैं न देता।

चाणक्य—क्या चंदनदास ! तुमने यही निश्चय किया है ?

चंदन०—हाँ ! मैंने यही दृढ़ निश्चय किया है ?

चाणक्य—(आप ही आप) वाह ! चंदनदास ! वाह ! क्यों न हो।

> दूजे के हित प्रान दै करै धर्म प्रतिपाल।
> को ऐसो शिवि के बिना दूजो है या काल ?

(प्रकाश) क्या, चंदनदास ! तुमने यही निश्चय किया है।

चंदन०—हाँ ! हाँ ! मैंने यही निश्चय किया है।

चाणक्य—(क्रोध से) दुरात्मा दुष्ट बनिया ! देख, राजकोप का कैसा फल पाता है !

चंदन०—(बाँह फैलाकर) मैं प्रस्तुत हूँ, आप जो चाहिए अर्थ दंड दीजिए।

चाणक्य—(क्रोध से) शारंगरव ! कालपाशिक, दंडपाशिक से मेरी आज्ञा कहो कि अभी इस दुष्ट बनिये को दंड दें। नहीं ठहरो, दुर्गपाल और विजयपाल से कहो कि इसके घर का सारा धन ले ४०० लें और इसको कुटुम्ब समेत पकड़ कर बाँध रखें; तब तक मैं चंद्रगुप्त से कहूँ। वह आप ही इसके सर्वस्व और प्राण के हरण की आज्ञा देगा।

शिष्य—जो आज्ञा महाराज ! सेठजी ! इधर आइए।

चंदन०—लीजिए महाराज ! यह मैं चला। (उठकर चलता है) (आपही आप) अहा ! मैं धन्य हूँ कि मित्र के हेतु मेरे प्राण जाते हैं ! अपने हेतु तो सभी मरते हैं।

[दोनों बाहर जाते हैं]

चाणक्य—(हर्ष से) अब ले लिया है राक्षस को, क्योंकि—

जिमि इन तृन सम प्रान तजि कियो मित्र को त्रान। ४१८
तिमि सोऊ निज मित्र अरु कुल रखिहै दै प्रान ॥

(नेपथ्य में कलकल)

चाणक्य—शारंगरव !

शिष्य—(आकर) आज्ञा गुरुजी !

चा०—देख तो यह कैसी भीड़ है ?

शि०—(बाहर जाकर फिर आश्चर्य से आकर) महाराज शकटदास को सूली पर से उतारकर सिद्धार्थक लेकर भाग गया।

चा०—(आप ही आप) वाह सिद्धार्थक ! काम का आरंभ तो किया (प्रकाश) हैं ! क्या ले गया ? (क्रोध से) बेटा ! दौड़कर ४२० भागुरायण से कहो कि उसको पकड़े।

शि०—(बाहर जाकर आता है और बिषाद से) गुरुजी ! भागुरायण तो पहले ही से कहीं भाग गया है।

चा०—(आप ही आप) निज काज साधने के लिए जाय। (क्रोध से प्रकाश) भद्रभट, पुरुषदत्त, हिंगुरात बलगुप्त, राजसेन, रोहिताक्ष और विजयवर्मा से कहो कि दुष्ट भागुरायण को पकड़ें।

शि०—जो आज्ञा (बाहर जाकर फिर आकर विषाद से) महाराज! बड़े दुःख की बात है कि सब बेड़े का बेड़ा हलचल हो रहा है। भद्रभट इत्यादि तो सब पिछली ही रात भाग गये।

चा०—(आप ही आप) सब काम सिद्ध करें (प्रकाश) शि० बेटा, सोच मत करो।

जे बात कछु जिय धारि भागे भले सुख सों भागहीं।
जे रहे तेहू जाहिं तिनको सोच मोहि जिय कछु नहीं॥
सत सैन हूँ सों अधिक साधिनि काज की जेहि जग कहै।
सो नंदकुल की खननहारी बुद्धि नित मोमें रहै॥

(उठकर और आकाश की ओर देखकर) अभी भद्र-भटादिकों को पकड़ता हूँ (आप ही आप) दुरात्मा राक्षस! अब मुझसे भागकर कहाँ जायगा? देख—

एकाकी मद-गलित गज जिमि नर लावहिं बांधि।
चंद्रगुप्त के काज मैं तिमि तोहिं धरिहौं साधि॥

[सब जाते हैं—जवनिका गिरती है]

इति प्रथमांक

द्वितीय अंक

स्थान-राजपथ

[मदारी आता है]

मदारी—अललललल! नाग लाए, साँप लाए!

तंत्र युक्ति सब जानहीं मंडल रचहिं विचार।
मंत्र रक्षही ते करहिं अहि नृप को उपचार॥

(आकाश में देखकर) महाराज! क्या कहा? 'तू कौन है?' महाराज! मैं जीर्णविष नाम सँपेरा हूँ। (फिर आकाश की ओर

देखकर) क्या कहा कि ' मैं भी साँप का मंत्र जानता हूँ खेलूँगा ' ? तो आप काम क्या करते हैं, यह तो कहिए ? (फिर आकाश की ओर देखकर) क्या कहा—'मैं राज-सेवक हूँ ', तो आप तो साँप के साथ खेलते ही हैं। (फिर ऊपर देखकर) क्या कहा ' कैसे ? ' मंत्र और जड़ी बिना मदारी और आँकुस बिना मतवाले हाथी का हाथीवान , वैसे ही नये अधिकार के संग्राम-विजयी राजा के सेवक, ये तीनों अवश्य नष्ट होते हैं। (ऊपर देखकर) यह देखते देखते कहाँ चला गया ? (फिर ऊपर देखकर) क्या महाराज ! पूछते हो कि ' इन पिटारियों में क्या है ? ' इन पिटारियों में मेरी जीविका के सर्प हैं। (फिर ऊपर देखकर) क्या कहा कि ' मैं देखूँगा ?' वाह वाह महाराज ! देखिए देखिए , मेरी बोहनी हुई कहिये इसी स्थान पर खोलूँ ? परन्तु यह स्थान अच्छा नहीं है। यदि आपका देखने की इच्छा हो तो आप इस स्थान में आइए मैं दिखाऊँ। (फिर आकाश की ओर देखकर) क्या कहा कि 'यह स्वामी राक्षस मंत्री का घर है इसमें मैं घुसने न पाऊगा ?' तो आप जाय , महाराज ! मैं तो अपनी जीविका के प्रभाव से सभी के घर जाता आता हूँ। अरे ! क्या वह गया ? (चारों ओर देखकर) अहा ! बड़े आश्चर्य की बात है , जब मैं चाणक्य की रक्षा में चंद्रगुप्त को देखता हूँ तब समझता हूँ कि चंद्रगुप्त ही राज्य करेगा, पर जब राक्षस की रक्षा में मलयकेतु को देखता हूँ तब चंद्रगुप्त का राज गया सा दिखाई देता है। क्योंकि—

> चाणक्य ने लै जदपि बाँधी बुद्धिरूपी डोर सों।
> करि अचल लक्ष्मी मौर्य कुल में नीति के निज जोर सों ॥
> पै तदपि राक्षस चातुरी करि हाथ में ताकों करै ॥
> गहि ताहि खींचत आपनी दिसि मोहिं यह जानी परै ॥

सो इन दोनों परम नीतिचतुर मंत्रियों के विरोध में नंदकुल की लक्ष्मी संशय में पड़ी है।

> दोऊ सचिव विरोध सों, जिमि बिच जुग गजराय।
> हथिनी सी लक्ष्मी विचल इत उत झोंका खाय ॥

तो चलूं अब मंत्री राक्षस से मिलूँ ।

(जवनिका उठती है और आसन पर बैठा राक्षस और पास प्रियंवदक नामक सेवक दिखाई देते हैं ।)

राक्षस—(ऊपर देखकर आँखों में आंसू भर कर) हा ! बड़े कष्ट की बात है—

गुन, नीति, बल सो जीति अरि जीमि आपु जादवगन हयो ।
तिमि नंद को यह बिपुल कुल बिधि बाम सों सब नसि गयो ॥
यहि सोच मैं मोहि दिवस अरु निसि नित्य जागत बीतहीं ।
यह लखौ चित्र बिचित्र मेरे भाग के बिनु भीतहीं ॥

अथवा

बिनु भक्ति भूले, बिनहि स्वारथ हेतु हम यह पन लियो ।
बिनु प्रान के भय, बिनु प्रतिष्ठा-लाभ अब अबलौं कियो ।
सब छांड़िकै परदासता यहि हेतु नित प्रति हम करैं ।
जो स्वर्ग मैं हूँ स्वामि मम निज सत्रु हत लखि सुख भरैं ॥

(अकाश की ओर देखकर दुःख से) हा ! भगवती लक्ष्मी ! तू बड़ी अगुणज्ञा है । क्योंकि—

निज तुच्छ सुख के हेतु तजि गुनरासि नंद नृपाल को ।
अब सूद्र मैं अनुरक्त है लपटी सुधा मनु व्याल कों ॥
ज्यों मत्त गज के मरत मद की धार ता साथहि नसै ॥
त्यों नंद के साथहि नसी किन ? निलज ! अजहूँ जग बसै ।

अरे पापिन !

का जग मैं कुलवंत नृप जीवत रह्यो न कोय ?
जो तू लपटी सूद्र सों नीच गामिनी होय ॥

अथवा

बारबधू जन को अहै सहजहि चपल सुभाव ।
तजि कुलीन गुनियन करहिं ओछे जन सों चाव ॥

तो हम भी अब तेरा आधार का नाश किए देते हैं । (कुछ सोचकर) हम मित्रवर चंदनदास के घर अपना कुटुंब छोड़कर बाहर चले आए सो अच्छा ही किया । वहाँ के निवासी महाराज

नंद में अनुरक्त हैं और हमारे सब उद्योगों में सहायक होते हैं, क्योंकि वे समझते हैं कि राक्षस कुसुमपुर के आक्रमण के बारे में उदासीन नहीं है। वहाँ विषादिक से चंद्रगुप्त के नाश करने को और सब प्रकार के शत्रु का दाँव घात व्यर्थ करने को बहुत सा धन देकर शकटदास को छोड़ ही दिया है। प्रति क्षण शत्रुओं का भेद लेने को और उनका उद्योग नाश करने को जीवसिद्धि इत्यादि सुहृद नियुक्त ही हैं। सो अब तो—

> विषवृक्ष, अहिसुत, सिंहपोत समान जा दुखरास कों।
> नृपनंद निज सुत जानि पाल्यो सकुल निज असु नास को॥
> ता चंद्रगुप्तहिं बुद्धिसर मम तुरत मारि गिराय है।
> जो दुष्ट दैव न कवच बनिकै असह आड़े आय है॥

(कंचुकी आता है)

कंचुकी—(आप ही आप)।

> नृपनंद काम-समान चानक-नीति-जर जरजर भयो।
> पुनि धर्म-सम नृपचंद, तिन तन पुरहु क्रम सो बढ़ि लयो॥
> अवकास लहि तेहि लोभ-राक्षस जदपि जीतन जायहै।
> पै सिथिल बल भे नाहिं कोऊ विधिहु सों जय पायहै॥

(देखकर) यह मंत्री राक्षस है। (आगे बढ़कर) मंत्री! आपका कल्याण हो।

राक्षस—जाजलक! प्रणाम करता हूँ। अरे प्रियंवदक! आसन लो।

प्रियंवदक—(आसन लाकर) यह आसन है आप बैठें।

कंचुकी—(बैठकर) मंत्री! कुमार मलयकेतु ने आपको यह कहा है कि 'आपने बहुत दिनों से अपने शरीर का सब शृङ्गार छोड़ दिया है, इससे मुझे बड़ा दुःख होता है। यद्यपि आपको अपने स्वामी के गुण साहस नहीं भूलते और उनके वियोग के दुःख में यह सब कुछ नहीं अच्छा लगता तथापि मेरे कहने से आप इनको पहिरें।" (आभरण दिखाता है) मंत्री! ये आभरण कुमार ने अपने अंग से उतारकर भेजे हैं; आप इन्हें धारण करें।

राक्षस—जाजलक ! कुमार से कह दो कि तुम्हारे गुणों के आगे मैं स्वामी के गुण भूल गया। पर—

इन दुष्ट बैरिन सों दुखी निज अंग नाहिं सँवारिहौं।
भूषन बसन सिंगार तब लौं हौं न तन कछु धारिहौं॥
जब लौं न सब रिपु नासि पाटलिपुत्र फेरि बसायहौं।
हे कुँवर ! तुमको राज दै सिर अचल छत्र फिरायहौं॥

कंचुकी—अमात्य ! आप जो न करो सो थोड़ा है, यह बात कौन कठिन है ! पर कुमार की यह पहिली विनती तो मानने ही के योग्य है।

राक्षस—मुझे तो जैसी कुमार की आज्ञा माननीय है वैसी है तुम्हारी भी; इससे मुझे कुमार की आज्ञा मानने में कोई विचार नहीं है

कंचुकी—(आभूषण पहिराता है) कल्यण हो महाराज ! मेरा काम पूरा हुआ।

राक्षस—मैं प्रणाम करता हूँ।

कंचुकी—मुझको जो आज्ञा हुई थी सो मैंने पूरी की। (जाता है)

राक्षस—प्रियंवदक ! देख तो मेरे मिलने को द्वार पर कौन खड़ा है।

प्रियंवदक—जो आज्ञा। (आगे बढ़कर संपेरे के पास आकर) आप कौन हैं ?

सँपेरा—मैं जीर्णविष नामक सँपेरा हूँ और राक्षस मंत्री के सामने मैं साँप खेलना चाहता हूँ। मेरी यही जीविका है।

प्रियंवदक—तो ठहरो, हम अमात्य से निवेदन कर लें। (राक्षस के पास जाकर) महाराज ! एक सँपेरा है, वह आपको अपना करतब दिखलाया चाहता है।

राक्षस—(बाँई आँख का फड़कना देखकर, आप ही आप) हैं, आज पहले ही साँप दिखाई पड़े। (प्रकाश) प्रियंवदक ! मेरा साँप देखने को जी नहीं चाहता, सो इसे कुछ देकर बिदा कर।

घटना है। (शस्त्र छोड़कर आँखों में आँसू भरकर) हा ! देव नंद राक्षस को तुम्हारी कृपा कैसे भूलेगी ?

हैं जहँ झुंड खड़े गजमेघ के अज्ञा करौ तहँ राक्षस जायकै। १८
त्यों ये तुरंग अनेकन हैं, तिनहूँ के प्रबंधहि राखो बनायकै॥
पैदल ये सब तेरे भरोसे हैं काज करौ तिनको चित लायकै।
यों कहि एक हमैं तुम मानत हे निज काज हजार बनायकै॥

विराधगुप्त—तब चारों ओर से कुसुमनगर के बहुत दिनों त वरोधित रहने से नगर वासी बेचारे भीतर ही भीतर घिरे घि बड़ा गए। उनकी उदासी देखकर सुरंग के मार्ग से राजा सर्वार्थ द्धि तपोवन में चला गया और स्वामी के विरह से आपके स ग शिथिल हो गए। जब चंद्रगुप्त की विजयघोषणा के विरोध वासियों के भाव का अनुमान करके आप नंदराज के उद्धारा रंग से बाहर चले गए तब जिस विषकन्या को आपने चंद्रगुप्त १६ नाश के हेतु भेजा था उससे तपस्वी पर्वतेश्वर मारा गया।

राक्षस—अहा मित्र ! देखो, कैसा आश्चर्य हुआ !

जो विषमयी नृप-चंद्रबध-हित नारि राखी लायकै।
तासों हत्यो पर्वत उलटि चाणक्य बुद्धि उपायकै॥
जिमि करन-शक्ति अमोघ अरजुन-हेतु धरी छिपायकै।
पै कृष्ण के मत सों घटोत्कच पै परी घहरायकै॥

विराधगुप्त—महाराज ! समय की सब उलटी गति है। क जिये ?

राक्षस—हाँ तब क्या हुआ ?

विराधगुप्त—तब पिता का बध सुनकर कुमार मलयकेतु नगर २० से निकलकर चले गये और पर्वतेश्वर के भाई वैरोधक पर उन लोगों ने अपना विश्वास जमा लिया। तब उस दुष्ट चाणक्य ने चंद्रगुप्त का प्रवेश मुहूर्त्त प्रसिद्ध करके नगर के सब बढ़ई और लोहारों को बुलाकर एकत्र किया और उनसे कहा कि 'महाराज के नंदभवन में गृहप्रवेश का मुहूर्त्त ज्योतिषियों ने आज ही आधी रात का दिया है, इससे बाहर से भीतर तक सब द्वारों को जाँच लो"। तब उससे

बढ़ई लोहारों ने कहा कि "महाराज ! चंद्रगुप्त का गृहप्रवेश जानकर दारुवर्म ने प्रथम द्वार तो पहले ही से सोने के तोरणों से शोभित कर रक्खा है। भीतर के द्वारों को हम लोग ठीक करते हैं।" यह सुनकर चाणक्य ने कहा कि 'बिना कहे ही दारुवर्म ने बड़ा काम किया इससे उसको चतुराई का पारितोषिक शीघ्र ही मिलेगा।"

राक्षस—(आश्चर्य से) चाणक्य प्रसन्न हो यह कैसी बात है ? इससे दारुवर्म का यत्न या तो उलटा होगा या निष्फल होगा, क्योंकि इसने बुद्धि-मोह से या राजभक्ति से बिना समय ही चाणक्य के जी में अनेक संदेह और विकल्प उत्पन्न कराए। हाँ फिर ?

विराधगुप्त—फिर उस दुष्ट चाणक्य ने बुलाकर सबको सहेज दिया कि आज आधी रात को प्रवेश होगा—और उसी समय पर्वतेश्वर के भाई वैरोधक और चंद्रगुप्त को एक आसन पर बिठाकर पृथ्वी का आधा भाग कर दिया।

राक्षस—पर्वतेश्वर के भाई वैरोधक को आधा राज मिला क्या यह पहले ही उसने सुना दिया ?

विराधगुप्त—हाँ, तो इससे क्या हुआ ?

राक्षस—(आप ही आप) निश्चय यह ब्राह्मण बड़ा धूर्त है कि इसने उस सीधे तपस्वी से इधर उधर की चार बातें बनाकर पर्वतेश्वर के मारने के अपयश-निवारण के हेतु यह उपाय सोचा। (प्रकाश) अच्छा कहो, तब ?

विराधगुप्त—तब यह तो उसने पहले ही प्रकाशित कर दिया था कि आज रात को गृहप्रवेश होगा, फिर उसने वैरोधक का अभिषेक कराया और बड़े बड़े बहुमूल्य स्वच्छ मोतियों का उसको कवच पहिराया और अनेक रत्नों से जड़ा सुंदर मुकुट उसके सिर पर रक्खा और गले में अनेक सुगंध के फूलों की माला पहिराई, जिससे वह एक ऐसे बड़े राजा की भाँति हो गया कि जिन लोगों ने उसे सर्वदा देखा था वे भी न पहचान सके। फिर उस दुष्ट चाणक्य की आज्ञा से लोगों ने उसे चंद्रगुप्त की चंद्रलेखा नाम की हथिनी पर बिठाकर बहुत से मनुष्य साथ करके बड़ी शीघ्रता से नंद-मंदिर में उसका

प्रवेश कराया। जब वैरोधक मंदिर में घुसने लगा तब आपका भेजा दारुवर्म बढ़ई उसको चंद्रगुप्त समझ कर उसके ऊपर गिराने को कल का बना अपना तोरण लेकर सावधान हो बैठा। इसके पीछे चंद्रगुप्त के अनुयायी राजा सब बाहर खड़े रह गए और जिस बर्बर को आपने चंद्रगुप्त के मारनेके हेतु भेजा था वह भी अपनी सोने की छड़ी की गुप्ती, जिसमें एक छोटी कृपाण थी, लेकर वहाँ खड़ा हो गया।

राक्षस—दोनों ने बेठिकाने काम किया। हाँ फिर?

विराधगुप्त—तब उस हथिनी को मार कर बढ़ाया और उसके दौड़ चलने से कल के तोरण का लक्ष जो चंद्रगुप्त के धोखे वैरोधक पर किया गया था, चूक गया और वहाँ बर्बर जो चंद्रगुप्त का आसरा देखता था वह बेचारा उसी कल के तोरण से मारा गया। जब दारुवर्म ने देखा कि लक्ष तो चूक गए अब मारे जायँगे तब उसने उस कल की लोहे की कील से उस ऊँचे तोरण के स्थान ही पर से चंद्रगुप्त के धोखे तपस्वी वैरोधक को हथिनी ही पर मार डाला।

राक्षस—हाय! दोनों बातें कैसे दुःख की हुईं कि चंद्रगुप्त तो काल से बच गया और दोनों बेचारे बर्बर और वैरोधक मारे गए। (आप ही आप) दैव ने इन दोनों को नहीं मारा, हम लोगों को मारा। (प्रकाश) और दारुवर्म बढ़ई क्या हुआ?

विराधगुप्त—उसको वैरोधक के साथ के मनुष्यों ने मार डाला।

राक्षस—हाय! बड़ा दुःख हुआ! हाय प्यारे दारुवर्म का हम लोगों से वियोग हो गया। अच्छा! उस वैद्य अभयदत्तने क्या किया?

विराधगुप्त—महाराज! सब कुछ किया।

राक्षस—(हर्ष से) क्या चंद्रगुप्त मारा गया?

विराधगुप्त—दैव ने न मरने दिया।

राक्षस—(शोक से) तब क्या फूलकर कहते हो कि सब कुछ किया।

विराधगुप्त—उसने औषध में विष मिलाकर चंद्रगुप्त को दिया पर चाणक्य ने उसको देख लिया और सोने के बरतन में रखकर उसका रंग पलटा जानकर चंद्रगुप्त से कह दिया कि इस औषध में विष मिला है, इसको न पीना।

राक्षस—अरे वह ब्राह्मण बड़ा दुष्ट है। हाँ, तो वह वैद्य क्या हुआ?

विराधगुप्त—उस वैद्य को वही औषध पिलाकर मार डाला।

राक्षस—(शोक से) हाय हाय! बड़ा गुणी मारा गया। भला शयनघर के प्रबंध करने वाले प्रमोदक ने क्या किया?

विराधगुप्त—उसने सब चौका लगाया।

राक्षस—(घबड़ा कर) क्यों?

विराधगुप्त—उस मूर्ख को जो आपके यहाँ से व्यय को धन मिला सो उसने अपना बड़ा ठाट बाट फैलाया। यह देखते ही चाणक्य चौकन्ना हो गया और उससे अनेक प्रश्न किए। जब उसने उन प्रश्नों के उत्तर अंडबंड दिए तब उस पर पूरा संदेह करके दुष्ट चाणक्य ने उसको बुरी चाल से मार डाला।

राक्षस—हा! क्या दैव ने यहाँ भी उलटा हमी लगों को मारा! भला चंद्रगुप्त को सोते समय मारने के हेतु जो राजभवन में बीभत्सकादिक वीर सुरंग में छिपा रक्खे थे उनका क्या हुआ?

विराधगुप्प—महाराज! कुछ न पूछिये।

राक्षस— घबड़ा कर) क्या क्या! क्या चाणक्य ने जान लिया?

विराधगुप्त—नहीं तो क्या?

राक्षस—कैसे?

विराधगुप्त—महाराज! चंद्रगुप्त के सोने जाने के पहले ही वह दुष्ट चाणक्य उस घर में गया और उसको चारों ओर से देखा तो भीत की एक दरार से चिउँटियाँ चावल के कने लाती हैं, यह देख कर उस दुष्ट ने निश्चय कर लिया कि इस घर के भीतर मनुष्य छिपे हैं। बस, यह निश्चय कर उसने उस घर में आग लगवा दिया।

धूएँ से घबड़ा कर निकल तो सके ही नहीं, इससे वे वीभत्सकादि
वहीं भीतर ही जलकर राख हो गए।

राक्षस—(सोच से) मित्र ! देख चंद्रगुप्त का भाग्य कि सबके स
मर गए। (चिंता सहित) अहा ! सखा ! देख इस दुष्ट चंद्रगुप्त क
भाग्य !

कन्या जो विष की गई तहि हतन के काज।
तासों मार्‍यो पर्वतेक जाको आधो राज॥
सबै नसे कल बल समित जे पठये बध हेत।
उलटी मेरी नीति सब मौर्यहि को फल देत॥

विराधगुप्त—महाराज ! तब भी उद्योग नहीं छोड़ना चाहिए—

प्रारंभ ही नहिं विघ्न के भय अधम जन उद्यम सजैं।
पुनि करहिं तौं कोऊ विघ्न सों डरि मध्य ही मध्यम तजैं॥
धरि लात विघ्न अनेक पै निरभय न उद्यम ते टरैं।
जे पुरुष उत्तम अंत में ते सिद्ध सब कारज करैं॥

और भी—

का सेसहि नहिं भार ? पै धरती देत न डारि।
कहा दिवसमनि नहिं थकत ? पै नहिं रुकत विचारि॥
सज्जन ताको हित करत, जेहि किय अंगीकार।
बहै नेम सुकृतीन को, निज जिय करहु विचार॥

राक्षस—मित्र ! यह क्या तू नहीं जानता कि मैं प्रारब्ध के भरोसे नहीं हूँ ? हाँ फिर—

विराधगुप्त—तब से दुष्ट चाणक्य चंद्रगुप्त की रक्षा में चौकन्ना रहता है और इधर-उधर के अनेक उपाय सोचा करता है और पहिचान पहिचान के नंद के मंत्रियों को पकड़ता है।

राक्षस—(घबड़ा कर) हां ! कहो तो मित्र ! उसने किसे किसे पकड़ा है ?

विराधगुप्त—सब के पहले तो जीवसिद्धि क्षपणक को निरादर करके नगर से निकाल दिया।

राक्षस—(आप ही आप) भला इतने तक तो कुछ चिंता नहीं क्योंकि वह जोगी है उसका घर बिना भी न घबड़ायगा। (प्रकाश) मित्र! उस पर अपराध क्या ठहराया?

विराधगुप्त—कि इसी दुष्ट ने राक्षस की भेजी विषकन्या से पर्वतेश्वर को मार डाला।

राक्षस—(आप ही आप) वाह रे कौटिल्य वाह! क्यों न हो!

निज कलंक हम पै धर्यो, हत्यो अर्ध बँटवार।
नीति बीज तुव एक ही फल उपजवत हजार॥

(प्रकाश) हाँ फिर?

विराधगुप्त—फिर चंद्रगुप्त के नाश को इसने दारुवर्मादिक नियत किए थे यह दोष लगा कर शकटदास को सूली दे दी।

राक्षस—(दुःख से) हा मित्र! शकटदास! तुम्हारी बड़ी अयोग्य मृत्यु हुई। अथवा स्वामी के हेतु तुम्हारे प्राण गए इससे कुछ सोच नहीं है। सोच हमी लोगों का है कि स्वामी के मरने पर भी जीना चाहते हैं।

विराधगुप्त—मंत्री! ऐसा न सोचिए, आप स्वामी का काम कीजिए।

राक्षस—मित्र!

केवल है यह शोक, जीव, लोभ अब लौं बचे।
स्वामी गयो परलोक पै कृतघ्न इत ही रहे॥

विराधगुप्त—महाराज! ऐसा नहीं ('केवल है यह' ऊपर का छंद फिर से पढ़ता है)।

राक्षस—मित्र! कहो और भी सैकड़ों मित्र का नाश सुनने को ये पापी कान उपस्थित हैं।

विराधगुप्त—यह सब सुन कर चन्दनदास ने बड़े कष्ट से आपके कुटुंब को छिपाया।

राक्षस—मित्र! उस दुष्ट चाणक्य के तो चंदनदास ने विरुद्ध ही किया।

विराधगुप्त—तो मित्र का बिगाड़ करना तो अनुचित ही था।

राक्षस—हाँ, फिर क्या हुआ।

विराधगुप्त—तब चाणक्य ने आपके कुटुंब को चंदनदास से उ बहुत माँगा पर उसने नहीं दिया इस पर दुष्ट ब्राह्मण ने—

राक्षस—(घबड़ा कर) क्या चंदनदास को मार डाला ?

विराधगुप्त—नहीं, मारा तो नहीं पर स्त्री पुत्र धन समेत बं कर बंदीघर में भेज दिया।

राक्षस—तो ऐसा क्या सुखी हो कहते हो कि बंधन में भे दिया ? अरे यह कहो कि मंत्री राक्षस को कुटुंब सहित ब रक्खा है।

[प्रियंवदक आता है]

प्रियंवदक—जय जय जय महाराज ! बाहर शकटदास खड़े हैं।

राक्षस—(आश्चर्य से) सच ही !

प्रियंवदक—महाराज ! आपके सेवक कभी मिथ्या बोलते हैं ?

राक्षस—मित्र विराधगुप्त ! यह क्या !

विराधगुप्त—महाराज ! होनहार जो बचाया चाहे तो कौन म सकता है !

राक्षस—प्रियंवदक ! अरे जो सच ही कहता है तो उनको झट लाता क्यों नहीं !

प्रियंवदक—जो आज्ञा (जाता है)।

[सिद्धार्थक के संग शकटदास आता है]

शकटदास—(देखकर आप ही आप)

> वह सूली गड़ी जो बड़ी दृढ़ कै,
> सोई चंद्र को राज थिरयो पनतें।
> लपटी वह फाँस की डोर सोई
> मनु श्री लपटी वृषलै मन तें॥
> बजी डौंड़ी नियादार की नृप नंद के,
> सोऊ लख्यो इन आँखन तें।
> नहिं जानि परै इतनोहूँ भए
> केहि हेतु न प्रान कढ़े तन तें॥

(राक्षस को देख कर) यह मंत्री राक्षस बैठे हैं। अहा!

नंद गए हू नहिं तजत प्रभुसेवा को स्वाद।
भूमि बैठि प्रगटत मनहुँ स्वामिभक्त-मरजाद॥

(पास जाकर) मंत्री की जय हो।

राक्षस—(देखकर आनंद से) मित्र शकटदास! आओ मुझसे मिल लो, क्योंकि तुम दुष्ट चाणक्य के हाथ से बच के आए हो।

शकटदास—(मिलता है)।

राक्षस—(मिलकर) यहाँ बैठो।

शकटदास—जो आज्ञा (बैठता है)।

राक्षस—मित्र शकटदास! कहो तो यह आनंद की बात कैसे हुई?

शकटदास—(सिद्धार्थक को दिखाकर) इस प्यारे सिद्धार्थक ने सूली देनेवाले लोगों को हटाकर मुझको बचाया।

राक्षस—(आनंद से) वाह सिद्धार्थक! तुमने काम तो अमूल्य किया है, पर भला! तब भी यह जो कुछ है सो लो (अपने अंग से आभरण उतारकर देता है)।

सिद्धार्थक—(लेकर आप ही आप) चाणक्य के कहने से मैं अब करूँगा। (पैर पर गिरके प्रकाश) महाराज! यहाँ मैं पहले पहल आया हूँ इससे मुझे यहाँ कोई नहीं जानता कि उसके पास इन भूषणों को छोड़ जाऊँ, इससे आप इसी अँगूठी से इस पर मोहर करके इसको अपने ही पास रक्खें, मुझे जब काम होगा ले जाऊँगा।

राक्षस—क्या हुआ। अच्छा शकटदास! जो यह कहता है वह करो।

शकटदास—जो आज्ञा (मोहर पर राक्षस का नाम देखकर धीरे से) मित्र! यह तो तुम्हारे नाम की मोहर है।

राक्षस—(देखकर बड़े सोच से आप ही आप) हाय हाय! इसको तो जब मैं नगर से निकला था तब ब्राह्मणी ने मेरे स्मरणार्थ ले लिया था। यह इसके हाथ कैसे लगी? (प्रकाश) सिद्धार्थक तुमने यह कैसे पाई?

सिद्धार्थक—महाराज ! कुसुमपुर में जो चंदनदास जौहरी है, उनके द्वार पर पड़ी पाई।

राक्षस—तो ठीक है।

सिद्धार्थक—महाराज ! ठीक क्या है ? ४१

राक्षस—यही कि ऐसे धनिकों के घर बिना यह वस्तु और कहाँ मिले ?

शकटदास—मित्र ! यह मंत्री जी के नाम की मोहर है, इससे तुम इसको मंत्री को दे दो तो इसके बदले तुम्हें बहुत पुरस्कार मिलेगा।

सिद्धार्थक—महाराज ! मेरे ऐसे भाग्य कहाँ कि आप इसे लें।

(मोहर देता है)

राक्षस—मित्र शकटदास ! इसी मुद्रा से सब काम किया करो।

शकटदास—जो आज्ञा।

सिद्धार्थक—महाराज ! मैं कुछ विनती करूँ ? ४२

राक्षस—हाँ हाँ ! अवश्य करो।

सिद्धार्थक—यह तो आप जानते ही हैं कि उस दुष्ट चाणक्य की बुराई करके फिर मैं पटने में घुस नहीं सकता, इससे कुछ दिन आप ही के चरणों की सेवा किया चाहता हूँ।

राक्षस—बहुत अच्छी बात यह है, लोग तो ऐसा चाहते ही थे अच्छा है, यहीं रहो।

सिद्धार्थक—(हाथ जोड़ कर) बड़ी कृपा हुई।

राक्षस—मित्र शकटदास ! ले जाओ इसको उतारो और सब भोजनादिक का ठीक करो।

शकटदास—जो आज्ञा। ४३

[सिद्धार्थक को लेकर जाता है।]

राक्षस—मित्र विराधगुप्त ! अब तुम कुसुमपुर का वृत्तांत जो छूट गया था सो कहो। वहाँ के निवासियों को मेरी बातें अच्छी लगती है कि नहीं ?

विराधगुप्त—बहुत अच्छी लगती हैं, वरन् वे सब तो आप ही के अनुयायी हैं।

राक्षस—ऐसा क्यों?

विराधगुप्त—इसका कारण यह है कि मलयकेतु के निकलने के पीछे चाणक्य को चंद्रगुप्त ने कुछ चिढ़ा दिया और चाणक्य ने भी उसकी बात न सहकर चंद्रगुप्त की आज्ञा भंग करके उसको दुःखी कर रक्खा है। यह मैं भली भाँति जानता हूँ।

राक्षस—(हर्ष से) मित्र विराधगुप्त! इसी सँपेरे के भेस से फिर कुसुमपुर जाओ और वहाँ मेरा मित्र स्तनकलस नामक कवि है, उससे कह दो कि चाणक्य के आज्ञाभंगादिकों के कवित्त बना बना कर चंद्रगुप्त को बढ़ावा देता रहे और जो कुछ काम हो जाय वह करभक से कहला भेजे।

विराधगुप्त—जो आज्ञा (जाता है)।

[प्रियंवदक आता है]

प्रियंवदक—जय हो महाराज! शकटदास कहते हैं कि ये तीन आभरण बिकते हैं, इन्हें आप देखें।

राक्षस—(देखकर) अहा! ये तो बड़े मूल्य के गहने हैं। अच्छा शकटदास से कह दो कि दाम चुका कर ले लें।

प्रियंवदक—जो आज्ञा (जाता है)।

राक्षस—(आप ही आप) तो अब हम भी चलकर करभक को कुसुमपुर भेजें (उठता है)। अहा! क्या उस मृतक चाणक्य से और चंद्रगुप्त से बिगाड़ हो जायेगा? क्यों नहीं? क्योंकि सब कामों को सिद्ध ही देखता हूँ—

चंद्रगुप्त निज तेज बल करत सबन को राज।
तेहि समझत चाणक्य यह मेरो दियो समाज॥
अपनो अपनो करि चुके काज रह्यो कछु जौन।
अब जो आपुस में लड़ें तो बड़ अचरज कौन?

[जाता है]

इति द्वितीयांक

तृतीय अङ्क

स्थान—राजभवन की अटारी

[कंचुकी आता है]

कंचुकी—

हे रूप आदिक विषय जो राखे हिये बहु लोभ सों।
सो मिटे इंद्रीगन सहित है सिथिल अतिही छोभ सों॥
मानत कह्यो कोउ नाहिं, सब अँग अँग ढीले ह्वै गये।
तौहू न तृष्णे! क्यों तजति तू मोहि बूढ़ोहूए? ॥

(आकाश की ओर देखकर) अरे! अरे! सुगांगप्रासाद के लोगो! सुनो महाराज चंद्रगुप्त ने तुम लोगों को यह आज्ञा दी है कि 'कौमुदी महोत्सव के होने से परम शोभित कुसुमपुर को मैं देखना चाहता हूँ'। इससे उस अटारी को बिछौने इत्यादि से सजा रक्खो देर क्यों करते हो? (आकाश की ओर देखकर) क्या कहा कि 'क्या महाराज चंद्रगुप्त नहीं जानते कि कौमुदी महोत्सव अब की बेर न होगा।' दुर दईमारो! क्या मरने को लगे हो? शीघ्रता करो।

बहु फूल की माल लपेटि कै खंभन धूप सुगंध सों ताहि धुपाइए।
तापै चहूँ दिसि चंद-छपा से सुसोभित चौंर घने लटकाइये॥
भार सों चारु सिंहासन के मुरछा में धरा परी धेनु सी पाइये।
छींटि कै तापै गुलाब मिल्यौ जल चंदन ता कहँ जाइ जगाइये॥

(आकाश की ओर देखकर) क्या कहते हो कि 'हम लोग अपने काम में लग रहे हैं?' अच्छा अच्छा! झटपट सब सिद्ध करो देखो! वह महाराज चंद्रगुप्त आ पहुँचे।

बहु दिन श्रम करि नंद नृप बह्यो राज-धुर जौन॥
बालेपन ही में लियो चंद सीस निज तौन॥ २०
डिगत न नेकहु विषम पथ, दृढ़प्रतिज्ञ, दृढ़गात॥
गिरन चहत, सँभरत बहुरि, नेकु न जिय घबरात॥

(नेपथ्य में) इधर महाराज! इधर

[राजा और प्रतिहारी आते हैं]

राजा—(आपही आप) राज उसी का नाम है जिसमें अपनी आज्ञा चले। दूसरे के भरोसे राज करना भी एक बोझा ढोना है, क्योंकि—

जो दूजे को हित करै तौ खोवै निज काज।
जौ खोयो निज काज तौ कौन बात को राज ?
दूजे ही को हित करै तौ वह परबस मूढ़।
कठपुतरी सो स्वाद कछु पावै कबहुँ न कूढ़॥

और राज्य पाकर भी इस दुष्ट राजलक्ष्मी को संभालना बहुत कठिन है, क्योंकि,

क्रूर सदा भखति पियहि, चंचल सहज सुभाव।
नर-गुन-औगुन नहिं लखति, सज्जन-खल सम भाव॥
डरति सूर सों, भीरु कहँ गनति न कछु रतिहीन।
बारनारि अरु लच्छमी कहो कौन बस कीन ?

यद्यपि गुरु ने कहा है कि 'तू झूठी कलह करके कुछ समय तक स्वतंत्र होकर अपना प्रबंध आप कर ले' पर यह तो बड़ा पाप सा है। अथवा गुरुजी के उपदेश पर चलने से हम लोग तो सदा ही स्वतंत्र हैं।

जब लौं बिगारै काज नहिं तब लौं न गुरु कछु तेहि कहै।
पै शिष्य जाइ कुराह तौ गुरु सीस अंकुस ह्वै रहै।
तासों सदा गुरु-वाक्य-बस हम नित्य पर-आधीन हैं।
निर्लोभ गुरु से संतजन ही जगत में स्वाधीन हैं॥

(प्रकाश) अजी वैहीनर! सुगांगप्रासाद का मार्ग दिखाओ।

कंचुकी—इधर आइए, महाराज! इधर।

राजा—(आगे बढ़ता है।)

कंचुकी—महाराज! सुगांगप्रासाद की यही सीढ़ी है।

राजा—(ऊपर चढ़कर दिशाओं को देखकर) अहा! शरद ऋतु की शोभा से सब दिशाएँ कैसी सुंदर हो रही हैं!

सरद बिमल ऋतु सोहई निरमल नील अकास।
निसानाथ पूरन उदित सोलह कला प्रकास॥

चारु चमेली बन रही महमह महँकि सुबास।
नदी तीर फूले लखो सेत सेत बहु कास॥
कमल कुमोदिनी सरन में फूले सोभा देत।
भौंर-वृंद जापै लखौं गूँजि गूँजि रस लेत॥
बसन चाँदनी, चंद मुख, उडुगन मोतीमाल।
कासफूल मधु हास, यह सरद किधौं नव बाल॥

(चारों ओर देखकर) कंचुकी! यह क्या? नगर में चंद्रिकोत्सव कहीं नहीं मालूम पड़ता? क्या तूने सब लोगों से ताकीद करके नहीं कहा था कि उत्सव हो?

कंचुकी—महाराज सबसे ताकीद कर दी थी।

राजा—तो फिर क्यों नहीं हुआ? क्या लोगों ने हमारी आज्ञा नहीं मानी?

कंचुकी—(कान पर हाथ रखकर) राम राम! भला नगर क्या, इस पृथ्वी में ऐसा कौन है, जो आपकी आज्ञा न माने?

राजा—तो फिर चंद्रिकोत्सव क्यों नहीं हुआ? देख न—

गज रथ बाजि सजे नहीं, बँधी न बंदनवार।
तने बितान न कहुँ नगर, रंजित कहूँ न द्वार॥
नर नारी डोलत न कहुँ फूलमाल गर डार।
नृत्य बाद धुनि गीत नहिं सुनियत श्रवण मँझार॥

कंचुकी—महाराज! ठीक है, ऐसा ही है।

राजा—क्यों ऐसा ही है?

कंचुकी—महाराज योंही है।

राजा—स्पष्ट क्यों नहीं कहता?

कंचुकी—महाराज चंद्रिकोत्सव बंद किया गया है।

राजा—(क्रोध से) किसने बंद किया है?

कंचुकी—(हाथ जोड़कर) महाराज! यह मैं नहीं कह सकता

राजा—कहीं आर्य चाणक्य ने तो नहीं बंद किया?

कंचुकी—महाराज! और किसको अपने प्राणों से शत्रुता करनी थी?

राजा—(अत्यंत क्रोध से) अच्छा, अब हम बैठेंगे।

कंचुकी—महाराज ! यह सिंहासन है, विराजिए।

राजा—(बैठकर क्रोध से) अच्छा कंचुकी ! आर्य चाणक्य से कहो कि "महराज आपको देखा चाहते हैं"

कंचुकी—जो आज्ञा (बाहर जाता है)।

[एक ओर परदा उठता है और चाणक्य बैठा हुआ दिखाई पड़ता है।]

चाणक्य—(आप ही आप) दुष्ट राक्षस हमारी बराबरी करता है। वह जानता है कि—

जिमि हम नृप-अपमान सों महा क्रोध उर धारि।
करी प्रतिज्ञा नंद नृप-नाशन की निरधारि॥
सो नृप नंदहिं पुत्र सह नासि करी हम पूर्ण।
चंद्रगुप्त राजा कियो करि राक्षस-मद चूर्ण॥
तिमि सोउ मोहिं नीति-बल छलन चहत इति चंद।
पै मो आछत यह जतन वृथा तासु अति मंद॥

(ऊपर देखकर क्रोध से) अरे राक्षस ! छोड़ छोड़, यह व्यर्थ का श्रम, देख—

जिमि नृप नंद नंदहिं मारि कै वृषलहिं दीनों राज।
जाइ नगर चाणक्य किय दुष्ट सर्प सों काज॥
तिमि सोऊ नृप चंद्र को चाहत करन बिगार।
निज लघु मति लांघ्यो चहत मो बल-बुद्धि-पहार॥

(आकाश की ओर देखकर) अरे राक्षस ! मेरा पीछा छोड़। क्योंकि—

राज-काज मंत्री चतुर करत बिना अभिमान।
जैसो तुव नृप नंद हो चंद्र न तौन समान॥
तुम कछु नहिं चाणक्य, जो साधो कठिनहु काज।
तासों हम सों बैर करि नहिं सरिहै तुव राज॥

अथवा इसमें तो मुझे कुछ सोचना ही न चाहिए। क्योंकि—११।

मम भागुरायन आदि भृत्यन मलय राख्यो घेरिकै।
तिमि गए सिद्धारथक ऐहैं तेउ काज निवेरिकै॥
अब लखहु करि छल-कहल नृप सों भेद बुद्धि उपायकै।
पर्वत जनन सों हम बिगारत राक्षसहिं उलटायकै॥

कंचुकी—(प्रवेश कर) हा सेवा बड़ी कठिन होती है।

नृप सों, सचिव सों सब मुसाहेब गनन सों डरते रहौ।
पुनि विटहु जे अति पास के तिनको कह्यो करते रहौ॥
मुख लखत बीतत, दिवस निसि भय रहत, संकित प्रान है
निज-उदर-पूरन-हेतु सेवा वृत्ति श्वान समान हैं॥ १२

[चारों ओर घूमकर, देखकर]

अहा! यही आर्य चाणक्य का घर है। तो चलूँ (कुछ आगे बढ़कर और देखकर)।

अहा हा! यह राजाधिराज श्रीमंत्री जी के घर की संपत्ति है—

कहुँ परे गोमय शुष्क, कहुँ सिल परी सोभा दे रही।
कहुँ तिल, कहूँ जव रासि लागी बटुन जो भिच्छा लही॥
कहुँ कुश परे, कहुँ समिध सूखत भार सों ताके नयो।
यह लखौ छप्पर महा जरजर होइ कैसो झुकि गयो॥

महाराज चंद्रगुप्त को बड़े भाग्य से ऐसा मंत्री मिला है—

बिन गुनहूँ के नृपन को धन हित गुरुजन धाय।
सूखो मुख करि झूठहीं बहु गुन कहहिं बनाय॥ १३०
पै जिनको तृष्णा नहीं ते न लबार समान।
तिनसों तृन सम धनिक जन पावत कबहुँ न मान॥

(देखकर डर से) अरे! आर्य चाणक्य यहाँ बैठे हैं, जिन्होंने—

लोक धरषि चंद्रहिं कियो राजा, नंद गिराय।
इत प्रात रवि के कढ़त जिमि ससि-तेज नसाय॥

(प्रगट दंडवत करके) जय हो आर्य की जय हो!!

चाणक्य—(देखकर) कौन है? वैहीनर! क्यों आया है?

कंचुकी—आर्य ! अनेक राजगणों के मुकुट-माणिक्य से सर्वदा जिनके पदनख लाल रहते हैं उन महाराज चंद्रगुप्त ने आपके चरणों में दंडवत करके निवेदन किया है कि 'यदि आपके किसी कार्य में विघ्न न पड़े तो मैं आपका दर्शन किया चाहता हूँ।'

चाणक्य—वैहीनर ! क्या वृषल मुझे देखा चाहता है ? क्या मैंने कौमुदीमहोत्सव का प्रतिषेध कर दिया है, यह वृषल नहीं जानता ?

कंचुकी—आर्य क्यों नहीं !

चाणक्य—(क्रोध से) हैं ! किसने कहा बोल तो।

कंचुकी—(भय से) महाराज प्रसन्न हों ! जब सुगांगप्रासाद की अटारी पर गए तब देख कर महाराज ने आप ही जान लिया कि कौमुदीमहोत्सव अब की नहीं हुआ।

चाणक्य—अरे ठहर, मैंने जाना, यह तुम्हीं लोगों ने वृषल का जी मेरी ओर से फेर कर उसे चिढ़ा दिया। और क्या !

कंचुकी—(भय से नीचा मुँह करके चुप रह जाता है।)

चाणक्य—अरे ! राजा के कारबारियों का चाणक्य के ऊपर बड़ा ही विद्वेष पक्षपात है। अच्छा वृषल कहाँ है, बता।

कंचुकी—(डरता हुआ) आर्य, सुगांगप्रासाद की अटारी पर से महाराज ने मुझे आपके चरणों में भेजा है।

चाणक्य—(उठकर) कंचुकी ! सुगांगप्रासाद का मार्ग बता।

कंचुकी—इधर महाराज। (दोनों घूमते हैं)

कंचुकी—महाराज। यह सुगांगप्रासाद की सीढ़ियाँ हैं। धीरे धीरे चढ़ें।

[दोनों सुगांगप्रासाद पर चढ़ते हैं और चाणक्य के घर का परदा गिर कर छिप जाता है।]

चाणक्य—(चढ़कर और चंद्रगुप्त को देख कर प्रसन्नता से) अहा ! वृषल सिंहासन पर बैठा है—

हीन नंद सों रहित नृप चंद करत जेहि भोग।
परम होत संतोष लखि आसन राजा जोग॥

(पास जाकर) जय हो वृषल की !

चंद्रगुप्त—(उठकर और पैरों पर गिर कर) आर्य ! चंद्रगुप्त दंडवत करता है।

चाणक्य—(हाथ पकड़ कर उठा कर) उठो बेटा उठो !

जहँ लौं हिमालय के सिखर सुरधुनी-कन सीतल रहैं।
जहँ लौं बिविध मणिखंड-मंडित समुद्र दच्छिन दिसि बहैं ॥
तहँ लौं सबै नृप आइ भय सों तोहिं सीस झुकावहीं।
तिनके मुकुट-मणि रँगे तुव पद निरखि हम सुख पावहीं ॥

चन्द्रगुप्त—आर्य ! आपकी कृपा से ऐसा ही हो रहा है बैठिए

[दोनों यथा स्थान बैठते हैं]

चाणक्य—वृषल ! कहो, मुझे क्यों बुलाया है।

चन्द्रगुप्त—आर्य के दर्शन से कृतार्थ होने को।

चाणक्य—(हँस कर) भया, बहुत शिष्टाचार हुआ। बताओ, क्यों बुलाया है, क्योंकि राजा लोग किसी कर्मचारी को बेकाम नहीं बुलाते।

चन्द्रगुप्त—आर्य ! आपने कौमुदी-महोत्सव के न होने में क्या फल सोचा है ?

चाणक्य—(हँस कर) तो यही उलहना देने को बुलाया है, न ?

चन्द्रगुप्त—उलहना देने को कभी नहीं।

चाणक्य—तो क्यों ?

चन्द्रगुप्त—पूछने को।

चाणक्य—जब पूछना ही है तब तुमको इससे क्या ? शिष्य को सर्वदा गुरु की रुचि पर चलना चाहिए।

चन्द्रगुप्त—इसमें कोई संदेह नहीं; पर आपकी रुचि बिना प्रयोजन नहीं प्रवृत्त होती, इससे पूछा।

चाणक्य—ठीक है, तुमने मेरा आशय जान लिया। बिना प्रयोजन के चाणक्य की रुचि किसी ओर कभी फिरती ही नहीं।

चन्द्रगुप्त—इसीसे तो सुने बिना जी अकुलाता है।

चाणक्य—सुनो, अर्थशास्त्रकारों ने तीन प्रकार के राज्य लिखे हैं—एक राजा के भरोसे, दुसरा मंत्री के भरोसे, तीसरा राजा और मंत्री दोनों के भरोसे। सो तुम्हारा राज्य तो केवल सचिव के भरोसे है, फिर इन बातों के पूछने से क्या? व्यर्थ मुँह दुखाना है। यह सब हम लोगों के भरोसे है, हम लोग जानें।

(राजा क्रोध से मुँह फेर लेता है)

(नेपथ्य में दो बैतालिक गाते हैं)

प्र० बै०—

अहो यह शरद शंभ है आई।
कास फूल फूले चहुँ दिसि तें सोइ मनु भस्म लगाई॥
चंद उदित सोइ सीस अभूषन सोभा लगत सुहाई।
तासों रंजति घन-पटली सोइ मनु गज खाल बनाई॥
फूले कुसुम मुंडमाला सोइ सोहत अति धवलाई।
राजहंस सोभा सोइ मानें हास-विभव दरसाई॥
अहो यह शरद शंभु बनि आई।

और भी

हरौ हरि-नैन तुम्हारी बाधा।
सरद अंत लखि सेस-अंक तें जगे जगन सुभ साधा॥
कछु कछु खुले, मुँदे कछु सोभित आलस भरि अनियारे।
अरुन कमल से मद के माते थिर भो जदपि ढरारे॥
सेस सीस मनि चमक चकौंधन तनिकहुँ नहिं सकुचाहीं।
नींद भरे श्रम जगे चुभत जे नित कमला-उर माहीं॥
हरौ हरि-नैन तुम्हारी बाधा।

दूसरा बै०—(कडखे की चाल में)

अहो, जिन को बिधि सब जीव सों बढ़ि दीनों जग काज।
अरे, दान-सलिल-वारे सदा जै जीतहिं गजराज॥
अहो, झुक्यौ न जिनको मान ते नृपवर जग सिरताज।
अरे, सहिंह न आज्ञा-भंग जिमि दंतपात मृगराज।

अरे, केवल बहु गहना पहिरि राजा होय न कोय।
अहो, जाकी नहिं आज्ञा टरै सो नृप तुम सम होय॥

चाणक्य—(सुनकर आप ही आप) भला पहले ने तो देव रूप शरद के वर्णन में आशीर्वाद दिया, पर इस दूसरे ने कहा? (कुछ सोच कर) अरे जाना, यह सब राक्षस की करतूत अरे दुष्ट राक्षस! क्या तू नहीं जानता कि अभी चाणक्य सो गया है?

चंद्रगुप्त—अजी वैहीनर! इन दोनों गानेवालों को लाख लाख मोहर दिलवा दो।

वैहीनर—जो आज्ञा महाराज। (उठकर जाना चाहता है)

चाणक्य—(क्रोध से) वैहीनर ठहर, अभी मत जा। वृष कुपात्र को इतना क्यों देते हो?

चंद्रगुप्त—आप मुझे सब बातों में यों ही रोक दिया करते तब यह मेरा राज क्या है उलटा बंधन है।

चाणक्य—वृषल! जो राजा आप असमर्थ होते हैं उनमें ही तो दोष है। इससे जो ऐसी इच्छा हो तो तुम अपने राज प्रबंध आप कर लो।

चंद्रगुप्त—बहुत अच्छा, आज से मैंने सब काम सँभाला।

चाणक्य—इससे अच्छी और क्या बात है? तो मैं भी अ अधिकार पर सावधान हूँ।

चंद्रगुप्त—जब यही है तब पहले मैं पूछता हूँ कि कौमुदी-महोत्स का निषेध क्यों किया गया?

चाणक्य—वृषल! मैं भी यह पूछता हूँ कि उसके होने का प्रयो क्या था।

चंद्रगुप्त—पहले तो मेरी आज्ञा का पालन।

चाणक्य—पहला प्रयोजन यह है कि मैंने आपकी आज्ञा अपालन के हेतु ही कौमुदी-महोत्सव का प्रतिषेध किया। क्योंकि-

आइ चारहु सिंधु के छोरहु के भूपाल। २
जो सासन सिर पैं धरैं जिमि फूलन की माल॥

तेहि हम जौ कछु टारहीं सोउ तुव हित-उपदेश।
जासों तुमरो विनय गुन जग में बढ़ै नरेस!॥

चंद्रगुप्त—और जो दूसरा प्रयोजन है वह भी सुनूँ।

चाणक्य—वह भी कहता हूँ।

चंद्रगुप्त—कहिए।

चाणक्य—शोणोत्तरे! अचलदत्त कायस्थ से कहो कि तुम्हारे पास जो भद्रभट इत्यादि का लेखपत्र है वह माँगा है।

प्रती०—जो आज्ञा (बाहर से पत्र लाकर देती है)।

चाणक्य—वृषल! सुनो।

चंद्रगुप्त—मैं उधर ही कान लगाये हूँ।

चाणक्य—(पढ़ता है) स्वस्ति परम प्रसिद्ध नाम महाराज श्री चंद्रगुप्त देव के साथी जो अब उनको छोड़कर कुमार मलयकेतु के आश्रित हुए हैं उनका यह प्रमाण पत्र है। पहला गजाध्यक्ष भद्रभट, अश्वाध्यक्ष पुरुषदत्त, महाप्रतिहार चंद्रभानु का भांजा हिंगुरात, महाराज के नातेदार महाराज बलगुप्त, महाराज के लड़कपन का सेवक राजसेन, सेनापति सिंहबलदत्त का छोटा भाई भागुरायण, मालव के राजा का पुत्र रोहिताक्ष और क्षत्रियों में सबसे प्रधान विजयवर्मा—(आप ही आप) ये हम सब लोग महाराज का काम सावधानी से साधते हैं (प्रकाश) यही इस पत्र में लिखा है। सुना?

चंद्रगुप्त—आर्य! मैं इन सबों के उदास होने का कारण सुनना चाहता हूँ।

चाणक्य—वृषल! सुनो, वे जो गजाध्यक्ष और अश्वाध्यक्ष थे वे रात दिन मद्य, स्त्री और जुए में डूब कर अपने काम से निरे बेसुध रहते थे, इससे मैंने उनसे अधिकार लेकर केवल निर्वाह के योग्य उनकी जीविका कर दी थी। इससे उदास होकर वे कुमार मलयकेतु के पास चले गए और वहाँ अपना अपना कार्य सुनाकर फिर उन्हीं पदों पर नियुक्त हुए हैं। हिंगुरात और बलगुप्त ऐसे लालची हैं कि कितना भी दिया परन्तु मारे लालच के कुमार मलयकेतु के पास इस लोभ से जा रहे कि वहाँ बहुत मिलेगा। राजसेन जो लड़कपन का

सेवक था, उसने आपके थोड़े ही कृपा से हाथी, घोड़ा घर औ धन सब पाया। पर इस भय से भाग कर मलयकेतु के पास चला गया कि यह सब छिन न जाय। वह जो, सिंहबलदत्त सेनापती का छोटा भाई भागुरायण है उससे पर्वतक से बड़ी प्रीति थी सो उसने कुमार मलयकेतु से यह कहा कि "जैसे विश्वासघात करके चाणक्य ने तुम्हारे पिता को मार डाला वैसे ही तुम्हें भी मार डालेगा, इससे यहाँ से भाग चलो।" ऐसे ही बहकाकर उसने कुमार मलयकेतु को भगा दिया और जब आपके बैरी चंदनदासादिक को दंड हुआ तब मारे डर के मलयकेतु के पास जा रहा। उसने भी यह समझकर कि इसने मेरे प्राण बचाए हैं और मेरे पिता का परिचित भी है २९०
उसको कृतज्ञता से अपना अंतरंग मंत्री बनाया है। वे जो रोहिताक्ष और बिजयवर्मा थे, वे ऐसे अभिमानी थे कि जब आप उनके नातेदारों का आदर करते थे तब वे कुढ़ते थे, इसीसे वे भी मलयकेतु के पास चले गए। बस यही उन लोगों की उदासी का कारण है।

चंद्रगुप्त—आर्य, जब इन सब के भागने का उद्यम जानते ही थे, तो क्यों न रोक रखा?

चाणक्य—ऐसा कर नहीं सके।

चंद्रगुप्त—क्या असमर्थ हो गए, वा कुछ उसमें भी प्रयोजन था?

चाणक्य—असमर्थ कैसे हो सकते हैं? उसमें भी कुछ प्रयोजन ही था। २९

चंद्रगुप्त—आर्य! वह प्रयोजन मैं सुना चाहता हूँ।

चाणक्य—सुनो और भूल मत जाओ।

चंद्रगुप्त—आर्य मैं सुनता हुई हूँ, भूलूँगा भी नहीं। कहिए।

चाणक्य—अब जो लोग उदास हो गए हैं या बिगड़ गए हैं उनके दो ही उपाय हैं—या तो फिर से उन पर अनुग्रह करे या उनको दंड दें। भद्रभट और पुरुषदत्त से जो अधिकार ले लिया गया है अब उनपर अनुग्रह यही है कि फिर उनको उनका अधिकार दिया जाय। पर यह हो नहीं सकता, क्योंकि उनको मृगया, मद्यपानादि का जो व्यसन है उससे वे इस योग्य नहीं हैं कि हाथी घोड़ों

सँभालें और सब सेना की जड़ हाथी घोड़े ही हैं वैसे ही हिंगुरात और बलगुप्त को कौन प्रसन्न कर सकता है? क्योंकि उनको सब राज्य पाने से भी संतोष न होगा। राजसेन और भागुरायण तो धन और और प्राण के डर से भागे हैं, वे तो प्रसन्न होई नहीं सकते। रोहिताक्ष तथा विजयवर्मा का तो कुछ पूछना ही नहीं है, क्योंकि वे तो और नातेदारों के मान से जलते हैं। उनका कितना भी मान करो, उन्हें थोड़ा ही दिखलाता है। तो इसका क्या उपाय है? यह तो अनुग्रह का वर्णन हुआ। अब दंड का सुनिए। यदि हम प्रधान पद पाकर इन सबों को जो बहुत दिनों से नंदकुल के सर्वदा शुभाकांक्षी और साथी रहे दंड देकर दुखी करें तो नंदकुल के साथियों का हम पर से विश्वास उठ जाय। इससे हमने इन्हें छोड़ ही देना योग्य समझा। सो इन्हीं सब हमारे भृत्यों को पक्षपाती बनाकर राक्षस के उपदेश से म्लेच्छराज की बड़ी सहायता पाकर और अपने पिता के बध से क्रोधित होकर पर्वतक का पुत्र कुमार मलयकेतु हम लोगों से लड़ने को उद्यत हो रहा है। सो यह लड़ाई के उद्योग का समय है, उत्सव का समय नहीं। इससे गढ़ के संस्कार के समय कौमुदी महोत्सव क्या होगा? यही सोचकर उसका प्रतिषेध कर दिया।

चंद्रगुप्त—आर्य! मुझे इसमें बहुत कुछ पूछना है।

चाणक्य—भली भाँति पूछो, क्योंकि मुझे भी बहुत कुछ कहना है।

चंद्रगुप्त—यह पूछता हूँ—

चाणक्य—हाँ! मैं भी कहता हूँ।

चंद्रगुप्त—कि हम लोगों के सब अनर्थों की जड़ मलयकेतु है। उसे आपने भागते समय क्यों नहीं पकड़ा।

चाणक्य—वृषल! मलयकेतु के भागने के समय भी दो ही उपाय थे—या तो मेल करते या दंड देते। जो मेल करते तो आधा राज देना पड़ता और जो दंड देते तो फिर यह हम लोगों की कृतघ्नता सब पर प्रसिद्ध हो जाती कि इन्हीं लोगों ने पर्वतक को भी मरवा डाला। आधा राज देकर जो अब मेल कर लें तो उस बेचारे

पर्वतक के मारने का केवल पाप ही हाथ लगे, इससे मलयकेतु भागते समय छोड़ दिया।

चंद्रगुप्त—और भला राक्षस इसी नगर में रहता था उसका आपने कुछ न किया। इसका क्या उत्तर है ?

चाणक्य—सुनो, राक्षस अपने स्वामी की स्थिर भक्ति से और बहुत दिन रहने से यहां के लोगों का और नंद के सब साथियों विश्वासपात्र हो रहा है और उसका स्वभाव सब लोग जान गए हैं उसमें बुद्धि और पौरुष भी हैं वैसे ही उसके सहायक भी हैं उसे कोषबल भी है। इससे जो वह यहां रहे तो भीतर के सब लो को फोड़कर उपद्रव करे और जो यहाँ से दूर रहे तो वह ऊपरी तोड़ लगावे पर उनके मिटाने में इतनी कठिनाई न हो, इससे उस जाने के समय उपेक्षा कर दी गई।

चंद्रगुप्त—तो जब वह यहाँ था तभी उसको वश में क्यों न कर लिया ?

चाणक्य—वश क्या कर लें ? अनेक उपायों से तो वह छाती गड़े काँटे की भाँति निकाल कर दूर किया गया है। उसे दूर कर में और कुछ प्रयोजन ही था।

चंद्रगुप्त—तो बल से क्यों नहीं पकड़ रक्खा ?

चाणक्य—वह राक्षस ही है, उस पर जो बल किया जाता या वह आप मारा जाता या तुम्हारी सेना का नाश कर देता। दो ही प्रकार हानि थी, देखो—

हम खोवैं इक महत नर जो वह पावै नास।
जो वह नासै सैन तुव, तौहू जिय अति त्रास ॥
तासों कल बल करि बहुत अपने बस करि वाहि।
जिमि गज पकरै सुघर तिमि बाँधेंगे हम ताहि ॥

चंद्रगुप्त—मैं आपकी बात तो नहीं काट सकता, पर इससे मंत्री राक्षस ही बढ़ चढ़ के जान पड़ता है।

चाणक्य—(क्रोध से) आप नहीं' इतना क्यों छोड़ दिय ऐसा कभी नहीं है, उसने क्या किया है, कहो तो ?

चंद्रगुप्त—जो आप न जानते हों तो सुनिए कि वह महात्मा—

जदपि आपु जीती पुरी तदपि धारि कुसलात।
अब लौं जिय चाह्यो रह्यो धारि सीस पैं लात॥

डौंडी फेरन के समय निज बल जय प्रगटाय।
मेरे बल के लोग कों दीनों तुरत हराय॥

मोहे परिजन रीति सों जाके सब बिनु त्रास।
पै मोपैं निज लोकहू आनहिं नहिं विस्वास॥

चाणक्य—(हँसकर) वृषल राक्षस ने यह सब किया?

चंद्रगुप्त—हाँ! हाँ! अमात्य राक्षस ने यह सब किया!

चाणक्य—तो हमने जाना कि जिस तरह नंद का नाश करके तुम राजा हुए, वैसे ही अब मलयकेतु राजा होगा।

चंद्रगुप्त—आर्य! यह उपालंभ आपको नहीं शोभा देता। करने वाला सब दूसरा है।

चाणक्य—रे कृतघ्न!

अतिहि क्रोध करि खोलिकै सिखा प्रतिज्ञा कीन।
सो सब देखत भुव करी नव-नृप-नंद-बिहीन॥
घिरी स्वान अरु गीध सों भय उपजावनिहारि।
जारि नंदहू नहिं भई सांत मसान-दवारि॥

चंद्रगुप्त—यह सब किसी दूसरे ने किया।

चाणक्य—किसने?

चंद्रगुप्त—नंदकुल के द्वेषी दैव ने।

चाणक्य—दैव तो मूर्ख लोग मानते हैं।

चंद्रगुप्त—और विद्वान् लोग भी यद्वा तद्वा करते हैं।

चाणक्य—(क्रोध नाट्य करके) अरे वृषल! क्या नौकर की तरह मुझ पर आज्ञा चलाता है?

बँधी सिखाहू खोलिबे चंचल भे पुनि हाथ।

(क्रोध से पृथ्वी पर पैर पटककर)

घोर प्रतिज्ञा पुनि चरन करन चहत कर साथ॥
नंद नसे सों निरुज ह्वै तू फूल्यौ गरबाय।
सो अभिमान मिटायहौं तुरतहिं तोहि गिराय॥

चंद्रगुप्त—(घबड़ाकर आप ही आप) अरे ! क्या आर्य कं सचमुच क्रोध आ गया !

फर फर फरकत अधर-पुट, भए नयन जुग लाल । ४।
चढ़ी जाति भौहैं कुटिल, स्वास तजत जिमि व्याल ॥
मनहुँ अचानक रुद्र-दृग खुल्यौ त्रितिय दिखात ।

(आवेग सहित)

धरनी धार्‌यौ बिनु धँसे हा हा किमि पद-घात ॥

चाणक्य—(नकली क्रोध रोककर) तो वृषल ! इस कोरी बकब से क्या लाभ है ? जो राक्षस चतुर है तो यह शस्त्र उसी को दे (शस्त्र फेंककर और उठकर ऊपर देखते हुए आप ही आप) ह ह । राक्षस ! यही तुमने चाणक्य को जीतने का उपाय किया ।

तुम जान्यो चाणक्य सों नृप चंद्रहि लरवाय ।
सहजहि लैहैं राज हम निज बल बुद्धि उपाय ॥
सो हम तुमही कहँ छलन कियो क्रोध परकास ।
तुमरोई करिहै उलटि यह तुव भेद बिनास ॥

[क्रोध प्रकट करता हुआ चला जाता है]

चंद्रगुप्त—आर्य वैहीनर ! "चाणक्य का अनादर करके आज चंद्रगुप्त सब काम काज आप ही सँभालेंगे," यह लोगों से कह दो ।

कंचुकी—(आप ही आप) अरे ! आज महाराज ने चाणक्य पहले 'आर्य' शब्द नहीं कहा ! क्यों ? क्या सचमुच अधिकार छ लिया ? वा इसमें महाराज का क्या दोष है ?

सचिव-दोष सों होत हैं नृपहु बुरे ततकाल ।
हाथीवान-प्रमाद सों गज कहवावत व्याल ॥

चंद्रगुप्त—क्यों जी ? क्या सोच रहे हो ?

कंचुकी—यही कि महाराज को 'महाराज' शब्द अब यथ शोभा देता है ।

चंद्रगुप्त—(आप ही आप) इन्हीं लोगों के धोखा खाने से अ का काम होगा । (प्रकट) शोणोत्तरे ! इस सूखी कलह से हम सिर दुखने लगा, इससे शयनगृह का मार्ग दिखलाओ ।

प्रतिहारी—इधर आवें महाराज, इधर आवें।

चन्द्रगुप्त—(उठकर चलता हुआ आप ही आप)

गुरु-आयसु छल तों कलह करिहू जीय डराव।
किमि नर गुरुजन सों लरहिं यहै सोच जिय, हाय!॥

[सब जाते हैं—जवनिका गिरती है]

इति तृतीयांक

चतुर्थ अंक

स्थान—मंत्री राक्षस के घर के बाहर का प्रांत

[करभक घबड़ाया हुआ आता है]

करभक—अहा हा हा! अहा हा हा!

अतिसय दुरगम ठाम में, सत जोजन सों दूर।
कौन जात है धाइ बिनु प्रभु निदेस भरपूर॥

अब राक्षस मंत्री के घर चलूँ। (थका सा घूम कर) 'अरे कोई चौकीदार है? स्वामी राक्षस मंत्री से जाकर कहो कि 'करभक काम पूरा करके पटने से दौड़ा आता है'।

(दौवारिक आता है)

दौवारिक—अजी! चिल्लाओ मत। स्वामी राक्षस मंत्री को राज काज सोचते सोचते सिर में ऐसी विथा हो गई है कि अब तक सोने के बिछौने से नहीं उठे, इससे एक घड़ी भर ठहरो। अवसर मिलता है तो मैं निवेदन किए देता हूँ। (परदा उठता है और सोने के बिछौने पर चिंता में भरा राक्षस और शकटदास दिखाई पड़ते हैं)

राक्षस—(आप ही आप)

कारज उलटो होत है कुटिल नीति के जोर।
का कीजै, सोचत यही जागि होय है भोर॥

और भी

आरंभ पहिले सोच रखना वेश की करि लावहीं।
इक बात में गर्भित बहुत फल गूढ़ भेद दिखावहीं॥
कारन अकारन सोच फैली क्रियन को सकुचावहीं।
जे करहिं नाटक बहुत दुख हम सरिस तेऊ पावहीं॥

और भी वह दुष्ट ब्राह्मण चाणक्य—

दौवारिक—(प्रवेश कर) जय जय।

राक्षस—किसी भाँति मिलाया या पकड़ा जा सकता है।

दौवारिक—अमात्य—

राक्षस—(बाँए नेत्र के फड़कने का अपशकुन देखकर आप ही आप) 'ब्राह्मण चाणक्य जय जय' और 'पकड़ा जा सकता है अमात्य' यह उलटी बात हुई और उसी समय असगुन हुआ। सो भी क्या हुआ? उद्यम नहीं छोड़ेंगे (प्रकाश) भद्र क्या कहता है।

दौवारिक—अमात्य! पटने से करभक आया है सो आपसे मिलना चाहता है।

राक्षस—अभी लाओ।

दौवारिक—जो आज्ञा (बाहर करभक के पास जाकर, उसको संग ले आकर) भद्र! मंत्री जी वह बैठे हैं, उधर जाओ। (जाता है)

करभक—(मंत्री को देखकर) जय हो, जय हो!

राक्षस—अजी करभक! आओ, आओ अच्छे हो? बैठो।

करभक—जो आज्ञा (पृथ्वी पर बैठ जाता है)।

राक्षस—(आप ही आप) अरे! मैंने इसको किस काम का भेद लेने को भेजा था, यह कार्य के आधिक्य के कारण भूला जाता है (चिंता करता है)।

[बेंत हाथ में लेकर एक पुरुष आता है]

पुरुष—हटे रहना—बचे रहना—अजी दूर रहो—दूर रहो, क्या नहीं देखते?

नृप द्विजादि जिन नरन को मंगल-रूप प्रकास।
ते न नीच दुखहू लखहिं; कैसो पास निवास॥

(आकाश की ओर देखकर) अजी क्या कहा कि क्यों हटाते हो? अमात्य राक्षस के सिर में पीड़ा सुनकर कुमार मलयकेतु उनको देखने को इधर ही आते हैं। (जाता है)।

[भागुरायण और कंचुकी के साथ मलयकेतु आता है]

मलयकेतु—(लंबी साँस लेकर—आप ही आप) हा! देखो, पिता को मरे आज दस महीने हुए और व्यर्थ वीरता का अभिमान करके अब तक हम लोगों ने कुछ भी नहीं किया वरन् तर्पण करना भी छोड़ दिया। या क्या हुआ मैंने तो पहले यही प्रतीज्ञा ही की है कि—

कर वलय उर ताड़त गिरे आँचरहु की सुधि नहिं परी।
मिलि करहिं आरतनाद हाहा अलक खुलि रज सो भरी॥
जो शोक सों भइ मातुगन की दशा सो उलटायहैं।
करि रिपु-जुवतिगन की सोई गति पितहि तृप्ति करायहैं॥

और भी

रन मरि पितु ढिग जात हम, बीरन की गति पाय।
कै माता दृगजल धरत रिपु-जुवती मुख जाय॥

(प्रकाश) अजी जाजले! सब राजा लोगों से कहो कि मैं बिना कहे सुने राक्षस मंत्री के पास अकेले जाकर उनको प्रसन्न करूँगा इससे वे सब लोग उधर ही ठहरें।

कंचुकी—जो आज्ञा। (घूमते घूमते नेपथ्य की ओर देखकर) अजी राजा लोग! सुनो। कुमार की आज्ञा है कि मेरे साथ कोई न चले। (देखकर आनंद से) महाराजकुमार! देखिए! आपकी आज्ञा सुनते ही सब राजा रुक गए—

अति चपल जे रथ चलत, ते सुनि चित्र से तुरतहि भए।
जे खुरन खोदत नभ-पथहि, ते बाजिगन झुकि रुकि गए।
जे रहे धावत, ठिठकि के गज मूक घंटा सह सधे।
मरजाद तुव नहिं तजहिं नृपगन जलधि से मानहुँ बँधे॥

मलयकेतु—अजी जाजले ! तुम भी सब लोगों को लेकर जाओ। एक केवल भागुरायण मेरे संग रहे।

कंचुकी—जो आज्ञा। (सबको लेकर जाता है।)

मलयकेतु—मित्र भागुरायण ! जब मैं यहाँ आता था तो भद्रभट प्रभृति लोगों ने मुझ से निवेदन किया कि "हम राक्षस मंत्री के द्वारा कुमार के पास नहीं रहा चाहते, कुमार के सेनापति शिखरसेन द्वारा रहेंगे। दुष्ट मंत्री ही के डर से तो चंद्रगुप्त को छोड़कर यहाँ सब बात का सुवीता जानकर हम लोगों ने कुमार का आश्रय लिया है।" सो उन लोगों की बात का मैंने आशय नहीं समझा।

भागुरायण—कुमार ! यह तो ठीक ही है, क्योंकि अपने कल्याण के हेतु सब लोग स्वामी का आश्रय हित और प्रिय के द्वारा करते हैं।

मलयकेतु—मित्र भागुरायण ! तो फिर राक्षस मंत्री तो हम लोगों का परम प्रिय और बड़ा हितैषी है।

भागुरायण—ठीक है, पर बात यह है कि अमात्य राक्षस का बैर चाणक्य से है, कुछ चंद्रगुप्त से नहीं है। इससे जो चाणक्य की बातों से रूठकर चंद्रगुप्त उससे मंत्री का काम ले ले और नंद-कुल की भक्ति से "यह नंद ही के वंश का है" यह सोचकर राक्षस चंद्रगुप्त से मिल जाय और चंद्रगुप्त भी अपने बड़े लोगों का पुराना मंत्री समझकर उसको मिला ले, तो ऐसा न हो कि कुमार हम लोगों पर भी विश्वास न करें।

मलयकेतु—ठीक है, मित्र भागुरायण ! राक्षस मंत्री का घर कहाँ है ?

भागुरायण—इधर कुमार, इधर (दोनों घूमते हैं) कुमार ! यही राक्षस मंत्री का घर है, चलिए।

मलयकेतु—चलो (दोनों भीतर जाते हैं)।

राक्षस—अहा ! स्मरण आया; (प्रकाश) कहो जी ! तुमने कुसुमपुर में स्तनकलस वैतालिक को देखा था ?

करभक—क्यों नहीं ?

मलयकेतु—मित्र भागुरायण! जब तक कुसुमपुर की बातें हों तब तक हम लोग इधर ही ठहर कर सुनें कि क्या बात होती है। क्योंकि—

भेद न कछु जामें खुलै याही भय सब ठौर।
नृप सों मंत्रीजन कहहिं बात और की और॥

भागुरायण—जो आज्ञा (दोनों ठहर जाते हैं)।

राक्षस—क्यों जी? वह काम सिद्ध हुआ।

करभक—अमात्य की कृपा से सब काम सिद्ध ही है।

मलयकेतु—मित्र भागुरायण! वह कौन सा काम है?

भागुरायण—कुमार! मंत्री के जी की बातें बड़ी गुप्त हैं। कौन जाने? इससे देखिए अभी सुन लेते हैं कि क्या कहते हैं।

राक्षस—अजी भली भाँति कहो।

करभक—सुनिए। जिस समय आपने आज्ञा दी कि करभक तुम जाकर वैतालिक स्तनकलस से कह दो कि जब जब चाणक्य चंद्रगुप्त की आज्ञा भंग करे तब तब तुम ऐसे श्लोक पढ़ो जिससे उसका जी और भी फिर जाय।

राक्षस—हाँ, तब?

करभक—तब मैंने पटने में जाकर स्तनकलस से आपका सँदेसा कह दिया।

राक्षस—तब?

करभक—इसके पीछे नंदकुल के विनास से दुखी लोगों का जी बहलाने के हेतु चंद्रगुप्त ने कुसुमपुर में कौमुदी-महोत्सव होने की डौंड़ी पिटा दी और उसको बहुत दिन से बिछुड़े हुए मित्रों के मिलाप की भाँति पुर के निवासियों ने बड़ी प्रसन्नता-पूर्वक स्नेह से मान लिया।

राक्षस—(आँसू भरकर) हा, देव नंद!

जदपि उदित कुमुदन सहित पाइ चांदनी चंद।
तदपि न तुम बिन लसत है नृपससि! जगदानंद॥

हाँ, फिर क्या हुआ?

करभक—तब चाणक्य दुष्ट ने सब लोगों के नेत्र के परमानंद-दायक उस उत्सव को रोक दिया और उसी समय स्तनकलस ने ऐसे ऐसे श्लोक पढ़े कि राजा का भी मन फिर जाय।

राक्षस—कैसे श्लोक थे ?

करभक—('जिन को विधि सब' पढ़ता है)।

राक्षस—वाह मित्र स्तनकलस ! वाह ! क्यों न हो ! अच्छे समय में भेदबीज बोया है, फल अवश्य होगा। क्योंकि—

नृप रूठैं अचरज कहा सकल लोग जा संग।
छोटे हू मानैं बुरो परे रंग में भंग॥

मलयकेतु—ठीक है ('नृप रूठैं' यह दोहा फिर पढ़ता है)

राक्षस—हाँ, फिर क्या हुआ ?

करभक—तब आज्ञाभंग से रुष्ट होकर चंद्रगुप्त ने आपकी बड़ी प्रशंसा की और दुष्ट चाणक्य से अधिकार ले लिया।

मलयकेतु—मित्र भागुरायण ! देखो प्रशंसा करके राक्षस में चंद्रगुप्त ने अपनी भक्ति दिखाई।

भागुरायण—गुण-प्रशंसा से बढ़कर चाणक्य का अधिकार लेने से।

राक्षस—क्यों जी, एक कौमुदी महोत्सव के निषेध ही से चाणक्य चंद्रगुप्त में बिगाड़ हुआ कि कोई और कारण भी है ?

मलयकेतु—क्यों मित्र भागुरायण ! अब और बैर में यह क्या फल निकलैंगे ?

भागुरायण—यह फल निकाला है कि चाणक्य बड़ा बुद्धिमान् है, वह व्यर्थ चंद्रगुप्त को क्रोधित न करावेगा और चंद्रगुप्त भी उसकी बातें जानता है, वह भी बिना बात चाणक्य का ऐसा अपमान न करेगा, इससे उन लोगों में बहुत झगड़े से जो बिगाड़ होगा तो पक्का होगा।

करभक—आर्य ! और भी कई कारण हैं।

राक्षस—कौन ?

करभक—कि जब पहले यहाँ राक्षस और कुमार मलयकेतु भागे तब उसने क्यों नहीं पकड़ा ?

राक्षस—(हर्ष से) मित्र शकटदास ! अब तो चंद्रगुप्त हाथ में आ जायगा ।

शकटदास—अब चंदनदास छूटेगा और आप कुटुंब से मिलेंगे वैसे ही जीवसिद्धि इत्यादि लोग क्लेश से छूटेंगे ।

भागुरायण—(आप ही आप) हाँ, अवश्य जीवसिद्धि का क्लेश छूटा ।

मलयकेतु—मित्र—भागुरायण ! 'अब मेरे हाथ चंद्रगुप्त आवेगा' इसमें इनका क्या अभिप्राय है ?

भागुरायण—और क्या होगा ? यही होगा कि यह चाणक्य से छूटे चंद्रगुप्त के उद्धार का समय देखते हैं ।

राक्षस—अजी, अब अधिकार छिन जाने पर वह ब्राह्मण कहाँ है ?

करभक—अभी तो पटने में है ।

राक्षस—(घबड़ाकर) हैं ! अभी वहीं है? तपोवन नहीं चला गया ? या फिर कोई प्रतिज्ञा नहीं की ?

करभक—अब तपोवन जायगा, ऐसा सुनते हैं ।

राक्षस—(घबड़ाकर) शकटदास, यह बात तो काम की नहीं ।

देव नंद के नहि सह्यो जिन भोजन-अपमान ।
सो निज कृत नृप चंद की बात न सहिहै आन ॥

मलयकेतु—मित्र भागुरायण ! चाणक्य के तपोवन जाने वा फिर प्रतिज्ञा करने में कौन कार्यसिद्धि निकाली है ?

भागुरायण—कुमार ! यह तो कोई कठिन बात नहीं है । इसका आशय तो स्पष्ट ही है कि चंद्रगुप्त से जितनी दूर चाणक्य रहेगा उतनी ही कार्यसिद्धि होगी ।

शकटदास—अमात्य ! आप व्यर्थ सोच न करें क्योंकि देखें—

सबहि भाँति अधिकार लहि अभिमानी नृप चंद ।
नहि सहिहै अपमान अब राजा होई स्वछंद ॥

तिमि चाणक्यहु पाइ दुख एक प्रतिज्ञा पूरि।
अब दूजी करिहै न कछु निज उधम मद चूरि॥

राक्षस—ऐसा ही होगा मित्र शकटदास! जाकर करभक को डेरा इत्यादि दो।

शकटदास—जो आज्ञा।

(करभक को लेकर जाता है)

राक्षस—इस समय कुमार से मिलने की इच्छा है।

मलयकेतु—(आगे बढ़कर) मैं आप ही से मिलने को आया हूँ।

राक्षस—(आसन से उठकर) अरे कुमार! आप ही आ गए, आइए, इस आसन पर बैठिए।

मलयकेतु—मैं बैठता हूँ, आप बिराजिए।

(दोनों बैठते हैं)

मलयकेतु—इस समय सिर की पीड़ा कैसी है?

राक्षस—जब तक कुमार के बदले महाराज कहकर आपको नहीं पुकार सकते तब तक यह पीड़ा कैसे छूटेगी?

मलयकेतु—आपने जो प्रतिज्ञा की है तो सब कुछ होइगी। परन्तु सब सेना सामंत के होते भी अब आप किस बात का आसरा देखते हैं?

राक्षस—किसी बात का नहीं, अब चढ़ाई कीजिए!

मलयकेतु—अमात्य! क्या इस समय शत्रु किसी संकट में है?

राक्षस—बड़े।

मलयकेतु—किस संकट में?

राक्षस—मंत्री-संकट में।

मलयकेतु—मंत्री संकट तो कोई संकट नहीं है।

राक्षस—और किसी राजा को न हो तो न हो, पर चंद्रगुप्त को तो अवश्य है।

मलयकेतु—आर्य! मेरी जान में चंद्रगुप्त को और भी नहीं है।

राक्षस—आपने कैसे जाना कि चंद्रगुप्त का मंत्री-संकट संकट नहीं है।

मलयकेतु—क्योंकि चंद्रगुप्त के लोग तो चाणक्य के कारण उससे उदास रहते हैं, जब चाणक्य ही न रहेगा तब उसके सब कामों को लोग और भी संतोष से करेंगे।

राक्षस—कुमार, ऐसा नहीं है। क्योंकि वहाँ दो प्रकार के लोग हैं - एक चंद्रगुप्त के साथी, दूसरे नंद-कुल के मित्र। उनमें जो चंद्रगुप्त के साथी हैं उनको चाणक्य ही से दुःख था कुछ नंदकुल के मित्रों को नहीं, क्योंकि वे लोग तो यही सोचते हैं कि इसी कृतघ्न चंद्रगुप्त ने राज के लोभ से अपने पितृकुल का नाश किया है पर क्या करें उनका कोई आश्रय नहीं है इससे चंद्रगुप्त के आसरे पड़े हैं। जिस दिन आपको शत्रु के नाश में और अपने पक्ष के उद्धार में समर्थ देखेंगे उसी दिन चंद्रगुप्त को छोड़ कर आपसे मिल जायँगे। इसके उदाहरण हमी लोग हैं।

मलयकेतु—आर्य! चंद्रगुप्त पर चढ़ाई करने का एक यही कारण है कि कोई और भी है?

राक्षस—और बहुत क्या होंगे। यही बड़ा भारी है।

मलयकेतु—क्यों आर्य! यही क्यों प्रधान है? क्या चंद्रगुप्त और मंत्रियों द्वारा या आप अपना काम करने में असमर्थ है?

राक्षस—निरा असमर्थ है।

मलयकेतु—क्यों?

राक्षस—क्यों कि जो स्वयं राज्य सँभालते हैं या जिनका राज राजा और मंत्री दोनों करते हैं वे राजा ऐसे हों तो हों; परंतु चंद्रगुप्त तो कदापि ऐसा नहीं है। चंद्रगुप्त एक तो दुरात्मा है, दूसरे वह तो सचिव ही के भरोसे सब काम करता है; इससे वह कुछ व्यवहार जानता ही नहीं तो फिर वह सब काम कैसे कर सकता है? क्योंकि—

लक्ष्मी करत निवास अति प्रबल सचिव-नृप पाय।
पै निज बाल सुभाव सों इकहि तजत अकुलाय॥

और भी

जो नृप बालक सो रहत सदा सचिव की गोद।
बिनु कछु जग देखे सुने सो नहिं पावत मोद॥

मलयकेतु—(आप ही आप) तो हम अच्छे हैं कि सचिव अधिकार में नहीं (प्रकाश) अमात्य ! यद्यपि यह ठीक है तथापि जहाँ शत्रु के अनेक छिद्र हैं वहाँ एक इसी सिद्धि से सब काम निकलेगा।

राक्षस—कुमार के सब काम इसीसे सिद्ध होंगे। देखिए,

चाणक्य को अधिकार छुट्यो, चंद्र हैं राजा नए।
पुर नंद में अनुरक्त, तुम निज बल सहित चढ़ते भए॥
अब आप हम [कह कर लज्जा से कुछ ठहर जाता है]
तुव बस सकल उद्यम सहित रन मति करी।
वह कौन सी नृप ! बात जो नहिं सिद्ध ह्वै है ता घरी॥

मलयकेतु—अमात्य ! जो अब आप ऐसा लड़ाई का समय देखते हैं तो देर करके क्यों बैठे हैं ? देखिए—

इनको ऊँचो सीस है, वाको उच्च करार।
श्याम दोऊ, वह जल स्रवत, ये गंडन मधु धार॥
उतै भँवर को शब्द, इत भँवर करत गुंजार।
निज सम तेहि लखि नासिहैं दंतन तोरि कछार॥
सीस सोन सिंदूर सों ते मतंग बलदाप।
सोन सहज ही सोखिहैं, निश्चय जानहु आप॥
गरजि गरजि गंभीर रव, बरसि बरसि मधुधार।
शत्रु-नगर गज घेरिहैं, घन जिमि बिबिध प्रहार॥

[शस्त्र उठा कर भागुरायण के साथ जाता है]

राक्षस—कोई है ?

[प्रियंवदक आता है]

प्रियंवदक—आज्ञा ?

राक्षस—देख तो द्वार पर कौन ज्योतिषी है ?

प्रियंवदक—जो आज्ञा (बाहर जाकर फिर आता है) अमात्य ! क्षपणक।

राक्षस—(असगुन जानकर आप ही आप) पहले ही क्षपणक का दर्शन हुआ।

प्रियंवदक—जीवसिद्धि है।

राक्षस—अच्छा, बुलाकर ले आ।

प्रियंवदक—जो आज्ञा। (जाता है)

[क्षपणक आता है]

पहले कटु परिणाम मधु, औषध सम उपदेश।
मोह-व्याधि के वैद्य गुरु, तिनको सुनहु निदेश॥

[पास जाकर] उपासक! धर्म लाभ हो।

राक्षस—ज्योतिषी जी, बताओ, अब हम लोग प्रस्थान किस दिन करें?

क्षपणक—(कुछ सोच कर) उपासक! मुहूर्त्त तो देखा। आज भद्रा तो पहर पहले ही छूट गई है और तिथि भी संपूर्ण चंद्रा पौर्णमासी है। आप लोगों को उत्तर से दक्षिण जाना है और नक्षत्र भी दक्षिण ही है।

अथए सूरहि, चंद के उदये गमन प्रशस्त।
पाइ लगन बुध केतु तौ उदयो हू भो अस्त॥

राक्षस—अजी पहले तो तिथि नहीं शुद्ध है।

क्षपणक—उपासक!

एक गुनी तिथि होत है, त्यों चौगुन नक्षत्र।
लगन होत चौंसठ गुनो यह भाखत सब पत्र॥
लगन होत है शुभ लगन छोड़ि क्रूर ग्रह एक।
जाहु चंद-बल देखिकै पावहु लाभ अनेक॥

राक्षस—अजी, तुम और ज्योतिषियों से जाकर झगड़ो।

क्षपणक—आप ही झगड़िए, मैं जाता हूँ।

राक्षस—क्या आप रूस तो नहीं गए?

क्षपणक—नहीं, तुमसे ज्योतिषी नहीं रूसा है।

राक्षस—तो कौन रूसा है?

क्षपणक—(आप ही आप) भगवान्, कि तुम अपना पक्ष छोड़ कर शत्रु का पक्ष ले बैठे हो (जाता है)।

राक्षस—प्रियंवदक! देख तो कौन समय है?

प्रियंवदक—जो आज्ञा। (बाहर से हो आता है) आर्य ! सूर्यास्त होता है।

राक्षस—(आसन से उठकर और देख कर) अहा ! भगवान सूर्य अस्ताचल को चले—

जब सूरज उदयो प्रबल तेज धारि आकास ॥
तब उपवन तरुवर सबै छायानुत भे पास ॥
दूरि परे ते तरु सबै अस्त भए रविताप।
जिमि धन बिनु स्वामिहि तजै भृत्य स्वारथी आप।

(दोनों जाते हैं)

इति चतुर्थांक।

—:❀:—

पंचम अंक

[हाथ में मोहर की हुई गहने की पेटी और पत्र लेकर सिद्धार्थक आता है]

सिद्धार्थक—अहा हा !

देशकाल के कलश में सिंची बुद्धि-जल कौन।
लता नीति चाणक्य की बहु फल देहै तौन ॥

अमात्य राक्षस की मोहर का आर्य चाणक्य का लिखा हुआ यह लेख और मोहर की हुई यह आभूषण की पेटिका लेकर मैं पटने जाता हूँ (नेपथ्य की ओर देख कर) अरे ! यह क्या क्षपणक आता है ! हाय हाय ! यह तो बुरा असगुन हुआ। तो मैं सूरज को देख कर उसका दोष छुड़ा लूँ।

[क्षपणक आता है]

क्षपणक—नमो नमो अर्हंत को जो निज बुद्धि-प्रताप।
लोकोत्तर की सिद्धि सब करत हस्तगत आप ॥

सिद्धार्थक—भदंत ! प्रणाम।

क्षपणक—उपासक ! धर्म लाभ हो (भली भांति देख कर) आज तो समुद्र पार होने का बड़ा भारी उद्योग कर रक्खा है।

सिद्धार्थक—भदंत तुमने कैसे जाना ?

क्षपणक—इसमें छिपी कौन बात है ? जैसे समुद्र में नाव पर सब के आगे मार्ग दिखाने वाला माँझी रहता है, वैसे ही तेरे हाथ में यह खलीटा है।

सिद्धार्थक—अजी भदंत ! भला यह तो तुमने ठीक जाना कि मैं परदेश जाता हूँ। पर यह कहो कि आज दिन कैसा है ?

क्षपणक—(हँसकर) वाह श्रावक, वाह ! तुम मूँड़ मुँड़ा कर भी नक्षत्र पूछते हो ?

सिद्धार्थक—भला अभी क्या बिगड़ा है ? कहते क्यों नहीं ? दिन अच्छा होगा जायँगे, न अच्छा होगा न जायँगे।

क्षपणक—चाहे दिन अच्छा हो या न अच्छा हो, मलयकेतु के कटक से बिना मोहर लिए कोई जाने नहीं पाता।

सिद्धार्थक—यह नियम कब से हुआ ?

क्षपणक—सुनो, पहले तो कुछ भी रोक टोक नहीं थी, पर जब से कुसुमपुर के पास आये हैं, तब से यह नियम हुआ है कि बिना मोहर के न कोई जाय न आवे। इससे जो तुम्हारे पास भागुरायण की मोहर हो तो जाओ नहीं तो चुप बैठे रहो, क्योंकि पीछे से तुम्हें हाथ पैर न बँधवाना पड़े।

सिद्धार्थक—क्या यह तुम नहीं जानते कि हम राक्षस के अंतरंग खेलाड़ी मित्र हैं। हमें कौन रोक सकता है ?

क्षपणक—चाहे राक्षस के मित्र हो चाहे पिशाच के, बिना मोहर के कभी न जाने पाओगे।

सिद्धार्थक—भदंत ! क्रोध मत करो, कहो कि काम सिद्ध हो।

क्षपणक—जाओ, काम सिद्ध होगा। हम भी पटने जाने के हेतु भागुरायण से मोहर लेने जाते हैं।

[दोनों जाते हैं]

इति प्रवेशक

[भागुरायण और सेवक आते हैं]

भागुरायण—(आप ही आप) चाणक्य की नीति भी बड़ी विचित्र है।

कहूँ बिरल, कहुँ सघन, कहुँ विफल, कहूँ फलवान।
कहुँ कृस, कहुँ अति थूल, कछु भेद परत नहिं जान॥
कहूँ गुप्त अति ही रहत, कबहूँ प्रगट लखात।
कठिन नीति चाणक्य की, भेद न जान्यो जात॥

(प्रकट) भासुरक! मलयकेतु से मुझे क्षण भर भी दूर रहने में दुःख होता है; इससे बिछौना बिछा तो बैठें।

सेवक—जो आज्ञा, बिछौना बिछा है, बिराजिए।

भागुरायण—(आसन पर बैठ कर) भासुरक! बाहर कोई मुझसे मिलने आवे तो आने देना।

सेवक—जो आज्ञा (जाता है)।

भागुरायण—(आप ही आप करुणा से) राम राम! मलयकेतु तो मुझसे इतना प्रेम करता है, मैं उसका बिगाड़ किस तरह करूँगा अथवा—

जस-कुल तजि, अपमान सहि, धन-हित परबस होय।
जिन बेंच्यो निज प्रान-तन सबै सकत करि सोय॥

[आगे आगे मलयकेतु और पीछे प्रतिहारी आते हैं]

मलयकेतु—(आप ही आप) क्या करें। राक्षस का चित्त मेरी ओर से कैसा है यह सोचते हैं तो अनेक प्रकार के विकल्प उठते हैं, कुछ निर्णय नहीं होता।

नंद-बंश को जानिकै ताहि चंद्र की चाह।
कै अपनायो जानि निज मेरो करत निबाह॥
को हित अनहित तासु को यह नहिं जानो जात।
तासों जिय संदेह अति भेद न कछू लखात॥

(प्रकट) विजये! भागुरायण कहाँ हैं, देख तो।

प्रतिहारी—महाराज कुमार! भागुरायण वह बैठे हुए आपकी सेना के बाहर जानेवाले लोगों को परवाना बाँट रहे हैं।

मलयकेतु—विजये ! तुम दबे पाँव उधर से आओ मैं पीछे से जाकर मित्र भागुरायण की आँखें बंद करता हूँ।

प्रतिहारी—जो आज्ञा।

[दोनों दबे पाँव से चलते हैं और भासुरक आता है]

भासुरक—(भागुरायण से) बाहर क्षपणक आया है उसको मोहर चाहिए।

भागुरायण—अच्छा, यहाँ भेज दो।

भासुरक—जो आज्ञा (जाता है)।

[क्षपणक आता है]

क्षपणक—श्रावक को धर्म लाभ हो।

भागुरायण—(छल से उसकी ओर देख कर) यह तो राक्षस का मित्र जीवसिद्धि है (प्रगट) भदंत ! तुम नगर में राक्षस के किसी काम से जाते होगे ?

क्षपणक—(कान पर हाथ रख कर) छी छी ! हम से राक्षस व पिशाच से क्या काम ?

भागुरायण—आज तुमसे और मित्र से कुछ प्रेम-कलह हुआ है, पर यह तो बताओ कि राक्षस ने तुम्हारा कौन अपराध किया है ?

क्षपणक—राक्षस ने कुछ अपराध नहीं किया है, अपराधी तो हम हैं।

भागुरायण—ह ह ह ह ! भदंत ! तुम्हारे इस कहने से तो मुझको सुनने की और भी उत्कंठा होती है।

मलयकेतु—(आप ही आप) मुझको भी।

भागुरायण—तो कहते क्यों नहीं ?

क्षपणक—तुम सुन के क्या करोगे ?

भागुरायण—तो जाने दो हमें कुछ आग्रह नहीं है, गुप्त हो तो मत कहो।

क्षपणक—नहीं उपासक ! गुप्त ऐसा नहीं है, पर वह बहुत बुरी बात है।

भागुरायण—तो जाओ हम तुमको परवाना न देंगे।

क्षपणक—(आप ही आप की भाँति) जो यह इतना आग्रह करता है तो कह दें (प्रत्यक्ष) श्रावक ! निरुपाय होकर कहना पड़ा। सुनो, मैं पहले कुसुमपुर में रहता था तब संयोग से मुझसे राक्षस से मित्रता हो गई। फिर उस दुष्ट राक्षस ने चुपचाप मेरे द्वारा विषकन्या का प्रयोग कराके बेचारे पर्वतेश्वर को मार डाला।

मलयकेतु—(आँखों में पानी भर के) हाय हाय ! राक्षस ने हमारे पिता को मारा, चाणक्य ने नहीं मारा। हा !

भागुरायण—हाँ, तो फिर क्या हुआ ?

क्षपणक—फिर मुझे राक्षस का मित्र जानकर उस दुष्ट चाणक्य ने मुझको नगर से निकाल दिया। तब मैं राक्षस के यहाँ आया, पर राक्षस ऐसा जालिया है कि अब मुझको ऐसा काम करने कहता है कि जिससे मेरा प्राण जाय।

भागुरायण—भदंत ! हम तो यह समझते हैं कि पहले जो आधा राज देने कहा था, वह न देने को चाणक्य ही ने यह दुष्ट कर्म किया, राक्षस ने नहीं किया।

क्षपणक—(कान पर हाथ रखकर) कभी नहीं, चाणक्य तो विषकन्या का नाम भी नहीं जानता, यह घोर कर्म उसी दुर्बुद्धि राक्षस ही ने किया है।

भागुरायण—हाय हाय ! बड़े कष्ट की बात है। लो मोहर तो तुम को देते हैं पर कुमार को भी यह बात सुना दो।

मलयकेतु—(आगे बढ़कर)

सुन्यौ मित्र ! श्रुति-भेद-कर शत्रु कियो जो हाल।
पिता मरन को मोहि दुख दुगुन भयो एहि काल ॥

क्षपणक—(आप ही आप) मलयकेतु दुष्ट ने यह बात सुन लिया तो मेरा काम हो गया। (जाता है)

मलयकेतु—(दाँत पीसकर ऊपर देखकर) अरे राक्षस !

जिन तोपै विश्वास करि सौंप्यो सब धन धाम।
ताहि मार दुख दै सबन साँचो किय निज नाम ॥

भागुरायण—(आप ही आप) आर्य चाणक्य की आज्ञा है कि "अमात्य राक्षस के प्राण की सर्वथा रक्षा करना" इससे अब बात फेरें। (प्रकाश) कुमार! इतना आवेग मत कीजिए। आप आसन पर बैठिए तो मैं कुछ निवेदन करूँ।

मलयकेतु—मित्र, क्या कहते हो? (बैठ जाता है)।

भागुरायण—कुमार! बात यह है कि अर्थशास्त्रवालों की मित्रता और शत्रुता अर्थ ही के अनुसार होती है, साधारण लोगों की भाँति इच्छानुसार नहीं होती। उस समय सर्वार्थसिद्धि को राक्षस राजा बनाना चाहता था तब देव पर्वतेश्वर ही उस कार्य में कंटक थे। सो उस कार्य की सिद्धि के हेतु यदि राक्षस ने ऐसा किया तो कुछ दोष नहीं। आप देखिए—

> मित्र शत्रु ह्वै जात हैं, शत्रु करहिं अति नेह।
> अर्थनीति-बस लोग सब, बदलहिं मानहुँ देह॥

इससे राक्षस को ऐसी अवस्था में दोष नहीं देना चाहिए। और जब तक नंदराज्य न मिले तब तक उस पर प्रगट स्नेह ही रखना नीतिसिद्ध है। राज्य मिलने पर कुमार जो चाहेंगे करेंगे।

मलयकेतु—मित्र! ऐसा ही होगा। तुमने बहुत ठीक सोचा है। इस समय इसका बध करने से प्रजागण उदास हो जायँगे और ऐसा होने से जय में भी संदेह होगा।

[एक मनुष्य आता है]

मनुष्य—कुमार की जय हो। कुमार के कटकद्वार के रक्षाधिकारी दीर्घचक्षु ने निवेदन किया है कि "मुद्रा लिए बिना एक पुरुष कुछ पत्र सहित बाहर जाता हुआ पकड़ा गया है, सो उसको एक बेर आप देख लें।"

भागुरायण—अच्छा, उसको ले आओ।

पुरुष—जो आज्ञा।

[बाहर जाता है और हाथ बँधे हुए सिद्धार्थक को लेकर आता है]

सिद्धार्थक—(आप ही आप)

गुन पै रिझवति, दोस सों दूर बचावति जौन।
स्वामिभक्ति जननी सरिस, प्रनमत नित हम तौन॥

पुरुष—(हाथ जोड़कर) कुमार यही मनुष्य हैं। १६९

भागुरायण—(अच्छी तरह देखकर) यह क्या बाहर का मनुष्य है या यहीं किसी का नौकर है ?

सिद्धार्थक—मैं अमात्य राक्षस का पासवर्ती सेवक हूँ।

भागुरायण—तो तुम क्यों मुद्रा लिए बिना कटक के बाहर जाते थे ?

सिद्धार्थक—आर्य ! काम की जल्दी से।

भागुरायण—ऐसा कौन काम है जिसके आगे राजाज्ञा को भी कुछ मोल नहीं गिना।

सिद्धार्थक—(भागुरायण के हाथ में लेख देता है)।

भागुरायण—(लेख लेकर देखकर) कुमार ! इस लेख पर १७० अमात्य राक्षस की मुहर है।

मलयकेतु—इस तरह से खोलकर दो कि मुहर न टूटे।

भागुरायण—(पत्र खोलकर मलयकेतु को देता है)।

मलयकेतु—(पढ़ता है) स्वस्ति यथा स्थान में कहीं से कोई किसी पुरुष विशेष को कहता है। हमारे बिपक्ष को निराकरण करके सच्चे मनुष्य ने सचाई दिखाई। अब हमारे पहले के रक्खे हुए हितकारी मित्रों को भी जो जो देने को कहा था वह देकर प्रसन्न करना। यह लोग प्रसन्न होंगे तो अपने आश्रय का विनाश करने पर सब भाँति अपने उपकारी की सेवा करेंगे। सच्चे लोग कहीं नहीं भूलते तो भी हम स्मरण कराते हैं। इनमें से कोई शत्रु का कोष और १८० हाथी चाहते हैं और कोई राज चाहते हैं। हमको सत्यवादी ने जो तीन अलंकार भेजे सो मिले। हमने भी लेख अशून्य करने को कुछ भेजा है सो लेना और जबानी हमारे अत्यंत प्रामाणिक सिद्धार्थक से सुन लेना।

मलयकेतु—मित्र भागुरायण ! इस लेख का आशय क्या है ?

भागुरायण—भद्र सिद्धार्थक ! यह लेख किसका है ?

सिद्धार्थक—आर्य ! मैं नहीं जानता।

भागुरायण—धूर्त ! लेख लेकर जाता है और यह नहीं जानता कि किसने लिखा है और सँदेशा किससे कहैगा ?

सिद्धार्थक—(डरते हुए की भाँति) आपसे।

भागुरायण—क्यों रे ! हम से ?

सिद्धार्थक—आपने पकड़ लिया। हम कुछ नहीं जानते कि क्या बात है।

भागुरायण—(क्रोध से) अब जानैगा। भद्र भासुरक ! इसको बाहर ले जाकर जब तक यह सब कुछ न बतलावै तब तक खूब मारो।

पुरुष—जो आज्ञा ! (सिद्धार्थक को बाहर लेकर जाता है और हाथ में एक पेटी लिए फिर आता है) आर्य ! उसको मारने के समय उसके बगल में से यह मुहर की हुई पेटी गिर पड़ी।

भागुरायण—(देखकर) कुमार ! इस पर भी राक्षस की मुहर है।

मलयकेतु—यही लेख अशून्य करने को होगा। इसको भी मुहर बचाकर हमको दिखलाओ।

भागुरायण—(पेटी खोलकर दिखलाता है)।

मलयकेतु—अरे ! ये तो वही सब आभरण हैं जो हमने राक्षस को भेजे थे। निश्चय यह चंद्रगुप्त को लिखा है।

भागुरायण—कुमार ! अभी सब संशय मिट जाता है। भासुरक ! उसको और मारो।

पुरुष—जो आज्ञा। (बाहर जाकर फिर आता है) आर्य ! हमने उसको बहुत मारा है, अब कहता है कि अब हम कुमार से सब कह देंगे।

मलयकेतु—अच्छा, ले आओ।

पुरुष—जो कुमार की आज्ञा (बाहर जाकर सिद्धार्थक को लेकर आता है)।

सिद्धार्थक—(मलयकेतु के पैरों पर गिरकर) कुमार ! हमको अभयदान दीजिए।

मलयकेतु—भद्र ! उठो, शरणागत जन यहाँ सदा अभय हैं। तुम इसका वृत्तांत कहो।

सिद्धार्थक—(उठकर) सुनिए। मुझको अमात्य राक्षस ने यह पत्र देकर चंद्रगुप्त के पास भेजा था।

मलयकेतु—जबानी क्या कहने कहा था वह कहो। २२०

सिद्धार्थक—कुमार, मुझको अमात्य राक्षस ने यह कहने कहा था कि मेरे मित्र कुलूत देश के राजा चित्रवर्म्मा, मलयाधिपति सिंहनाद, काश्मीरेश्वर पुष्कराक्ष, सिंध-महाराज सिंधुसेन और पारसीक-पालक मेघाक्ष इन पाँच राजाओं से आप से पूर्व में संधि हो चुकी है। इनमें पहले तीन तो मलयकेतु का राज चाहते हैं और बाकी दो खजाना और हाथी चाहते हैं। जिस तरह महाराज ने चाणक्य को उखाड़कर मुझको प्रसन्न किया उसी तरह इन लोगों को भी प्रसन्न करना चाहिए। यही राजसंदेश है।

मलयकेतु—(आप ही आप) क्या चित्रवर्मादिक भी हमारे द्रोही हैं ? तभी राक्षस में उन लोगों की ऐसी प्रीति है। (प्रकाश) २२१
विजये ! हम अमात्य राक्षस को देखा चाहते हैं।

प्रतिहारी—जो आज्ञा (जाती है)।

[एक परदा हटता है और राक्षस आसन पर बैठा हुआ चिंता की मुद्रा में एक पुरुष के साथ दिखलाई पड़ता है]

राक्षस—(आप ही आप) चंद्रगुप्त की ओर के बहुत लोग हमारी सेना में भरती हो रहे हैं, इससे हमारा मन शुद्ध नहीं है क्योंकि

रहत साध्य तें अन्वित अरु बिलसत निज पच्छहि।
सोई साधक जो नहिं छुअत बिपच्छहि॥
जो पुनि आपु असिद्ध, सपच्छ बिपच्छहु में सम।
कछु कहुँ नहिं निज पच्छ माँहि जाको है संगम॥
नरपति ऐसे साधनन कों अनुचित अंगीकार करि।
सब भाँति पराजित होत हैं बादी लौं बहु बिधि बिगरि॥

वा जो लोग चंद्रगुप्त से उदास हो गए हैं वही लोग इधर मिले हैं, मैं व्यर्थ सोच करता हूँ। (प्रगट) प्रियंवदक! कुमार के अनुयायी राजा लोगों से हमारी ओर से कह दो कि कुसुमपुर दिन दिन पास आता जाता है, इससे सब लोग अपनी सेना अलग अलग करके जो जहाँ नियुक्त हों वहाँ सावधानी से रहें।

आगे खस अरु मगध चलैं जय ध्वजहिं उड़ाए।
यवन और गंधार रहैं मधि सैन जमाए॥
चेदि हून सक राज लोग पाछे सों धावहिं।
कौलूतादिक नृपति कुमारहिं घेरे आवहिं॥

प्रियंवदक—अमात्य की जो आज्ञा (जाता है)।

[प्रतिहारी आती है]

प्रतिहारी—अमात्य की जय हो! कुमार अमात्य को देखना चाहते हैं।

राक्षस—भद्र! क्षण भर ठहरो। बाहर कौन है?

मनुष्य—अमात्य! क्या आज्ञा है?

राक्षस—भद्र! शकटदास से कहो कि जब से कुमार ने हमको आभरण पहराया है तब से उनके सामने नंगे अंग जाना हमको उचित नहीं है, इससे जो तीन आभरण मोल लिए हैं, उनमें से एक भेज दें।

मनुष्य—जो अमात्य की आज्ञा। (बाहर जाता है, आभरण लेकर आता है) अमात्य, अलंकार लीजिए।

राक्षस—(अलंकार धारण करके) भद्र! राजकुल में जाने मार्ग बतलाओ।

प्रतिहारी—इधर से आइए।

राक्षस—(स्वगत) अधिकार ऐसी बुरी वस्तु है कि निर्दोष मनुष्य का जी भी डरा करता है। कारण—

सेवक प्रभु सों डरत सदा हीं। पराधीन सपने सुख नाहीं॥
जे ऊँचे पद के अधिकारी। तिनको मनहीं मन भय भारी॥
सबही द्वेष बड़न सो करहीं। अनुछिन कान स्वामि को भरहीं॥

जिमि जे जनसे ते मरे, मिले अवसि बिलगाहिं।
तिमि जे अति ऊँचे चढ़े, गिरिहैं, संसय नाहिं॥

प्रतिहारी—(आगे बढ़कर) अमात्य! कुमार यह विराजते हैं, आप जाइए।

राक्षस—(देखकर) अरे कुमार यह बैठे हैं।

लखत चरन की ओर हू, तऊ न देखत ताहि।
अचल दृष्टि इक ओर ही, रही बुद्धि अवगाहि॥
कर पै धारि कपोल निज लसत झुको अवनीस।
दुसह काज के भार सों मनहुँ नमित भो सीस॥

(आगे बढ़कर) कुमार की जय हो!

मलयकेतु—आर्य! प्रणाम करता हूँ। आसन पर विराजिए।

(राक्षस बैठता है।)

मलयकेतु—आर्य! बहुत दिनों से हम लोगों ने आपको नहीं देखा।

राक्षस—कुमार! सेना को आगे बढ़ाने के प्रबंध में फँसने के कारण हमको यह उपालंभ सुनना पड़ा।

मलयकेतु—अमात्य! सेना के प्रयाण का आपने क्या प्रबंध किया है, मैं भी सुनना चाहता हूँ।

राक्षस—कुमार! आपके अनुयायी राजा लोगों को यह आज्ञा दिया है ('आगे खस अरु मगध' इत्यादि छंद पढ़ता है)।

मलयकेतु—(आप ही आप) हाँ! जाना! जो हमारे नाश करने के हेतु चंद्रगुप्त से मिले हैं वही हमको घेरे रहेंगे। (प्रकाश) आर्य! अब कुसुमपुर से कोई आता है या वहाँ जाता है कि नहीं?

राक्षस—अब वहाँ किसी के आने जाने से क्या प्रयोजन! पाँच छः दिन में हम लोग ही वहाँ पहुँचेंगे।

मलयकेतु—(आप ही आप) अभी सब खुल जाता है (प्रगट) जो यही बात है तो इस मनुष्य को चिट्ठी लेकर आपने कुसुमपुर क्यों भेजा था?

राक्षस—(देखकर) अरे ! सिद्धार्थक है । भद्र ! यह क्या ?

सिद्धार्थक—(आँसू भरकर और लज्जा नाट्य करके) अमात्य ! हमको क्षमा कीजिए । अमात्य ! हमारा कुछ दोष भी नहीं है । मार खाते खाते हम आपका रहस्य छिपा न सके ।

राक्षस—भद्र ! वह कौन सा रहस्य है यह हमको नहीं समझ पड़ता ।

सिद्धार्थक—निवेदन करते हैं, मार खाने से........(इतना ही कह लज्जा से नीचा मुँह कर लेता है ।)

मलयकेतु—भागुरायण ! स्वामी के सामने लज्जा और भय से यह कुछ न कह सकेगा इससे तुम सब बात आर्य से कहो ।

भागुरायण—कुमार की जो आज्ञा । अमात्य ! यह कहता है कि अमात्य राक्षस ने हमको चिट्ठी देकर और संदेश कहकर चंद्रगुप्त के पास भेजा है !

राक्षस—भद्र सिद्धार्थक ! क्या यह सत्य है ?

सिद्धार्थक—(लज्जा नाट्य करके (बहुत मार खाने से मैंने कह दिया ।

राक्षस—कुमार ! यह झूठ है । मार खाने से लोग क्या नहीं कह देते ।

मलयकेतु—भागुरायण ! चिट्ठी दिखला दो और सँदेशा वह अपने मुँह से कहेगा ।

भागुरायण—(चिट्ठी खोलकर 'स्वस्ति कहीं से कोई किसी को' इत्यादि पढ़ता है ।)

राक्षस—कुमार ! कुमार ! यह सब शत्रु का प्रयोग है ।

मलयकेतु—लेख अशून्य करने को आर्य ने जो आभरण भेजे हैं, वह शत्रु कैसे भेजेगा ? (आभरण दिखलता है)

राक्षस—कुमार ! यह मैंने किसी को नहीं भेजा । कुमार ने यह मुझको दिया और मैंने प्रसन्न होकर सिद्धार्थक को दिया ।

भागुरायण—अमात्य ! क्या ऐसे उत्तम आभरणों का, विशेष कर अपने अंग से उतारकर कुमार की दी हुई वस्तु का, यह पात्र है ?

मलयकेतु—और संदेश भी बड़े प्रामाणिक सिद्धार्थक से सुनना, यह आर्य ने लिखा है।

राक्षस—कैसा संदेश और कैसी चिट्ठी ! यह हमारा कुछ नहीं है।

मलयकेतु—तो मुहर किसकी है ?

राक्षस—धूर्त्त लोग कपटमुद्रा भी बना लेते हैं।

भागुरायण—कुमार ! अमात्य सच कहते । सिद्धार्थक ! चिट्ठी किसकी लिखी है ?

सिद्धार्थक—(राक्षस का मुँह देखकर चुपचाप रह जाता है)

भागुरायण—चुप मत रहो। जी कड़ा करके कहो।

सिद्धार्थक—आर्य ! शकटदास ने।

राक्षस—शकटदास ने लिखा तो मानों मैंने ही लिखा।

मलयकेतु—विजये ! शकटदास को हम देखा चाहते हैं।

भागुरायण—(आप ही आप) आर्य चाणक्य के लोग बिना निश्चय समझे हुए कोई बात नहीं करते। जो शकटदास आकर यह चिट्ठी किस प्रकार लिखी गई है यह सब वृत्तांत कह देगा तो मलयकेतु फिर बहक जायगा। (प्रकाश) कुमार ! शकटदास अमात्य राक्षस के सामने लिखा होगा तो भी न स्वीकार करेंगे, इससे उनका कोई और लेख मँगाकर अक्षर मिला लिए जायँ।

मलयकेतु—विजये ! ऐसा ही करो।

भागुरायण—और मुहर भी आवै।

मलयकेतु—हाँ दोनों लाओ।

प्रतिहारी—जो आज्ञा (बाहर जाती है और पत्र और मुहर लेकर आती है) कुमार ! यह शकटदास का लेख और मुहर है।

मलयकेतु—(देखकर और अक्षर और मुहर का मिलान करके) आर्य ! अक्षर तो मिलते हैं।

राक्षस—(आप ही आप) अक्षर निःसंदेह मिलते हैं; किंतु शकटदास हमारा मित्र है, इस हिसाब से नहीं मिलते। तो क्या शकटदास ही ने लिखा ? अथवा—

पुत्र दार की याद करि स्वामिभक्ति तजि देत।
छोड़ि अचल जस कों करत चल धन सों जन हेत॥

या इसमें संदेह ही क्या है

मुद्रा ताके हाथ में, सिद्धार्थक हू मित्र।
ताही के कर को लिख्यौ, पत्रहु साधन चित्र॥
मिलि कै शत्रुन सों करन भेद भूलि निज धर्म।
स्वामि विमुख शकटहि कियो निश्चय यह खल कर्म॥

मलयकेतु—आर्य! 'श्रीमान् ने तीन आभरण भेजे, सो मिलें', यह जो आपने लिखा है सो उसी में का एक आभरण यह भी है। (राक्षस के पहने हुए आभरण को देखकर आप ही आप) क्या यह पिता के पहने हुए आभरण हैं! (प्रकाश) आर्य! यह आभरण आपने कहाँ से पाया?

राक्षस—जौहरी से मोल लिया था।

मलयकेतु—विजये! तुम इन आभरणों को पहचानती हो?

प्रतिहारी—(देखकर आँसू भर के) कुमार! हम सुगृहीत नामधेय महाराज पर्वतेश्वर के पहिरने के आभरणों को न पहचानैंगी?

मलयकेतु—(आँखों में आँसू भरके)

भूषण-प्रिय! भूषण सबै, कुल भूषण! तुम अंग।
तुव मुख ढिग इमि सोहतो जिमि ससि तारन संग॥

राक्षस—(आपही आप) ये पर्वतेश्वर के पहने हुए आभरण हैं। (प्रकाश) जाना, यह भी निश्चय चाणक्य के भेजे हुए जौहरियों ने ही बेचा है।

मलयकेतु—आर्य! पिता के पहिने हुए आभरण और फिर चंद्रगुप्त के हाथ पड़े हुए, जौहरी बेंचैं, यह कभी नहीं हो सकता। अथवा हो सकता है।

अधिक लाभ के लोभ सों, क्रूर! त्यगि सब नेह।
बदले इन आभरण के तुम बेंच्यो मम देह॥

राक्षस—(आप ही आप) अरे! यह दाँव तो पूरा बैठ गया।

मम लेख नहिं यह तिमि कहैं मुद्रा छपी जब हाथ की ?
विश्वास होत न शकट तजिहै प्रीति कबहूँ साथ की।
पुनि बेंचिहैं नृप चंद भूषण, कौन यह पतियाइहै ?
तासों भलो अब मौन रहनो, कथन तें पति जाइहै ॥

मलयकेतु—आर्य ! हम यह पूछते हैं।

राक्षस—जो आर्य हो उससे पूछो, हम अब पापकारी अनार्य हुए हैं।

मलयकेतु—

स्वामी-पुत्र तुव मौर्य, हम मित्रपुत्र सह हेत।
पैहो उत वाको दियो, इत तुम हमको देत ॥
सचिवहु भे उत दास ही, इत तुम स्वामी आप।
कौन अधिक फिर लोभ जो तुम कीनो यह पाप ? ॥

राक्षस—(आँखों में आँसू भर के) कुमार ! इसका निर्णय आप ही ने कर दिया—

स्वामी-पुत्र मम मौर्य, तुम मित्रपुत्र सह हेत।
पैहैं उत वाको दियो, इत हम तुमको देत ॥
सचिवहु भे उत दास ही, इत हम स्वामी आप ॥
कौन अधिक फिर लोभ जो हम कीनो यह पाप ॥

मलयकेतु—(चिट्ठी, पेटी इत्यादि दिखाकर) यह सब क्या है

राक्षस—(आँखों में आँसू भर के) यह सब चाणक्य ने न किया दैव ने किया।

निज प्रभु सों करि नेह जे भृत्य समर्पत देह।
तिन सों अपने सुत सरिस सदा निबाहत नेह ॥
ते गुनग्राहक नृप सबै जिन मारे छन माहिं।
ताही बिधि को दोस यह औरन को कछु नाहिं ॥ ४

मलयकेतु—(क्रोध पूर्वक) अनार्य ! अब तक छल किए जाते कि यह सब दैव ने किया।

विष-कन्या दे पितु हत्यो प्रथम प्रीति उपजात।
अब रिपु सों मिलि हम सबन बधन चहत ललचात ॥

राक्षस—(दुःख से आप ही आप) हा ! यह और जले पर नमक है। (प्रगट कानों पर हाथ रखकर) नारायण ! देव पर्वतेश्वर का कोई अपराध हमने नहीं किया।

मलयकेतु—फिर पिता को किसने मारा ?

राक्षस—यह दैव से पूछो।

मलयकेतु—दैव से पूछें ? जीवसिद्धि क्षपणक से न पूछें ?

राक्षस—(आप ही आप) क्या जीवसिद्धि भी चाणक्य का गुप्तचर है ? हाय ! शत्रु ने हमारे हृदय पर भी अधिकार कर लिया।

मलयकेतु—(क्रोध से) भासुरक ! शिखरसेन सेनापति से कहो कि राक्षस से मिलकर चंद्रगुप्त को प्रसन्न करने को पाँच राजे जो हमारा बुरा चाहते हैं, उनमें कौलूत चित्रवर्मा, मलयाधिपति सिंहनाद और काश्मीराधीश पुष्कराक्ष ये तीन हमारी भूमि की कामना रखते हैं, सो इनको भूमि ही में गाड़ दे और सिंधुराज सुषेण और पारसीकपति मेघाक्ष हमारी हाथी की सेना चाहते हैं सो इनको हाथी ही के पैर के नीचे पिसवा दे।

पुरुष—जो कुमार की आज्ञा। (जाता है)

मलयकेतु—राक्षस ! हम मलयकेतु हैं, कुछ तुमसे विश्वासघाती राक्षस नहीं हैं, इससे तुम जाकर अच्छी तरह चंद्रगुप्त का आश्रय करो।

चंद्रगुप्त चाणक्य सों मिलिए सुख सों आप।
हम तीनहुँ को नासिहैं जिमि त्रिवर्ग कहँ पाप॥

भागुरायण—कुमार ! व्यर्थ अब कालक्षेप मत कीजिए। कुसुमपुर घेरने को हमारी सेना चढ़ चुकी है।

उड़िकै तियगन गंड जुगुल कहँ मलिन बनावति।
अलिकुल से कल अलकन निज कन धवल छवावति॥
चहल तुरगखुर-घात उठी घन घुमड़ि नवीनी।
शत्रु सीस पैं धूरि परै गजमद सों भीनी॥

[अपने भृत्यों के साथ मलयकेतु जाता है]

राक्षस—(घबड़ाकर) हाय ! हाय ! चित्रवर्मादिक साधु सब व्यर्थ मारे गए ! हाय ! राक्षस की सब चेष्टा शत्रु को नहीं, मित्रों ही के नाश करने को होती है। अब हम मंदभाग्य क्या करें ?

जाहिं तपोवन, पै न मन शांत होत सह क्रोध।
प्रान देहिं रिपु के जियत, यह नारिन को बोध॥
खींचि खड्ग कर पतँग सम जाहिं अनल-अरि पास।
पै या साहस होइहै चंदनदास-बिनास॥

[सोचता हुआ जाता है।]

इति पंचमांक

छठा अंक

स्थान—नगर के बाहर

[कपड़ा गहना पहिने हुए सिद्धार्थक आता है]

सिद्धार्थक—

जलद नील-तन जयति जय केशव केशी-काल।
जयति सुजन-जन दृष्टि ससि चंद्रगुप्त नरपाल॥
जयति आर्य चाणक्य की नीति सहज बलभौन।
बिनही सजे सैन नित जीतति अरि-कुल जौन॥

चलो आज पुराने मित्र समिद्धार्थक से भेंट करें (घूमकर) अरे मित्र समिद्धार्थक आप ही इधर आता है।

[समिद्धार्थक आता है।]

समिद्धार्थक—

मिटत ताप नहिं पान सों, होत उछाह बिनास।
बिना मीत के सुख सबै औरहु करत उदास॥

सुना है कि मलयकेतु के कटक से मित्र सिद्धार्थक आ गया उसी को खोजने को हम निकले हैं कि मिले तो बड़ा आनंद हो (आगे बढ़कर) अहा ! सिद्धार्थक तो यही है।

सिद्धार्थक—अहा! मित्र समिद्धार्थक आप ही आ गए। (बढ़कर) कहो मित्र! क्षेम कुशल तो है।

[दोनों गले से मिलते हैं]

समिद्धार्थक—भला यहाँ कुशल कहाँ? जब तुम्हारे ऐसा मित्र बहुत दिन पीछे घर भी आया तो बिना मिले फिर चला गया।

सिद्धार्थक—मित्र! क्षमा करो। मुझको देखते ही आर्य चाणक्य ने आज्ञा दी कि इस प्रिय वृत्तांत को अभी चंद्रमा के सदृश शोभा-वाले परम प्रिय महाराज प्रियदर्शन से जाकर कहो। मैं उसी समय महाराज के पास चला गया और उनसे निवेदन करके यह सब पुरस्कार पाकर तुमसे मिलने को तुम्हारे घर अभी जाता ही था।

समिद्धार्थक—मित्र जो सुनने के योग्य हो तो महाराज प्रियदर्शन से जो प्रिय वृत्तांत कहा है वह हम भी सुनें।

सिद्धार्थक—मित्र तुमसे भी कोई बात छिपी है? सुनो, आर्य चाणक्य की नीति से मोहित-मति होकर उस नष्ट मलयकेतु ने राक्षस को दूर कर दिया और चित्रवर्मादिक पाँचो प्रबल राजों को मरवा डाला। यह देखते ही और सब राजे अपने प्राण और राज्य का संशय समझकर भय से मलयकेतु के पक्ष को छोड़कर सेना सहित अपने अपने देश चले गये। जब शत्रु ऐसी निर्बल अवस्था में हुआ तो भद्रभट, पुरुषदत्त, हिंगुरात, बलगुप्त, राजसेन, भागुरायण, रोहिताक्ष, विजयवर्मा इत्यादि लोगों ने मलयकेतु को कैद कर लिया।

समिद्धार्थक—मित्र! यह तो लोग जानते हैं कि भद्रभट इत्यादि लोग महाराज चंद्रश्री को छोड़कर मलयकेतु से मिल गये हैं। तो क्या कुकवियों के नाटक की भाँति इसके मुख में और निर्वहण में और बात है?

सिद्धार्थक—वयस्य! सुनो, जैसे दैव की गति नहीं जानी जाती वैसे ही आर्य चाणक्य की जिस नीति की भी गति नहीं जानी जाती उसको नमस्कार है!

समिद्धार्थक—हाँ कहो तब क्या हुआ?

सिद्धार्थक—तब इधर से सब सामग्री लेकर आर्य चाणक्य वा निकले और विपक्ष के शेष राजाओं को निःशेष करके बर्बर लो की सब सामग्री लूट ली।

समिद्धार्थक—तो अब वह सब कहाँ है ?

सिद्धार्थक—वह देखो

स्रवत गंड-मद गरब गज, नदत मेघ-अनुहार।
चाबुक-भय चितवत चपल खड़े अश्व बहु द्वार॥

समिद्धार्थक—अच्छा यह सब जाने दो, यह कहो कि सब लो के सामने इतना अनादर पाकर फिर भी आर्य चाणक्य उसी मं के काम को क्यों करते हैं ?

सिद्धार्थक—मित्र ! तुम अब तक निरे सीधे सादे बने हो। अ अमात्य राक्षस भी आर्य चाणक्य की जिन चालों को नहीं सम सकते उनको हम तुम क्या समझेंगे ?

समिद्धार्थक—वयस्य ! राक्षस अब कहाँ हैं ?

सिद्धार्थक—उस प्रलय कोलाहल के बढ़ने के समय मलयकेतु की सेना से निकलकर उंदुर नामक चर के साथ कुसुमपुर ही की ओ वह आते हैं, यह आर्य चाणक्य को समाचार मिला है।

समिद्धार्थक—मित्र ! नंद राज्य के फिर स्थापन की प्रतिज्ञा करके स्वनाम-तुल्य-पराक्रम अमात्य राक्षस उस काम को पूरा किये बिना फिर कैसे कुसुमपुर आते हैं ?

सिद्धार्थक—हम सोचते हैं कि चंदनदास के स्नेह से।

समिद्धार्थक—ठीक है चंदनदास के स्नेह ही से। किंतु तुम सोचते हो कि चंदनदास के प्राण बचैंगे ?

सिद्धार्थक—कहाँ उस दीन के प्राण बचैंगे ? हमीं दोनों को बध-स्थान में ले जाकर उसको मारना पड़ेगा।

समिद्धार्थक—(क्रोध से) क्या आर्य चाणक्य के पास कोई घातक नहीं है कि ऐसा नीच काम हम लोग करें ?

सिद्धार्थक—मित्र ! ऐसा कौन है जिसको इस जीव-लोक में रहना हो और वह आर्य चाणक्य की आज्ञा न माने ? चलो, हम लोग चांडाल का वेष बनाकर चंदनदास को वधस्थान में ले चलें।

[दोनों जाते हैं]

इति प्रवेशक

स्थान—बाहरी प्रांत में प्राचीन बारी

[फाँसी हाथ में लिए हुए एक पुरुष आता है।]

पुरुष—षट गुन सुदृढ़ गुथी, मुख फाँसी।
जय-उपाय-परिपाटी गाँसी॥
रिपु-बंधन में पटु प्रति पोरी।
जय चाणक्य-नीति की डोरी॥

(इधर उधर घूमते हुए) आर्य चाणक्य के चर उंदुर ने इसी स्थान में मुझको अमात्य राक्षस से मिलने कहा है (देखकर) यह अमात्य राक्षस सब अंग छिपाए हुए आते हैं। तब तक इस पुरानी बारी में छिपकर हम देखें कि यह कहाँ ठहरते हैं। (छिपकर बैठता है)

[शस्त्र लिए हुए राक्षस आता है]

राक्षस—(आँखों में आँसू भरकर) हाय ! बड़े कष्ट की बात है ! ६०

बिनसे ओर पै जिमि कुलटा तिय जाय।
तजि तिमि नंदहिं चंचला चंद्रहिं लपटी धाय॥
देखादेखी प्रजहु सब कीनो ता अनुगौन।
तजिकै निज नृप-नेह सब कियो कुसुमपुर भौन॥
होइ बिफल उद्योग में तजिकै कारजभार।
आप्त मित्रहू थकि रहे सिर बिनु जिमि अहि छार॥
तजिकै निज पति भुवनपति सु-कुल जात नृप नंद।
श्री वृषली गइ वृषल ढिग, सील त्यागि करि छंद॥

जाइ तहाँ थिर ह्वै रही निज गुन सहज बिसारि।
बस न चलत जब बाम बिधि सब कछु देत बिगारि॥
नंद मरे, सैलेश्वरहिं देन चह्यो हम राज।
सोऊ बिनसे, तब कियो ता सुत-हित सों साज॥
बिगर्‌यो तौन प्रबंधहू मिट्यो मनोरथ मूल।
दोस कहा चाणक्य को? दैवहि भो प्रतिकूल॥

वाह रे म्लेच्छ मलयकेतु की मूर्खता! जिसने इतना नहीं समझा कि—

मरे स्वामिहू नहिं तज्यो जिन निज नृप अनुराग।
लोभ छाँड़ि दै प्रान जिन करी शत्रु सों लाग॥
सोई राक्षस शत्रु सों मिलिहै यह अंधेर।
इतनो सूझ्यो वाहि नहिं, दई दई मत फेर॥

सो अब भी शत्रु के हाथ में पड़ के राक्षस नाश हो जायगा, पर चंद्रगुप्त से संधि न करेगा। लोग झूठा कहैं, यह अपयश हो; पर शत्रु की बात कौन सहैगा? (चारों ओर देखकर) हा? इसी प्रांत में देव नंद रथ पर चढ़कर फिरने आते थे।

इतहि देव अभ्यास हित सर सजि धनु संधानि।
रचत रहे भुव चित्र सम रथ सुचक्र परिखानि॥
जहँ नृपगन संकित रहे इत उत थमे लखात।
सोई भुव ऊजर भई, दृगन लखी नहिं जात॥

हाय! यह मंदभाग्य कहाँ जाय? (चारों ओर देखकर) चलो, इस पुरानी बारी में कुछ देर ठहर कर मित्र चंदनदास का कुछ समाचार लें। (घूमकर आप ही आप) अहा पुरुषों के भाग्य की उन्नति अवनति की भी क्या क्या गति होती है, कोई नहीं जानता।

जिमि नव ससि कहँ सब लखत निज निज करहिं उठाय।
तिमि पुरजन हमको रहे लखत अनन्द बढ़ाय॥
चाहत हे नृपगन सबै जासु कृपा-दृग कोर।
सो हम इत संकित चलत मानहु कोऊ चोर॥

जा जिसके प्रसाद से यह सब था, जब वही नहीं है तो यह होईगा। (देख कर) यह पुराना उद्यान कैसा भयानक हो रहा है।

नसे बिपुल नृप कुल सरिस बड़े बड़े गृह जाल।
मित्र नास सो साधुजन-हिय सम सूख्यो ताल॥
तरुवर मे फलहीन जिमि बिधि बिगरे सब नीति।
तृन सों लोपी भूमि जिमि मति लहि मूढ़ कुनीति॥
तीछन परसु प्रहार सों कटे तरोवरगात।
रोवत मिलि पिंडुक सँग ताके घाव लखात॥
दुखी जानि निज मित्र कहँ अहि मनु लेत उसास।
निज केंचुल मिस धरत है फाहा तरु बन पास॥
तरुगन को सूख्यो हियो, छिदे कीट सों गात।
दुखी, पत्र फल छाँह बिनु मनु मसान सब जात॥

तो तब तक हम इस शिला पर, जो भाग्यहीनों को सुलभ है, बैठें। (बैठकर और कान देकर सुनकर) अरे! यह शंख-डंक से मिला हुआ नांदी शब्द कहाँ हो रहा है।

अति ही तीखन होन सों फोरत श्रोता कान।
जब न समायो घरन मैं तब इत कियो पयान॥
संख पटह-धुनि सों मिल्यौ भारी मंगल-नाद।
निकस्यौ मनहुँ दिगंत की दूरी देखन स्वाद॥

(कुछ सोचकर) हाँ जाना। यह मलयकेतु के पकड़े जाने पर राजकुल (रुक कर) मौर्य कुल को आनंद देने को हो रहा है। (आँखों में आँसू भरकर) हाय! बड़े दुःख की बात है।

मेरे बिनु अब बीति बल, शत्रु पाइ बल घोर।
मोहिं सुनावन हेतु ही कीन्हों शब्द कठोर॥

पुरुष—अब तो यह बैठे हैं, तो आर्य चाणक्य की आज्ञा पूरी करें। (राक्षस की ओर न देख कर अपन गले में फाँसी लगाना चाहता है)।

राक्षस—(देखकर आप ही आप) अरे यह फाँसी क्यों लगात है ? निश्चय कोई हमारा सा दुखिया है। जो हो, पूछें तो सही (प्रकाश) भद्र, यह क्या करते हो ?

पुरुष—(रोकर) मित्रों के दुःख से दुःखी हो कर हमारे ऐसे मंदभाग्यों का जो कर्त्तव्य है ?

राक्षस—(आप ही आप) पहले ही कहा था कि कोई हमारा स दुखिया है। (प्रकाश) भद्र ! जो अति गुप्त वा किसी विशेष १६ कार्य की बात न हो तो हमसे कहो कि तुम क्यों प्राण त्याग करते हो।

पुरुष—आर्य ! न तो गुप्त ही है, न कोई बड़े काम की बात है परन्तु मित्र के दुःख से मैं अब छन भर भी ठहर नहीं सकता।

राक्षस—(आप ही आप दुःख से) मित्र की विपत्ति में हम परा लोगों की भाँति उदासीन होकर जो देर करते हैं, मानों इसमें शीघ्र करने की, यह अपना दुःख कहने के बहाने, शिक्षा देता है। (प्रकाश भद्र ! जो रहस्य नहीं है तो हम सुना चाहते हैं कि तुम्हारे दुःख व क्या कारण है ?

पुरुष—आपको इसमें बड़ा ही हठ है तो कहना पड़ा। इस १७ नगर में जिष्णुदास नामक एक महाजन है।

राक्षस—(आप ही आप) वह तो चंदनदास का बड़ा मित्र है (प्रकट) उसे क्या हुआ ?

पुरुष—वह हमारा प्यारा मित्र है।

राक्षस—(आप ही आप) कहता है कि वह हमारा प्यारा मि है। इस अति निकट संबध से इसको चंदनदास का वृत्तांत ज्ञा होगा। (प्रगट) भद्र ! उसके विषय में क्या हुआ ?

पुरुष—(रोकर) सो दीन जनों को सब देकर वह अब अग्नि-प्रवे करने जाता है। यह सुन कर हम यहाँ आये हैं कि इस दुःख-वा सुनने के पूर्व ही अपना प्राण दे दें।

राक्षस—भद्र ! तुम्हारे मित्र के अग्नि-प्रवेश का कारण क्या है ?

कै तेहि रोग असाध्य भयो,
कोऊ जाको न औषध नाहिं निदान है !

पुरुष—नहीं आर्य !

राक्षस—कै बिष अग्निहु सों बढ़िकै
नृप-कोप महा फँसि त्यागत प्रान है ? *

पुरुष—राम राम ! चंद्रगुप्त के राज्य में लोगों को प्राणहिंसा का भय कहाँ ?

राक्षस—कै कोउ सुन्दरी पै जिय देत,
लग्यो हिय माँहि वियोग को बान है !

पुरुष—राम राम ! महाजन लोगों की यह चाल नहीं, विशेष कर साधु जिष्णुदास की।

राक्षस—तो कहुँ मित्रहि को दुख वाहु के
नास को हेतु तुम्हारे समान है ?

पुरुष—हाँ, आर्य।

राक्षस—(घबड़ा कर आप ही आप) अरे, इसके मित्र का प्रिय मित्र तो चंदनदास ही है और यह कहता है कि सुहृद्-विनाश ही उसके विनाश का हेतु है, इससे मित्र के स्नेह से मेरा चित्त बहुत ही घबड़ाता है। (प्रकाश) भद्र ! तुम्हारे मित्र का चरित्र हम सविस्तार सुना चाहते हैं।

पुरुष—आर्य ! अब मैं किसी प्रकार से मरने में विलंब नहीं कर सकता।

राक्षस—यह वृत्तांत तो अवश्य सुनने के योग्य है, इससे कहो।

पुरुष—क्या करें। आप ऐसा हठ करते हैं तो सुनिये।

राक्षस—हाँ ! जी लगा कर सुनते हैं, कहो।

पुरुष—आपने सुना ही होगा कि इस नगर में प्रसिद्ध जौहरी सेठ चंदनदास हैं।

राक्षस—(दुःख से आप ही आप) दैव ने हमारे विनाश का द्वार अब खोल दिया। हृदय ! स्थिर हो, अभी न जाने क्या क्या कष्ट तुमको सुनना होगा। (प्रकट) भद्र ! हमने भी सुना है कि वह २१० साधु अत्यंत मित्रवत्सल है। उन्हें क्या हुआ ?

पुरुष—वह जिष्णुदास के अत्यन्त मित्र हैं।

राक्षस—(आप ही आप) यह सब हृदय के हेतु शोक का वज्रपात है। (प्रकाश) हाँ आगे।

पुरुष—सो जिष्णुदास ने मित्र की भाँति चंद्रगुप्त से बहुत विनय किया।

राक्षस—क्या क्या ?

पुरुष—कि देव ! हमारे घर में जो कुछ कुटुंबपालन का द्रव्य आप सब ले लें, पर हमारे मित्र चंदनदास को छोड़ दें।

राक्षस—(आप ही आप) वाह जिष्णुदास ! तुम धन्य हो ! २ तुमने मित्र-स्नेह का निर्वाह किया।

जा धन के हित नारी तजैं पति, पूत तजैं पितु सीलहि खोई।
भाई सों भाई लरैं रिपु से, पुनि मित्रता मित्र तजै दुख जोई॥
ता धन कों बनिया है गिन्यो न, दियो दुख मीत सों आरत होई।
स्वारथ अर्थ तुम्हारोइ है तुमरे सम और न या जग कोई॥

(प्रकाश) इस बात पर मौर्य ने क्या कहा ?

पुरुष—आर्य ! इस पर चंद्रगुप्त ने उनसे कहा कि "जिष्णुदा हमने धन के हेतु चंदनदास को दंड नहीं दिया है। इसने अम राक्षस का कुटुम्ब अपने घर में छिपाया और बहुत माँगने पर न दिया। अब भी जो यह दे दे तो छूट जाय, नहीं तो इसको प्राणदंड होगा, तभी हमारा क्रोध शांत होगा और दूसरे लोगों को इससे डर होगा।" यह कह उसको वध्यस्थान में भेज दिया। जि दास ने कहा कि "हम कान से अपने मित्र का अमंगल सुनने पहले मर जायँ तो अच्छी बात है" और अग्नि में प्रवेश करने वन में चले गए। हमने भी इसी हेतु, कि उनका मरण न सुनें,

निश्चय किया कि फाँसी लगा कर मर जायँ और इसी हेतु यहाँ आये हैं।

राक्षस—(घबड़ा कर) अभी चंदनदास को मारा तो नहीं?

पुरुष—आर्य! अभी नहीं मारा है, बारंबार अब भी उनसे अमात्य राक्षस का कुटुम्ब माँगते हैं और वह मित्रवत्सलता से नहीं देते; इसी में इतना बिलंब हुआ।

राक्षस—(सहर्ष आप ही आप) वाह मित्र चंदनदास! वाह! धन्य! धन्य!

मित्र परोच्छहु मैं कियो सरनागत प्रतिपाल।
निरमल जस सिबि सो लियो तुम या काल कराल॥

(प्रकाश) भद्र! तुम शीघ्र जाकर विष्णुदास को जलने से रोको; हम जाकर अभी चंदनदास को छुड़ाते हैं।

पुरुष—आर्य! आप किस उपाय से चंदनदास को छुड़ाइएगा?

राक्षस—(खड्ग मियान से खींचकर) इस दुःख में एकांत मित्र निष्क्रय कृपाण से।

समर-साध तन पुलकित, नित साथी मम कर को।
रन महँ बारहिं बार परिच्छ्यो जिन बल पर को॥
बिगत जलद नभ नील खड्ग यह रोस बढ़ावत।
मीत-कष्ट सों दुखिहु मोहि रनहित उमगावत॥

पुरुष—सेठ चंदनदास के प्राण बचने का उपाय मैंने सुना, किंतु ऐसे टेढ़े समय में इसका परिणाम क्या होगा, यह मैं नहीं कह सकता (राक्षस को देखकर पैर पर गिरता है) आर्य! सुगृहीत नामधेय अमात्य राक्षस आप ही हैं? यह मेरा सन्देह आप दूर कीजिए।

राक्षस—भद्र! भर्तृकुल विनाश से दुखी और मित्र के नाश का कारण यथार्थनामा अनार्य राक्षस मैं ही हूं।

पुरुष—(फिर पैर पर गिरता है) धन्य हैं! बड़ा ही आनंद हुआ। आपने हमको आज कृतकृत्य किया।

राक्षस—भद्र ! उठो। देर करने की कोई आवश्यकता नहीं। जिष्णुदास से कहो कि राक्षस चंदन को अभी छुड़ाता है।

[खड्ग खींचे हुए 'समर साध' इत्यादि पढ़ता हुआ इधर उधर टहलता है]

पुरुष—(पैर पर गिरकर) अमात्य-चरण ! प्रसन्न हों। मैं यह बिनती करता हूँ कि चंद्रगुप्त दुष्ट ने पहले शकटदास के वध की आज्ञा दी थी। फिर न जाने कौन शकटदास को छुड़ा कर उसको कहीं परदेश में भगा ले गया। आर्य शकटदास के वध में धोखा खाने से चंद्रगुप्त ने क्रोध करके प्रमादी समझकर उन बधिकों ही को मार डाला। तब से बधिक जो किसी को वधस्थान में ले जाते हैं और मार्ग में किसी को शस्त्र खींचे हुए देखते हैं, तो छुड़ा ले जाने के भय से अपराधी को बीच ही में तुरंत मार डालते हैं। इससे शस्त्र खींचे हुए आपके वहाँ जाने से चंदनदास की मृत्यु में और भी शीघ्रता होगी (जाता है)।

राक्षस—(आप ही आप) उस चाणक्य बटु का नीतिमार्ग कुछ समझ नहीं पड़ता, क्योंकि—

सकट बच्यो जो ता कहैं तो क्यौं घातक घात।
जाल भयो का खेल मैं कछु समझ्यो नहिं जात॥

(सोचकर)

नहिं शस्त्र को यह काल यासों मीत जीवन जाइहै।
जो नीति सोचैं या समय तो व्यर्थ समय नसाइहै॥
चुप रहनहू नहिं जोग अब मम हित बिपति चंदन परयो।
तासों बचावन प्रियहिं अब हम देह निज बिक्रय करयो॥

[तलवार फेंककर जाता है]

इति षष्ठांक

सप्तम अंक

स्थान—सूली देने का मसान

[पहला चांडाल आता है]

चांडाल—हटो लोगो हटो, दूर हो भाइयो, दूर हो। जो अपना प्राण, धन और कुल बचाना हो तो दूर हो। राजा का विरोध यत्न-पूर्वक छोड़ो—

करि कै पथ्य-विरोध इक रोगी त्यागत प्रान।
पै विरोध नृप सों किए नसत सकुल नर, जान॥

जो न मानो तो इस राजा के विरोधी को देखो जो स्त्री-पुत्र समेत यहाँ सूली देने को लाया जाता है। (ऊपर देखकर) क्या कहा 'इस चन्दनदास के छूटने का कुछ उपाय भी है?' 'भला इस बेचारे के छूटने का कौन उपाय है? पर हाँ जो यह मंत्री राक्षस का कुटुंब दे दे तो छूट जाय।' (फिर ऊपर देख कर) क्या कहा कि 'यह शरणागतवत्सल प्राण देगा, पर यह बुरा कर्म न करेगा।' 'तो फिर इसकी बुरी गति होगी, क्योंकि बचने का तो वही एक उपाय है।'

[कंधे पर सूली रक्खे मृत्यु का कपड़ा पहिने चंदनदास, उसकी स्त्री और पुत्र और दूसरा चांडाल आते हैं।]

स्त्री—हाय हाय! जो हम लोग नित्य अपनी बात बिगड़ने के डर से फूँक-फूँक कर पैर रखते थे उन्हीं हम लोगों की चोरों की भाँति मृत्यु होती है। काल देवता को नमस्कार है, जिसको मित्र उदासीन सभी एक से हैं, क्योंकि—

छोड़ि माँस भख मरन भय जियहिं खाइ तृन घास।
तिन गरीब मृग को करहि निरदय ब्याधा नास॥

(चारों ओर देखकर)

अरे भाई जिष्णुदास! मेरी बात का उत्तर क्यों नहीं देते! हाय! ऐसे समय में कौन ठहर सकता है?

चंदन०—(आँसू भरकर) हाय ! ये मेरे सब मित्र बेचारे कुछ नहीं कर सकते, केवल रोते हैं और अपने को अकर्मण्य समझ शोक मे सूखा सूखा मुँह किये आँसू भरी आँखों से एक टक मेरी ही ओर देखते चले आते हैं।

दोनों चांडाल—अजी चंदनदास ! अब तुम फाँसी के स्थान पर आ चुके इससे कुटुंब को बिदा करो।

चंदन०—(स्त्री से) अब तुम पुत्र को लेकर जाओ, क्योंकि आगे तुम्हारे जाने की भूमि नहीं है !

स्त्री—ऐसे समय में तो हम लोगों को बिदा करना उचित ही है; क्योंकि आप परलोक में जाते हैं, कुछ परदेश नहीं जाते (रोती है)

चंदन०—सुनो ! मैं कुछ अपने दोष से नहीं मारा जाता, एक मित्र के हेत मेरे प्राण जाते हैं, तो इस हर्ष के स्थान पर क्यों रोती है ?

स्त्री—नाथ ! जो यह बात है तो कुटुंब को क्यों बिदा करते हो ?

चंदन०—तो फिर तुम क्या कहती हो ?

स्त्री—(आँसू भरकर) नाथ ! कृपा करके मुझे भी साथ ले चलो।

चंदन०—हा ! यह तुम कैसी बात करती हो ? अरे ! तुम इस बालक का मुँह देखो और इसकी रक्षा करो, क्योंकि यह बेचारा कुछ भी लोक व्यवहार नहीं जानता। यह किसका मुँह देख कर जीएगा ?

स्त्री—इसकी रक्षा कुलदेवी करेंगी। बेटा ! अब पिता फिर न मिलेंगे, इससे मिलकर प्रणाम कर ले।

बालक—(पैरों पर गिर के) पिता ! मैं आपके बिना क्या करूँगा ? ५

चंदन०—बेटा ! जहाँ चाणक्य न हो वहाँ बसना।

दोनों चांडाल—(सूली खड़ी कर के) अजी चंदनदास ! देखो सूली खड़ी हुई, अब सावधान हो जाओ।

स्त्री—(रोकर) लोगो ! बचाओ, अरे ! कोई बचाओ !

चंदन०—भाइयो, तनिक ठहरो (स्त्री से) अरे ! अब तुम रो रो कर क्या नंदों को स्वर्ग से बुला लोगी ? अब वे लोग यहाँ नहीं हैं, जो स्त्रियों पर सर्वदा दया रखते थे।

१ चांडाल—अरे वेणुवेत्रक। पकड़ इस चंदनदास को, घरवाले आप ही रो पीटकर चले जायेंगे।

२ चांडाल—अच्छा वज्रलोमक मैं पकड़ता हूँ।

चंदन०—भाइयो ! तनिक ठहरो, मैं अपने लड़के से मिल लूँ। (लड़के को गले लगाकर और माथा सूँघकर) बेटा ! मरना तो था ही, पर एक मित्र के हेतु मरते हैं, इससे सोच मत कर।

पुत्र—पिता ! क्या हमारे कुल के लोग ऐसा ही करते आए हैं ? (पैर पर गिर पड़ता है)।

२ चांडाल—पकड़ रे वज्रलोमक ! (दोनों चंदनदास को पकड़ते हैं)।

स्त्री—लोगो ! बचाओ रे, बचाओ !

[वेग से राक्षस आता है]

राक्षस—डरो मत डरो मत। सुनो सुनो घातको ! चंदनदास को मत मारना, क्योंकि—

नसत स्वामिकुल जिन लख्यो निज चख शत्रु समान।
मित्र दुःख हू मैं धर्‌यो निलज होइ जिन प्रान॥
तुम सों हारि बिगारि सब कढ़ी न जाकी साँस।
ता राक्षस के कंठ मैं डारहु यह जमफाँस॥

चंदन०—(देखकर औ० आँखों में आँसू भरकर) अमात्य ! यह क्या करते हो ?

राक्षस—मित्र, तुम्हारे सच्चरित्र का एक छोटा सा अनुहरण।

चंदन—अमात्य, मेरा किया तो सब निष्फल हो गया, पर आपने ऐसे समय यह साहस अनुचित किया।

राक्षस—मित्र चंदनदास ! उलहना मत दो, सभी स्वार्थी हैं। (चांडाल से) अजी ! तुम दुष्ट चाणक्य से कहो।

दोनों चांडाल—क्या कहें ?

राक्षस—

जिन कलि मैं हूँ मित्र-हित तृन सम छोड़यो प्रान।
जाके जस-रवि सामुहे सिवि-जस दीप समान ॥
जाको अति निर्मल चरित, दया आदि नित जानि।
बौद्धहु सब लज्जित भए, परम शुद्ध जेहि मानि ॥
ता पूजा के पात्र को मारत घरि तू, पाप !
जाके हित, सो शत्रु तुव आयो इत मैं आप ! १०

१ चांडाल—अरे वेणुवेत्रक ! तू चंदनदास को पकड़कर इस मसान के पेड़ की छाया में बैठ, तब से मंत्री चाणक्य को समाचार दूँ कि अमात्य राक्षस पकड़ा गया।

२ चांडाल—अच्छा रे वज्रलोमक ! (चंदनदास, स्त्री, बालक और सूली को लेकर जाता है।)

१ चांडाल—(राक्षस को लेकर घूम कर) अरे ! यहाँ पर कौन है ? नंदकुल-सैनासंचय के चूर्ण करने वाले वज्र से, वैसे ही मौर्यकुल में लक्ष्मी और धर्म स्थापना करने वाले आर्य चाणक्य से कहो—

राक्षस—(आप ही आप) हाय ! यह भी राक्षस को सुनना लिखा था। १०

१ चांडाल—(कि आपकी नीति ने जिसकी बुद्धि को घेर लिया है, वह अमात्य राक्षस पकड़ा गया।

[परदे में सब शरीर छिपाए केवल मुँह खोले चाणक्य आता है

चाणक्य—अरे। कहो, कहो।

किन जिन बसननि मैं धरी कठिन अगिनि की ज्वाल ?
रोकी किन गति वायु की डोरिन ही के जाल ?

किन गजपति-मरदन प्रबल सिंह पींजरा दीन ?
किन केवल निज बाहुबल पार समुद्रहिं कीन ?

१ चांडाल—परम नीतिनिपुण आपने तो……।

चाणक्य—अजी ! ऐसा मत कहो, बरन् 'नन्दकुल द्वेषी दैव ने' यह कहो।

राक्षस—(देख कर आप ही आप) अरे ! क्या यही दुरात्मा वा महात्मा कौटिल्य है !

सागर जिमि बहु रत्नमय, तिमि सब गुन की खान।
तोष होत नहिं देखि गुन, बैरी हू निज जानि ॥

चाणक्य—(देख कर) अरे यही अमात्य राक्षस है ? जिस महात्मा ने—

बहु दुख सों सोचत सदा, जागत रैन बिहाय।
मेरी मति अरु चंद्र की सेननि दई थकाय ॥

(परदे से बाहर निकल कर) अजी अजी, अमात्य राक्षस ! मैं विष्णुगुप्त आपको दण्डवत् करता हूँ। (पैर छूता है)

राक्षस—(आप ही आप) अब मुझे अमात्य कहना तो केवल मुँह चिढ़ाना है (प्रकट) अजी विष्णुगुप्त ! मैं चाण्डालों से छू गया हूँ, इससे मुझे मत छुओ।

चाणक्य—अमात्य राक्षस ! वह श्वपाक नहीं है वह आपका जाना सुना सिद्धार्थक नामा राजपुरुष ही है और दूसरा भी समिद्धार्थक नामा राजपुरुष ही है और इन्हीं दोनों द्वारा विश्वास उत्पन्न करके उस दिन शकटदास को धोखा देकर मैंने वह पत्र लिखवाया था।

राक्षस—(आप ही आप) अहा ! बहुत अच्छा हुआ कि मेरा शकटदास पर से संदेह दूर हो गया।

चाणक्य—बहुत कहाँ तक कहूँ—

वे सब भद्रभटादि, वह सिद्धार्थक, वह लेख।
वह भदंत, वह भूषणहु, वह नट आरत भेख ॥

वह दुख चंदनदास को, जो कछु दियो दिखाय।
सो सब मम (लज्जा से कुछ सकुचाकर)
सो सब राजा चंद को तुमसों मिलन उपाय ॥

देखिए यह राजा भी आप से मिलने आप ही आते हैं।

राक्षस—(आप ही आप) अब क्या करें ? (प्रगट) हाँ ! मैं देख रहा हूँ। १४

[सेवकों के संग राजा आता है]

राजा—(आप ही आप) गुरुजी ने बिना युद्ध हो दुर्जय शत्रु का कुल जीत लिया, इसमें संदेह नहीं। मैं तो बड़ा लज्जित हो रहा। क्योंकि—

ह्वै बिनु काम, लजाय करि नीचो मुख, भरि सोक।
सोवत सदा निषंग मैं मम बानन के थोक ॥
सोवहिं धनुष उतारि हम, तदपि सकहिं जग जीति।
जाके गुरु जागत सदा नीति-निपुन गत-भीति ॥

(चाणक्य के पास जाकर) आर्य ! चंद्रगुप्त प्रणाम करता है।

चाणक्य—वृषल ! अब सब असीस सच्ची हुई, इससे इन पूज्य १५ अमात्य राक्षस को नमस्कार करो। यह तुम्हारे पिता के सब मन्त्रियों में मुख्य हैं।

राक्षस—(आप ही आप) लगाया न इसने संबंध।

राजा—(राक्षस के पास जाकर) आर्य ! चंद्रगुप्त प्रणाम करता है।

राक्षस—(देख कर आप ही आप) अहा ! यही चंद्रगुप्त है।

होनहार जाको उदय, बालपने ही जोइ।
राज लह्यो जिन बाल गज जूथाधिप सम होइ।

(प्रगट)—महाराज ! जय हो।

राजा—आर्य ! १६

तुम्हरे आछत बहुरि गुरु जागत नीति प्रबीन।
कहहु कहा या जगत मैं जाहि न जय हम कीन ॥

राक्षस—(आप ही आप) देखो, यह चाणक्य का सिखाया पढ़ाया मुझसे कैसी सेवकों की सी बातें करता है। नहीं, नहीं यह आप ही विनीत है। अहा! देखो चंद्रगुप्त पर डाह के बदले उलटा अनुराग होता है। चाणक्य सब स्थान पर यशस्वी है, क्योंकि—

पाइ स्वामि सतपात्र जो मन्त्री मूरख होइ।
तौहू पावै लाभ जस, इत तौ पंडित दोई॥
मूरख स्वामी लहि गिरै चतुर सचिव हू हारि।
नदी-तीर तरु जिमि नसत जीरन ह्वै लहि बारि॥

चाणक्य—क्यों अमात्य राक्षस! आप क्या चंदनदास का प्राण बचाया चाहते हैं?

राक्षस—इस में क्या संदेह है?

चाणक्य—पर अमात्य! आप शस्त्र ग्रहण नहीं करते, इससे संदेह होता है कि आपने अभी राजा पर अनुग्रह नहीं किया। इससे जो सच ही चंदनदास का प्राण बचाया चाहते हों तो यह शस्त्र लीजिये।

राक्षस—सुनो विष्णुगुप्त! ऐसा कभी नहीं हो सकता, क्योंकि हम इस योग्य नहीं। विशेष कर के जब तक तुम शस्त्र ग्रहण किये हो तब तक हमारे शस्त्र ग्रहण करने का क्या काम है?

चाणक्य—भला अमात्य! आपने यह कहाँ से निकाला कि हम योग्य हैं और आप अयोग्य हैं? क्योंकि देखिए—

रहत लगामहिं कसे अश्व को पीठ न खोलत।
खान पान असनान भोग तजि मुख नहिं मोवत॥
छूटे सब सुख साज नींद नहिं आवत नयनन।
निसि दिन चौंकत रहत वीर सब भय धरि निज मन॥
यह हौदन सों सब कुन कस्यो नृप गजगन अवरेखिये।
रिपुदर्प-दूर-कर अति प्रबल निज महात्म-बल देखिये॥

वा इन बातों से क्या! आपके शस्त्र ग्रहण किये बिना तो चंदनदास बचता भी नहीं।

राक्षस—(आप ही आप)

नंद-नेह छूट्यो नहीं, दास भए अरि साथ।
ते तरु कैसे काटिहैं, जे पाले निज हाथ॥
कैसे करिहैं मित्र पै हम निज कर सों घात।
अहो भाग्य गति अति प्रबल, मोहिं कछु जानि न जात॥

(प्रकाश) अच्छा विष्णुगुप्त! मँगाओ खड्ग "नमस्सर्व प्रतिपत्तिहेतवे सुहृत्स्नेहाय" देखो, मैं उपस्थित हूँ।

चाणक्य—(राक्षस को खड्ग देकर हर्ष से) राजन् वृषल! ब है! बधाई है! अब अमात्य राक्षस ने तुम पर अनुग्रह किया। तुम्हारी दिन दिन बढ़ती ही है।

राजा—यह सब आपकी कृपा का फल है।

[पुरुष आता है]

पुरुष—जय हो महाराज की, जय हो महाराज! भद्रभट, रायणादिक मलयकेतु को हाथ पैर बाँध कर लाए हैं और द्वा खड़े हैं। इसमें महाराज की क्या आज्ञा होती है?

चाणक्य—हाँ सुनो। अजी! अमात्य राक्षस से निवेदन अब सब काम वही करेंगे।

राक्षस—(आप ही आप) कैसा अपने वश में करके मुझे कहलाता है। क्या करें? (प्रकाश) महाराज चंद्रगुप्त! यह तो जानते ही हैं कि हम लोगों का मलयकेतु का कुछ दिन तक रहा है इससे उसका प्राण तो बचाना ही चाहिये।

राजा (चाणक्य का मुँह देखता है)

चाणक्य—महाराज! अमात्य राक्षस की पहली बात तो मानना ही चाहिये (पुरुष से) अजी! तुम भद्रभटादिकों से दो कि "अमात्य राक्षस के कहने से महाराज चंद्रगुप्त मलयके उसके पिता का राज्य देते हैं" इससे तुम लोग संग जाकर राज पर बिठा आओ।

पुरुष—जो आज्ञा।

चाणक्य—अजी अभी ठहरो, सुनो ! दुर्गपाल विजयपाल से यह कह दो कि अमात्य राक्षस के शस्त्र-ग्रहण से प्रसन्न होकर महाराज चंद्रगुप्त यह आज्ञा करते हैं कि "चंदनदास को सब नगरों का जगत् सेठ कर दो।"

पुरुष—जो आज्ञा (जाता है)।

चाणक्य—चंद्रगुप्त अब और मैं क्या तुम्हारा प्रिय करूँ ?

राजा—इससे बढ़कर और क्या भला होगा ?

मैत्री राक्षस सों भई, मिल्यौ अकंटक राज।
नंद नसे सब अब कहा यासों बढ़ि सुखसाज॥

चाणक्य—(प्रतिहारी से) विजये ! दुर्गपाल विजयपाल से कहो कि "अमात्य राक्षस के मेल से प्रसन्न होकर महाराज चंद्रगुप्त आज्ञा करते हैं कि हाथी, घोड़ों को छोड़कर और सब बंधुओं का बंधन छोड़ दो" वा जब अमात्य राक्षस मंत्री हुए तब अब हाथी घोड़ों का क्या सोच है ? इससे—

छोड़ौ सब गज तुरँग अब, कछु मत राखौ बाँधि।
केवल हम बाँधत सिखा, निज परतिज्ञा साधि॥

(शिखा बाँधता है)

प्रतिहारी—जो आज्ञा (जाती है)।

चाणक्य—अमात्य राक्षस ! मैं इससे बढ़कर और कुछ भी आपका प्रिय कर सकता हूँ।

राक्षस—इससे बढ़कर और हमारा क्या प्रिय होगा ? पर जो इतने पर भी संतोष न हो तो यह आशीर्वाद सत्य हो—

'वाराहीमात्मयोनेस्तनुमतनुबलामास्थितस्यानुरूपां
यस्य प्राग्दन्तकोटिम्प्रलयपरिगता शिश्रिये भूतधात्री॥
म्लेच्छैरुद्वेज्यमाना भुजयुगमधुना पीवरं राजमूर्तेः
स श्रीमद्बन्धुभृत्यश्चिरमवतुमहीम्पार्थिवश्चन्द्रगुप्तः॥

[सब जाते हैं]

इति सप्तमांक

परिशिष्ट—क

इस नाटक के आदि-अंत तथा अंकों के विश्रामस्थल में रंगशाला में ये गीत गाने चाहिएँ। यथा—

(सब के पूर्व मंगलाचरण में)

(ध्रुवपद चौताला)

जय जय जगदीश राम, श्याम धाम पूर्ण काम।
आनँदघन ब्रह्म विष्णु, सत्चित सुखकारी॥
कंस रावनादि काल, सतत प्रनत-भक्तपाल।
सोभित गल मुक्तमाल, दीन ताप हारी॥
प्रेमभरन पापहरन, असरन-जन सरन-चरन।
सुखहि करन दुखहि दरन, वृंदाबनचारी॥
रमाबास जगनिबास, राम रमन समनत्रास।
बिनवत 'हरिचंद' दास, जय जय गिरिधारी॥

(प्रस्तावना के अंत तथा प्रथम अंक के आरंभ में)

[चाल-लखनऊ की ठुमरी "शाहज़ादे आलम तेरे लिए" इस चाल की]

जिनके हितकारक पंडित हैं तिनकों कहा सत्रुन को डर है।
समुझैं जग में सब नीतिन्ह जो तिन्हैं दुर्ग बिदेस मानो घर है॥
जिन मित्रता राखी है लायक सों तिनकों तिनका हू महा सर है।
जिनकी परतिज्ञा टरै न कबौं तिनको जय ही सब ही थर है॥२॥

(प्रथम अंक की समाप्ति और दूसरे अंक के प्रारम्भ में)

जग में घर की फूट बुरी।

घर के फूटहिं सों बिनसाई सुबरन लंकपुरी॥
फूटहिं सों सब कौरव नासे भारत जुद्ध भयो।
जाको घाटो या भारत में अब लौं नहिं पूजयो॥
फूटहिं सों जयचंद बुलायो जवनन भारत धाम।
जाको फल अब लौं भोगत सब आरज होइ गुलाम॥

फूटहिं सो नवनंद बिनासे गयो मगध को राज।
चंद्रगुप्त को नासन चाह्यौ आपु नसे सह साज॥
जो जग में धन मान और बल अपुनो राखन होय।
तो अपने घर में भूलेहू फूटि करो मति कोय॥३॥

(दूसरे अंक की समाप्ति और तीसरे अंक के आरंभ में)

जग में तेई चतुर कहावैं।

जो सब बिधि अपने कारज को नीकी भाँति बनावैं॥
पढ़्यो लिख्यो किन होइ जु पै नहिं कारज साधन जानै।
ताही को मूरख या जग मैं सब कोऊ अनुमानै॥
छल मैं पातक होत जदपि यह शास्त्रन में बहु गायो।
पै अरि सों छल किए दोष नहिं मुनियन यह है बतायो॥४॥

(तीसरे अंक की समाप्ति और चतुर्थ अंक के आरंभ में)

[ठुमरी]

तिनको न कछू कबहूँ बिगरै, गुरु लोगन को कहनो जो करैं।
जिनको गुरु पंथ दिखावत हैं ते कुपंथ पैं भूलि न पाँव धरैं॥
जिन कों गुरु रच्छत आप रहैं ते बिगारे न बैरिन के बिगरैं।
गुरु को उपदेश सुनो सब ही जग कारज जासो सबै सँभरैं॥५॥

(चतुर्थ अंक की समाप्ति और पंचम अंक के आरंभ में)

[पूर्वी]

करि मूरख मित्र मिताई, फिर पछितैहो रे भाई!।
अंत दगा खैहौ सिर धुनिहौ रहिहौ सबै गँवाई॥
मूरख जो कछु हितहु करै तो तामैं अंत बुराई।
उलटो उलटो काज करत सब दैहैं अंत नसाई॥
लाख करौ हित मूरख सों पै ताहि न कछु समुझाई।
अंत बुराई सिर पै ऐहै रहि जैहो मुँह बाई॥
फिर पछितैहो रे भाई!॥६॥

(पंचम अंक की समाप्ति और छठे अंक के आरंभ में)

[काफी ताल होली का]

छलियन सों रहो सावधान नहिं तो पछताओगे।
इनकी बातन मैं फँसि रहिहौ सबहि गँवाओगे॥
स्वारथ लोभी जन सों आखिर दगा उठाओगे।
तब सुख पैहौ अब साँचन सों नेह बढ़ाओगे॥७॥

(छठे अंक की समाप्ति और सातवें अंक के आरंभ में)

["जिनके मन मैं सिय राम बसैं" इस धुन की]

जग सूरज चाँद टरै तो टरै पै न सज्जन नेहु कबौं बिचलै।
धन संपति सर्वस गेह नसौ नहिं प्रेम की मेड़ सों एड़ टलै॥
सतबादिन कों तिनका सम प्रान रहै तो रहै वा ढलै तो ढलै।
निज मीत की प्रीत प्रतीत रहो इक ओर सबै जग जाउ भलै॥८॥

(अंत में गाने को)

[बिहाग, श्लोक के अर्थ के अनुसार]

हरौ हरि रूप सबै जग बाधा।
जा सरूप सों धरनि उधारी निज जन कारज साधा।
जिमि तब दाढ़ अग्र लै राखी महि हति असुर गिरायो॥
कनक दृष्टि म्लेच्छन हूँ तिमि किन अब लौं मारि नसायो॥
आरज राज रूप तुम तासों माँगत यह बरदाना।
प्रजा कुमुदगन चंद्र नृपति को करहु सकुल कल्याना॥९॥

[बिहाग ठुमरी]

'पूरी अमी की कटोरिया सी चिरजिओ सदा विकटोरिया रानी'।
सूरज चंद्र प्रकास करैं जब लौं रहै सातहू सिंध मैं पानी॥
राज करौ सुख सों तब लौं निज पुत्र औ पौत्र समेत सयानी।
पालौ प्रजागन कों सुख सों जग कीरति गान करैं गुन गानी॥१०॥

[कालिंगड़ा]

लहौ सुख सब बिधि भारतवासी।

विद्या कला जगत की सीखौ तजि आलस की फाँसी।
अपनो देश धरम कुल समुझहु छोड़ि वृत्त निज दासी॥
उद्यम करिकै होहु एक मति निज बल बुद्धि प्रकासी।
पंचपीर की भगति छाँड़िकै हौ इस्विन उपासी॥
जग के और नरन सम येऊ होउ सबै गुन रासी॥११॥

परिशिष्ट--ख

टिप्पणी

प्रस्तावना

नांदी—उन आशीर्वादात्मक श्लोकों या पद्यों को नांदी मंगलाचरण कहते हैं, जिन्हें सूत्रधार नाटक के आरंभ करने में पहले पाठ करता है। विघ्नशांति के लिए आरंभ में देवताओं की स्तुति करने की प्रथा संस्कृत नाटकों में प्राचीन है। नांदी चार प्रकार की होती है—नमस्कृतिर्माङ्गलिकी आशीः पत्रावली तथा। घटना का कुछ आभास देने के कारण इस नाटक की नांदी पत्रावली है। साहित्यदर्पण में नांदी का आठ या बारह पदों का होना लिखा है और भरत मुनि ने दस पदों को भी नांदी लिखी है। इस नाटक के मूल में आठ पद हैं (यदि पदों से पंक्ति मानी जाय) और अनुवाद में दस हैं। अनुवाद के आरंभ में छपा था कि 'नांदी मंगलपाठ करता है'। इससे ज्ञात होता है कि नांदी कोई पुरुष विशेष है जो मंगलपाठ करता है। पर संस्कृत लक्षण ग्रंथों में स्पष्ट लिखा है मंगल श्लोकों को ही नांदी कहते हैं। इस शब्द की व्युत्पत्ति से भी यही अर्थ निकलता है। इससे पूर्वोक्त वाक्य में नांदी शब्द का प्रयोग अशुद्ध है। इन विचारों से पूर्वोक्त वाक्य की क्रिया निकाल दी गई। मंगलाचरण के अनंतर

कोष्ठक में छपा भी था कि 'नांदी पाठ के अनंतर'। इसमें 'नांदी शब्द का शुद्ध अर्थ किया गया है।

१-७—यह दोहा अनुवादक की स्वतंत्र रचना है। संस्कृत-मूल के किसी अंश का अनुवाद नहीं है। लगभग अपनी सभी रचनाओं में भारतेंदुजी ने यह दोहा आरंभ में दिया है, जो उन्हें बहुत प्रिय था। वस्तुतः यह दोहा भावपूर्ण है। अर्थ यह हुआ कि प्रेमरूपी नव जल से भरे हुए और प्रतिदिन, सुंदर रस, बहुत अधिक (अथोर) बरसने वाले जिस अपूर्व बादल को देखकर मेरा (मोररूपी) मन नाचने लगता है उसकी जय हो।

बादल को देखकर मोर का नाचना स्वाभाविक है। इस दोहे के घन शब्द से घनश्याम अर्थात् श्रीकृष्ण का अर्थ लक्षित है। इसमें मोर रूपी मन और नेह रूपी जल का रूपक है, घन और मोर में श्लेष है, फेरफार कर कहने से पर्यायोक्ति तथा कई अर्थ लगाने से समासोक्ति है।

३-९—इस सवैया का संस्कृत मूल इस प्रकार है—

धन्या केयं स्थिता ते शिरसि ? शशिकला:; किन्तु नामैतदस्या ?
नामैवास्यास्तदेतत्परिचितमपि ते विस्मितं कस्य हेतोः ?।
नारीं पृच्छामि नेन्दुं ; कथयतु विजया न प्रमाणं यदीन्दु-
र्देव्या निह्नोतुमिच्छोरिति सुरसरितं शाठ्यमव्याद्विभोर्वः ॥

वामार्धांग में बैठी पार्वती जी महादेवजी के मस्तक पर गंगाजी को देखकर पूछती हैं कि आपके सिर पर यह कौन धन्या है। पार्वतीजी महादेवजी के आधे अंग में स्थान पाकर अपने को सबसे अधिक भाग्यवती समझती थीं पर उन्होंने जब गंगाजी को सिर पर चढ़ी देखा तब उनको पति की प्रेयसी समझकर ईर्ष्या से यह प्रश्न किया। धन्या का अर्थ भाग्यवती है पर उससे कुछ व्यंग्य भी झलकता है कि स्त्री का पति के हृदय पर अधिकार होना ही उसका बड़भागिनी होना है न कि सिर पर चढ़ना। अनुवाद में केवल "कौन है सीस पै" है जिसमें धन्या शब्द नहीं लाया गया है। महादेव जी उत्तर देते हैं कि "शशिकला अर्थात् चंद्रकला है" केवल शशि या चंद्र न

कहकर शशिकला या चंद्रकला कहने का यह तात्पर्य है कि वह स्त्रियों के उपयुक्त नाम है और इसे लेकर महादेवजी पार्वतीजी को भ्रम में डालना चाहते थे। पर पार्वती जी को कुछ शंका हो गई, जिसके निवारणार्थ उन्होंने फिर कहा कि "क्या यही नाम है?" यहाँ अनुवाद में त्रिपुरारी शब्द बढ़ाया गया है। इस प्रश्न पर भी महादेवजी उसी प्रकार का भ्रमपूर्ण उत्तर देते हैं कि "हाँ, यही नाम है, तुम जानती भी हो; फिर कैसे भूल गईं।" परंतु इस उत्तर से महादेवजी का कार्य सिद्ध नहीं हुआ और पार्वतीजी चंद्रकला शब्द का तथ्य समझ गईं। तब वे कहती हैं कि 'नारीं पृच्छामि नेन्दु' अर्थात् 'नारिहि पूछत चंद्रहि नाहिं'। पार्वतीजी के कहने का यह अर्थ है कि हम आपसे स्त्री (के बारे में) पूछती हैं न कि चंद्र के (जिससे परिचित हैं)। पर महादेवजी इसका अर्थ उन्हें भ्रम में डालने के लिए यों लगाते हैं कि पार्वतीजी कहती हैं कि नारी को (से) पूछती हैं न कि चंद्र को (से)। इस प्रकार अर्थ लगाकर वे उत्तर देते हैं कि यदि चंद्र का प्रमाण ठीक नहीं है, वह झूठा है और तुम स्त्री को प्रमाण मानती हो तो विजया से (जो स्त्री और तुम्हारी सखी है) पूछो। इस प्रकार गंगाजी को छिपाने के लिए जिस कूट बुद्धि से महादेवजी ने काम लिया है, वह तुम्हारी रक्षा करे।

इस पद में शब्दालंकार वक्रोक्ति है। यह और इसके बाद के पद दोनों मंगलाचरण हैं, जिन्हें कवि ने ग्रंथ की निर्विघ्न समाप्ति के लिए पहले ही बनाकर रखा है। नांदी या मंगलपाठ के पदों से कवि नाटक की घटनाओं का कुछ आभास दिला देते हैं। जैसे इस पद के चंद्र (चंद्रगुप्त) और छलि (शाठ्य, चाणक्य की कूटनीति) शब्दों से इस नाटक की मुख्य घटना का आभास सा मिल जाता है। इस नाटक में वीर रस प्रधान है और अद्भुत उपप्रधान है। इस नाटक में मुख्यतया चाणक्य की वह कूटनीति दिखलाई गई है, जिससे उसने राक्षस को चंद्रगुप्त का साथ देने के लिए बाध्य किया है। चंद्रगुप्त नायक (धीरोदात्त) है पर चाणक्य ही नाटक का प्रधान पुरुष मालूम पड़ता है।

१०-१३—मूल श्लोक—

पादस्याविर्भवन्तीमवनतिमवने रक्षतः स्वैरपातैः
संकोचेनैव दोष्णां मुहुरभिनयतः सर्वलोकातिगानाम्।
दृष्टिं लक्ष्येषु नोग्रज्वलनकणमुचं बध्नतो दाहभीते-
रित्याधारानुरोधात् त्रिपुरविजयिनः पातु वो दुःखनृत्तम् ॥

त्रिपुर-विजयी महादेवजी की इच्छा तांडव नृत्य करने की हुई, तब उन्हें विचार हुआ कि यदि मैं नृत्य के समय स्वच्छंदता से पैर पटकूँगा, हाथ चलाऊँगा और नेत्रों से देखूँगा तो यह पृथ्वी दबकर पाताल को चली जायगी, चारों ओर के लोक टूट-फूट कर गिर जायँगे और आँखों की अग्नि से संसार जल जायगा। तब असुरों के तीन नगरों के नाश करनेवाले महादेवजी ने कष्टनृत्य करना निश्चित किया, जिसका वर्णन कवि यों करता है कि 'पृथ्वी दब कर नीचे न जाय इसलिए उसके रक्षार्थ धीरे धीरे पैरों को चला कर, सब लोकों से आगे जानेवाले बाहुओं को भाव बतलाते समय संकुचित करके (जिसमें हाथ लगने से वे लोक नष्ट न हों) और नेत्र से अग्निज्वाला निकलकर भस्म न कर दे इस डर से किसी ओर न देखते हुए त्रिपुरविजयी भगवान् आधार के संकोच से जो कष्टनृत्य करते हैं वह हमारी रक्षा करे।'

अनुवाद में मूल का सब भाव आ गया है पर उसकी प्रथम दो पंक्तियों में शिवजी ने संसार के रक्षार्थ क्या कष्ट उठाया था सो नहीं आया। मूल के त्रिपुरविजयी शब्द के अनुवाद में न आने से परिकरालंकार की कमी हो गई और साथ ही वह आवश्यक था। क्योंकि इस पद में दिखलाया गया है कि जिस प्रकार क्रोधित होने पर महादेवजी ने त्रिपुर का नाश कर दिया था उसी प्रकार चाणक्य ने भी क्रोध में नवनंदों का नाश कर दिया; पर शांति के समय जिस प्रकार महादेवजी सबके रक्षार्थ कष्ट नृत्य कर रहे हैं उसी प्रकार क्रोध शांत होने पर चंद्रगुप्त के राज्य को दृढ़ करने के लिए राक्षस को मिलाने के कष्टसाध्य कार्य को चाणक्य ने शांति से अपनी कूट नीति द्वारा सफल किया। प्रथम तीन पंक्तियों में अतिशयोक्ति अलंकार है।

१०—पाताल—पुराणानुसार पृथ्वी के नीचे का सातवाँ लोक, जो सुवर्ण का है और नागों के वास करने के कारण नागलोग भी कहलाता है। अधोलोक, पृथ्वी के नीचे की ओर।

११—नाचत = ताल और गति के अनुसार हाथ पाँव को हिलाने, भाव बतलाने और उछलने कूदने को नाचना, नृत्य करना आदि कहते हैं।

सर्व = (१) सब, (२) (शर्व) शिव, महादेव।

१६—सामंत = सर्दार, अधीनस्थ मांडलीक।

१७—मुद्राराक्षस = (मुद्रया गृहीतः राक्षसः इति मुद्राराक्षसः) नाटक के प्रधान पात्र चाणक्य की अभीष्ट-सिद्धि मुद्रा (अर्थात् राक्षस की अँगूठी वाली मुद्रा, जिसे निपुणक-नामक चर ने लाकार दी थी) के द्वारा हुई थी इसलिए नाटक का नाम यही रखा गया।

२०—मूरख = (मूर्ख) यहाँ कृषि-कर्म में अनभिज्ञ पुरुष के लिए मूर्ख शब्द लाया गया है।

२२—सुघर = कार्यों को सुघड़ापे से अर्थात् अच्छी प्रकार करने वाली।

घरनी = गृहिणी गृहस्वामिनी।

२६—पीसत सुगध = केशर, इलायची आदि सुगंधित द्रव्य को पीसना।

२८-२९—कहूँ तियगन.... ....सुनि भावत = अन्वय—कहुँ तियगन-हुँकार सहित मुसल को शब्द होत (जो) स्रवन (हि) अति सोहावत (अरु) जिय को सुनि सुखद भावत। मूल में जो के बाद का अंश नहीं है।

३२-३५—मूल श्लोक का अर्थ—हे गुणवती ! उपायों की आधार ! संसार-यात्रा के लिए त्रिवर्ग को साधनेवाली ! कार्यों (कर्त्तव्य बतलाने) के लिए उपदेश देने वाली ! मेरे घर की नीति-विद्या-स्वरूपिणी आर्यें ! शीघ्र आओ।

अनुवाद में 'री नटी ! विलंब न करु सुनि प्यारी !' अधिक है। मूल श्लोक का श्लेष से अनेक (तीन) अर्थ लेने के कारण आमुखांग

के त्रिगत का यह एक उदाहरण होता है पर अनुवाद में इन श के बढ़ने से यह इसमें नहीं आ सका। मो-गूढ़-नीति-स्वरूप उपमा है।

गुणवती—स्त्री के छ गुण सुभाषित में यों गिनाये हैं—का मंत्री, वचनेषु दासी, भोज्येषु माता, शयनेषु रंभा। धर्मानुकू क्षमया धरित्री भार्या च षड्गुणयवतीह दुर्लभः। नीतिविद्या संधि, विग्रह, यान (चढ़ाई), आसन (सुअवसर पाने या निर्बलता दूर करने के लिए रुकना), द्वैध (मुख्य उद्देश्य को गुप्त रख क दूसरा प्रकट करना) और आश्रय (प्रबल की सहायता लेना) गुण है। शरद में जल प्रसाद रूपी गुण है। उपायों की आधार— सांसारिक कार्यों के साधन को जाननेवाली। साम, दान, भेद अ दंड राजनीति के चार उपाय हैं। जिगीषा अर्थात् जयेच्छा शरद में उत्पन्न होना।

संसार यात्रा के लिए (स्थितिहेतोः) त्रिवर्ग को साधनेवाली— सांसारिक व्यापार अर्थ धर्म, काम को साधनेवाली। राज्य की स्थि के लिए—क्षयस्थानञ्च वृद्धिश्च त्रिवर्गोनीतिरेदनाम्—की साधि नीतिविद्या। वर्षा के विगत होने से शरद विजय का अवसर देक अर्थ तथा उसे पूर्ण कर धर्म और काम को साधती है।

कार्यों का उपदेश देने वाली—शरद पक्ष में युद्धयात्रादि कार्यों क प्रवर्तिका।

इस प्रकार भार्या, नीतिविद्या तथा शरद तीन पक्षों में इस श्लो का अर्थ घटाया गया है। पहले में सूत्रधार अपनी स्त्री को प्रसंश करता हुआ बुलाता है। दूसरे से राक्षस को पकड़ने योग्य नीतिवि का आह्वान किया जाता है और तीसरे से तृतीय अंक में उल्लिखि शरद का आगम दिखलाया जाता है। अर्थात् श्लोक के विशेषणों वे तीन विशेष्य माने गए हैं।

२५—संस्कृत मुहावरे में स्त्रियाँ पति को आर्यपुत्र कहकर संबोधन करती हैं।

४१—रसोई चढ़ना—चूल्हे पर कड़ाही, बटुआ आदि चढ़ाकर रसोई आदि पाक करना, जिससे यह मुहाविरा बन गया है।

४७—ज्योतिःशास्त्र के चौसठों अंगों—ज्योतिष अर्थात् ग्रहनक्षत्र आदि की गति इत्यादि विषयक शास्त्र को ज्योतिःशास्त्र कहते हैं, जिसके बीस अंग और चालीस उपांग गर्गसंहिता में दिए गए हैं।

५१-५२—इस दोहे का संस्कृत मूल इस प्रकार है—

क्रूरग्रहः सकेतुश्चंद्रमसम्पूर्णमण्डलमिदानीम्।
अभिभवितुमिच्छति बलात् रक्षत्येनं तु बुधयोगः॥

अन्वय—सः क्रूरग्रहः केतुः असंपूर्णमण्डलम् चंद्रम् इदानीम् बलात् अभिभवितुम् इच्छति। बुधयोगः तु एनं रक्षति।

अर्थ—क्रूर ग्रह केतु चंद्रमा के अपूर्ण मंडल को बलात् ग्रास करना चाहता है पर बुधयोग उसकी रक्षा करता है॥

चंद्रग्रहण केवल पूर्णिमा को होता है, जब चंद्रमंडल पूरा रहता है। अपूर्ण मंडल होने के कारण पूर्णिमा के अतिरिक्त अन्य तिथियों को चंद्रग्रहण होता ही नहीं। चंद्रमा का ग्रास करनेवाला राहु है, केतु नहीं। जिस पूर्णिमा को बुधयोग रहता है, उसमें चंद्रग्रहण नहीं हो सकता। ऐसी असंभाव्य बातें लिखकर कवि कहता है कि केतु बलात् अर्थात् बलपूर्वक असंभव को संभव करना चाहता है, जो नहीं हो सकता। साथ ही कवि केतु, अपूर्णमंडल चंद्र और बुधयोग शब्दों से नाटक की घटना और उसका फल व्यंजित करता है। क्रूर ग्रह केतु से म्लेच्छाधिपति मलयकेतु, अपूर्णमंडल चंद्र से चंद्रगुप्त (जिसका मंडल अर्थात् अधिकार पूर्ण है क्योंकि वह चाणक्य के अधीन या उसका आज्ञानुवर्ती था) और बुधयोग से चाणक्य की मित्रता (चंद्र या चंद्रगुप्त से) इंगित है। मूल कवि ने यह श्लोक साहित्य और ज्योतिष दोनों की दृष्टि से लिखा है, इसलिए यही अर्थ समुचित है। भारतेंदुजी ने भी यही भाव लेकर दोहा बनाया होगा क्योंकि, असंपूर्णमंडल के लिए 'बिंब पूर न भए' लिखा है। इस अर्थ की पुष्टि आगे का चाणक्य का वाक्य भी करता है कि 'हैं! मेरे जीते (अर्थात् बुधयोग रहते) चंद्र को कौन बल से ग्रस सकता है?

'चंद्रमसंपूर्णमण्डलम्'—पाठ अधिक हस्तलिखित प्रतियों में मिला है। इसका 'चंद्रमसम् पूर्णमण्डलम्' या 'चंद्रम् असंपूर्ण मण्डलम्' दो प्रकार से पदच्छेद कर सकते हैं। कुछ विद्वान् प्रथम को इन कारणों से मानते हैं कि (१) चंद्रग्रहण पूर्ण बिंब होने पर होता है (२) पृ० ६ पं० १४ में चाणक्य 'मौर्ये लक्ष्मीः स्थिरपदा कृता' कहता है और (३) पं० ११६ पृ० ६ में 'चरसंपुण्णमण्डलम्मि' कहता है। एक विद्वान् ने यह भी लिखा है कि चाणक्य से उच्चकोटि के राजनीतिज्ञ स्वयं मंडल को अपूर्ण न कहेंगे। अब प्रत्येक पर विचार कीजिए (१) पूर्ण बिंब रहने ही पर चंद्रग्रहण होता है इससे यह संभव है पर नाटककार का ध्येय इससे उलटा अर्थात् असंभाव्य बातों का दिखलाना है। (२) जिस श्लोक का अंश उद्धृत है उसी के आगे चाणक्य कहता है कि 'अगृहीते राक्षसे स्थैर्यमुत्पादितं चन्द्रगुप्तलक्ष्म्यः किं। इसके पहले पृ० ४ पं० ४ में चाणक्य से नीतिज्ञ 'शशलांच्छनस्य कलाम्' कह चुके हैं। साथ ही वाह्यस्थैर्य क्या लाभ है जब राक्षसादि के षडयंत्रों से आंतरिक स्थैर्य से नहीं केबराबर हो रहा था, जैसा पृ० २४ पं० ३६ में विरोधक 'गतागतौ श्रिरामिव खिद्यते श्रिया' और पृ० २६ पं० १४५ में 'मौर्यस्योरसि नाधुनापि कुरुते' कहता है। कामंदक के नीतिसार में राष्ट्र के सप्तांग इस प्रकार दिए गए हैं—स्वाम्यमात्यश्च राष्ट्रंच दुर्गं कोशोबलं सुहृत्। परस्परोकारीदं सप्तांगं राष्ट्रमुच्यते। इन सातों अंगों की पूर्णता से पूर्णमण्डल समझा जाता है पर चंद्रगुप्त के प्रति प्रजा की अपूर्ण राजभक्ति होने का संशय चाणक्य के हृदय में खल रहा था। (३) 'पूर्णचन्द्र से कौन विरुद्ध है' कहकर चर निपुणक पूर्णता में कमी दिखा रहा है अर्थात अपूर्णता में पूर्णता का केवल अभास मात्र है। चाणक्य स्वयं अपूर्णमंडल को उच्च कोटि के नीति धुरंधर होने से झूठ ही पूर्ण कहे पर वे अपनी कमी को जानते थे और उसी की पूर्ति के लिए उसने सारा नाटक खेला था। सूत्रधार तो नीतिज्ञ था भी नहीं। कुछ विद्वानों ने 'क्रूरग्रहः सकेतुः' से यह अर्थ लिया है कि क्रूर ग्रह (राक्षस) केतु (मलयकेतु) के साथ।

६५—कौटिल्य—कुटिल नीति चलानेवाले चाणक्य का अन्य नाम।

६८—वंश—इस शब्द का यहाँ अत्यंत श्लिष्ट प्रयोग हुआ है। अग्नि में वंश अर्थात् बाँस जलाना है, इसी प्रकार चाणक्य की क्रोधाग्नि में नंदवंश का नाश हुआ था। इसमें परम्परित रूपकालंकार है।

६६—मानी—मानकर, समझकर।

नाटक के पूर्व सूत्रधार, नटी आदि जो प्रस्तावविषयक कथोपकथन करते हैं, उसी को प्रस्तावना कहते हैं। यह पाँच प्रकार की होती है—उद्घात्यक, कथोद्घात, प्रयोगातिशय, प्रवर्तक और अवगलित। मुद्राराक्षस की प्रस्तावना प्रथम प्रकार की है। सूत्रधार प्रभृति के वाक्यों का दूसरा अर्थ लगाकर जहाँ पात्र या पात्रों का प्रवेश होता है उसे उद्घात्यक कहते हैं। यहाँ भी सूत्रधार के ग्रहणविषयक बातों का अर्थ चंद्रगुप्त पर घटाकर चाणक्य प्रवेश करता है।

प्रथम अंक

१-२—अपनी खुली······चाणक्य आता है—प्रस्तावना के अंत में इस वाक्य से मुखसंधि का आरंभ होता है। पूर्वकथा से नाटक की घटना का संबंध स्थापित करना मुखसंधि है। यहाँ नंद वंश के नाश के अनंतर चंद्रगुप्त के राज्यश्री की स्थिरता के लिए चाणक्य के कहे हुए वाक्य और दैवात् मुद्रा प्राप्त कर राक्षस को मिलाने के उपायों का पूर्वकथा से संबंध दिखलाना ही मुखसंधि है। नंदवंश के नष्ट होने पर भी चंद्रगुप्त के राज्य के दृढ़तापूर्वक स्थापित होने पर नाटक के अंत में चाणक्य ने शिखा बाँधी थी। वेणीसंहार में द्रौपदी की चोटी खोलने बाँधने का भी इसी प्रकार उल्लेख है।

५-८—दंति—बड़े दाँतों वाला अर्थात् हाथी। दंति शब्द हाथी के लिए रूढ़ि हो गया है।

कुंभ—हाथी के सिर के दोनों ओर ले उभड़े हुए भाग।

सिंह के उन दाँतों से जो सदा हाथियों के मस्तकों को फाड़ते हैं (जिससे वे रक्त लगने से लाल हो जाते हैं) और नए चंद्र के समान लाल हैं तथा जँभाई लेते समय काल के सामान बढ़ आते हैं, कौन निकाल सकता है ?

यह कहकर चाणक्य चंद्रगुप्त को हानि पहुँचाने के प्रयास का दुस्साध्य होना प्रदर्शित करता है। नए चंद्र से चंद्रगुप्त की कलारूपी श्री का उन्नतिशीला होना प्रगट होता है। चंद्र का रंग शुभ्र ही माना गया है, पर यहाँ लाल लिया गया है। मूल में कवि ने इसीलिए सन्ध्यारुणाम् बढ़ाकर संध्या समय की लालिमा की सहायता से चंद्रकला को लाल बनाया है। जँभाई शब्द का प्रयोग कर चाणक्य अपनी सावधानी को बतलाया है। भुजंगप्रयात् छंद है और उपमालंकार है, जिससे वस्तुध्वनि भी निकलती है। सिंहरूपी चाणक्य की साधिता मौर्यलक्ष्मी को राक्षस के ग्रहण करने की इच्छा ही को असाध्य होना दिखलाया है। इसमें रूपकातिशयोक्ति का ध्वनि है।

१०-११—कालसर्पिणी—जिस सर्पिणी का दर्शन तत्काल मनुष्य को कालकवलित कर देता है।

क्रोध-धूम—क्रोधरूपी अग्नि से उठती हुई धुएँ की शिखा।

चाणक्य की शिखा न बाँधने की प्रतिज्ञा करने का इतिहास पूर्व-कथा में दिया गया है। नंदवंश के लिये कालसर्पिणी और क्रोध-धूम सी जो शिखा है, उसे अब भी कौन नहीं बाँधने देता ? मालारूपकालङ्कार है।

१२-१३—नंदवंश रूपी वन को सहज ही दहन कर देनेवाले मेरे प्रज्वलित प्रताप रूपी अग्नि का पतंग कौन पापी अब हुआ चाहता है ? अर्थात् जो कोई साहस भी करेगा, वह नष्ट हो जायगा। रूपकालङ्कार है।

१७—इस कथन में व्यंग्य है अर्थात् अभी तक बैठने के लिए चटाई नहीं बिछी।

२१—दुःशीलता—दुष्टता, दुःस्वभाव। चाणक्य का तात्पर्य है कि कार्यों की घबड़ाहट से मैंने चटाई नहीं देखी। इस वाक्य से यह ध्वनि भी निकलती है कि उस समय के अध्यापक शिष्यों से दुर्व्यवहार नहीं करते थे और चाणक्य का शिष्य से इस प्रकार कहकर एक प्रकार की क्षमा माँगना उसके उच्च विचारों का द्योतक है। कार्य की तत्परता से बीज का आरंभ होता है।

२२-२३—मूल में 'पितृवधामर्षितेन सकलनन्दराज्यपरिपणन प्रोत्साहितेन पर्वतकपुत्रेण' मलयकेतु का विशेषण है, जिसका अर्थ है कि 'पिता-वध के क्रोधित और नंदवंश के संपूर्ण राज्य की प्राप्ति की प्रतिज्ञा से प्रोत्साहित पर्वतक का पुत्र।'

२८-३१—इन दो पदों में चाणक्य अपनी सामर्थ्य का वर्णन करता है। पहले में अपनी क्रोधाग्नि की शक्ति दिखलाते हुए कहते हैं कि दिशारूपी शत्रुओं की स्त्रियों के मुखेंदुओं पर शोकरूपी धूम अर्थात् कालिख (पति आदि के मारे जाने के कारण) लगाकर, वृक्षरूपी मंत्रियों पर नीति रूपी वायु की सहायता से भस्म अर्थात् राख डालकर (उन्हें मोह में डाल कर, आँखों में धूल झोंककर) नगरवासियों को पक्षियों के समान बिना जलाए (जो वन में अग्नि लगने से उड़कर अपनी रक्षा कर लेते हैं) और नंदवंश को बाँस के समान जड़ मूल सहित नष्ट करके वह क्रोधाग्नि इसलिए शांत हो गई कि जलने के लिए उसे और कुछ ईंधन स्वरूप नहीं मिला। सवैया छंद और रूपकालंकार है।

आन हित—दूसरी वस्तु (जलने के लिए)।

३३-३६—चाणक्य कहते हैं कि जिन लोगों ने राजा के भय से मेरा अपमान होने पर धिक् नहीं कहा था पर जिनके हृदय में दुष्कर्म का शोच रह गया था, वे देखें कि हमने उस नंद को, अकेले नहीं, समाज सहित सिंहासन से ऐसा गिराया जैसे सिंह गजराज को पहाड़ पर से गिराता है। साथ ही तात्पर्य यह भी है कि यदि कोई फिर हमसे ऐसा बर्ताव करेगा तो वही फल पावेगा। उपमालंकार है।

३७-३८—चंद्रगुप्त के हेतु—चंद्रगुप्त के रक्षार्थ।

३६-४२—चाणक्य कहते हैं कि क्षण भर में हमने नव नंदों का समूल नाश कर दिया और जिस प्रकार तालाब में कमलिनी रहती है उसी प्रकार चंद्रगुप्त में राज्यश्री स्थापित कर दी। क्रोध और प्रीति के कारण एक का नाश कर और एक की उन्नति कर उसने शत्रु और मित्र होने का परिणाम दिखला दिया। उपमा और यथासंख्य अलंकार है।

सूत्रधार के चंद्रग्रहण की बात को सुनकर और उसका दूसरा अर्थ लगाकर चाणक्य जी यहाँ तक अपनी शत्रु-विनाशिनी शक्ति का परिचय देते चले गए हैं और अब इसी सूत्र के आधार पर चंद्रगुप्त की श्री को स्थिरता देने के उपायों का आगे विचार करने लगे।

४४—मिलने ही से क्या? अर्थात् केवल राज्य मिलने से तब तक कुछ भी लाभ नहीं है जब तक कि उसके विरुद्ध राक्षस सा प्रबल षड्यंत्रकारी प्रयत्न कर रहा हो।

४५—सर्वार्थसिद्धि का वृत्तांत पूर्व कथा में दिया गया है।

५५-५७—इस पद का मूल इस प्रकार है।

ऐश्वर्यादनपेतमीश्वरमयं लोकोऽर्थतः सेवते,
तं गच्छन्त्यनु ये विपत्तिषु पुनस्ते तत्प्रतिष्ठाऽऽशया।
भर्तुर्ये प्रलयेऽपि पूर्वसुकृतासंगेन निःसंगया,
भक्त्या कार्यधुरं वहंति कृतिनस्ते दुर्लभास्त्वादृशाः॥

ऐश्वर्यशाली स्वामी की सभी अर्थ के निमित्त सेवा करते हैं और विपत्ति के समय जो लोग उसका साथ देते हैं वे इस आशा पर कि वे फिर से उसी अवस्था पर पहुँच जाएँगे पर जो स्वामी की मृत्यु पर पूर्वोपकार के स्मरणमात्र से या निष्काम भक्ति से उनके काम को करते रहते हैं वैसे तुम्हारे सदृश पुरुष दुर्लभ हैं।

अनुवाद में मूल का चमत्कार नहीं आया और दूसरी पंक्ति का गठन भी ऐसा है कि अर्थ साफ नहीं मालूम होता। उसका अन्वय यों है कि "पुनि राज बिगड़े कौन स्वामी? चित्त में [ताहि] तनिक नहीं धरैं"। अर्थ हुआ कि राज बिगड़ने पर कौन किसको स्वामी समझता है? तथा मन में भी उसका कुछ विचार नहीं करते।

६०-६३—स्वामिभक्त सेवक यदि मूर्ख और विक्रमहीन है या बुद्धिमान और विक्रमशाली सेवक स्वामिभक्त नहीं है, तो इन दोनों से स्वामी को कुछ लाभ नहीं है। इनकी सेवा केवल स्त्रीवर्ग के समान है, जिन्हें दुःख-सुख दोनों में पोषण करना पड़ता है अर्थात् वह किसी समय सहायक न होकर आश्रित मात्र रहते हैं। बुद्धिमान्, विक्रमशाली और स्वामिभक्त सेवक ही स्वामी का कुछ मंगल कर सकते हैं।

यह मूल श्लोक का अर्थ है। इसमें स्त्रियों पर कटाक्ष किया गया है। कवि ने साथ ही यह दिखलाया है कि राजनीतिज्ञगण अपने षडयंत्रादि में ऐसे निमग्न रहते हैं कि उन्हें स्त्रीवर्ग बोझ सी ज्ञात होती हैं। अन्तिम दो पंक्ति का 'येषां गुणाः भूतये समुदितः ते इतरे भृत्या संपत्सु चापत्सु कलत्रमिव' अन्वय किया जा सकता है। अर्थ हुआ कि इन गुणों से युक्त वे अन्य भृत्यगण स्त्रियों के समान संपति तथा आपत्ति दोनों में साथ देते हैं। इससे स्त्रियों का उत्तम आदर्श प्रकट होता है। मूल और अनुवाद में कुछ विभिन्नता है। दूसरी पंक्ति 'पंडित विक्रमशील भक्ति बिनु काज नसावैं' होनी चाहिये। तीसरी पंक्ति का स्वारथ शब्द अधिक खटकता है, जो मूल में कहीं नहीं आया है, क्योंकि प्रथम कोटि के भृत्यवर्ग असमर्थ हो सकते हैं पर स्वार्थ का दोषारोपण उन पर नहीं किया जा सकता। दूसरी कोटि के भृत्यों का वह उपयुक्त विशेषण हो सकता है। साथ ही सभी स्त्रियाँ भी स्वार्थी नहीं कही जा सकतीं।

६५—देखो अर्थात् चाणक्य दिखलाते हैं कि मैं किस प्रकार यत्नशील हूँ और आगे उसी का विवरण देते हैं।

६७—पर्वतक के मारे जाने का कारण पूर्व कथा में दिया गया है। अनुवाद में "चन्द्रगुप्त का पक्ष" था पर मूल के अनुसार 'अपना पक्ष' कर दिया गया।

६९—विषकन्या—वह सुंदर कन्या जिसे जन्म ही से थोड़ा थोड़ा विष देकर उससे शरीर को ऐसा विषाक्त बना देते हैं कि उसका संसर्ग करते ही मनुष्य का प्राणनाश हो जाता है। "विषकन्याप्रयोगाद्वा क्षणाज्जह्यादसून्नरः ॥ [सुश्रुत, कल्पस्थान १०५] आजन्म विषसंयो-

गात्कन्या विषमयी कृता। स्पर्शोच्छ्वासादिभिर्हंति तस्यास्त्वेतरशीघ्रणाम्॥ तन्मस्तकस्य संस्पर्शान्म्लायेतं पुष्पपल्लवौ। [वाग्भट्ट] राक्षस ने चंद्रगुप्त को मारने के लिए विषकन्या भेजा था पर चाणक्य ने उसे पर्वतक के पास भेजकर उसे मार डाला, जिसमें उसे आधा राज्य न देना पड़े। चाणक्य का ध्येय राक्षस को मिलाना तथा चंद्रगुप्त को पूर्ण नंद राज्य का स्वामी बनाना ही था, इसीसे उसने पर्वतक को मारने का अभियोग राक्षस पर लगाया और भागुरायण द्वारा उसके पुत्र को भगा दिया। चाणक्य ने यही सोचकर कि राक्षस पर पर्वतक-वध का अपयश बना रहे, मलयकेतु को नहीं पकड़ा था और आगे चलकर इसी की सहायता से दोनों में विरोध कराया।

७०-७२—पहले यह पाठ था कि "पर एकान्त में राक्षस ने मलयकेतु के जी में यह निश्चय करा दिया है कि तेरे पिता को मैंने नहीं मारा, चाणक्य ही ने मारा।" मूल यह है "पिता ते चाणक्येन घातित इति रहसि त्रासयित्वा भागुरायणेनापवाहितः पर्वतकपुत्रो मलयकेतुः।" साथ ही पृ० ४६ पं० २८४-२८७ में 'भागुरायण है उससे·········भाग चलो' पाठ रहने से यह पाठ बदलना उचित जान पड़ा।

८१—अन्वेषण—खोज या जाँच करना।

८१-८२—हिंदी-पाठ यों है-वैसे ही भद्रभटादिकों को बड़े बड़े पद देकर चंद्रगुप्त के पास रख दिया है। संस्कृतपाठ—तत्तत्कारणमुत्पाद्य कृतकृत्यतामापादिताश्चंद्रगुप्तसहोत्थायिनो। भद्रभटप्रभृतयः प्रधानपुरुषाः—है। इसका अर्थ हुआ—चंद्रगुप्त के साथही उन्नति प्राप्त करने वाले भद्रभट आदि प्रधान पुरुषों से अभीष्ट लाभ कराने के लिए तदनुकूल कारण पैदाकर उसे सिद्ध किया। तत्तत्कारणमुत्पाद्य का तात्पर्य है कि वे कारण पैदा करके अर्थात् जिससे भद्रभट आदि मलयकेतु से मिल सकें। उत्पाद्य से कारणों का वास्तविक न होना सूचित होता है। पृष्ठ ४५-४६ के चाणक्य ने भद्रभटादि के विरक्ति का तथा वे किस प्रकार मलयकेतु के यहाँ चले गये थे, इन सब का उल्लेख किया है। अपने कार्य में मद्यपानादि के कारण दत्तचित्त न रहने का दोष लगाकर उन्हें निकालना ही अनुकूल कारण

पैदा करना है, जिससे वे मलयकेतु को अंत में पकड़ कर उसके अभीष्ट को सिद्ध कर सकें। पूर्वोक्त विचारों से अनुवाद का मूल पाठ बदलना उचित था क्योंकि भद्रभटादि बड़े बड़े पद पर नियुक्त नहीं किए गए थे। वरन् वे चंद्रगुप्त के साथही उन्नतिपथ पर अग्रसर होते हुए वहाँ पहुँचे थे और प्रकाश्यरूप में विद्रोही बनकर मलयकेतु के यहाँ भाग गए थे।

८३—अप्रमादी—जिनमें अहंकार के कारण बाहरी आडंबर दिखाने का शौक न हो।

८५—विष्णुशर्मा—यही क्षपणक नामधारी जैन संन्यासी चाणक्य का गुप्त भेदिया था।

६४-६५—इस दोहे का मूल यों है—

स्वयमाहृत्य भुंजाना बलिनोऽपि स्वभावतः।
गजेंद्राश्चनरेंद्राश्च प्रायः सीदंति दुःखितः॥

... अर्थ हुआ कि स्वभाववश स्वयम् खाद्यवस्तु (राज्य) एकत्र करने में गजेन्द्र और नरेन्द्र दोनों को बलवान होने पर भी प्राय: कष्ट होता है। अनुवाद में गजेन्द्र के स्थान पर सिंहकुमार है। तात्पर्य यह है कि यदि तनिक भी चूके तो अपशय और हानि उठानी पड़ेगी इसलिए दूसरों के द्वारा जो कार्य होते हैं, उसीमें सुख मिलता है। तुल्ययोगिता तथा अप्रस्तुतप्रशंसा अलंकार है।

९८-९९—अन्वय—अति द्वेष किये उल्टे हूँ ते काज बनत है। जो जम सबको जी हरत सोई (मुझे) जीविका देत।

दोनों दोहों से वस्तुध्वनि निकलती है। पहले से चाणक्य ही का आश्रित रहना तथा दूसरे से उसी के आश्रितों का सुरक्षित रहना व्यंजित होता है।

इस दोहे की पहली पंक्ति में काव्यलिंग तथा दूसरी में व्याघात अलंकार है।

उस समय एक प्रकार के साधु जमघट दिखलाकर और जिससे संसार की अनस्थिरता प्रकट होती थी, वैसे गीत गाकर भीख माँगते

थे। जमपट अर्थात् चित्र जिसमें जमसंबंधी चित्र थे। हर्षचरित पृ० १७० में जमपट्टिका का उल्लेख है।

११५—सर्वज्ञता—सभी विषयों को समान रूप से जानना।

११७—चंद्र से चंद्रगुप्त को इंगित करता है।

१२२-१२३—यद्यपि कमल सुंदर होता है पर वह चंद्र से विरोध करता है। साथही तात्पर्य यह है कि चंद्रगुप्त के अभ्युदय को न सहन करनेवाले भी पुरुष हैं।

१४४-१४५—कौन अपना जीवन नहीं सह सकते—अर्थात् चंद्रगुप्त की श्रीवृद्धि को नहीं सह सकना तथा जीवित नहीं रहना बराबर है।

१६७—जौहरी—[फा० गौहर शब्द का अर्थ मोती है, जिसका अरबी स्वरूप जौहर है] जौहर+ई=जो जौहर अर्थात मोतीरत्न आदि का व्यापार करे। मूल में मणिकार श्रेष्ठी है, जिसका अर्थ भी रत्नों का व्यापारी है।

१७३—मोहर की अँगूठी—[फा० मुह्र] मुद्रा जो अँगूठी पर रत्न जड़ने के स्थान पर खोदी जाती है। इसे अंगुलीमुद्रा या मुह्र की अँगूठी कहते हैं।

१८५-१९१—मूल पाठ यों है—तब पाँच वर्ष का एक सुंदर बालक शिशुसुलभ कौतूहल से उत्फुल्ललोचन होकर एक छोटे द्वार से बाहर निकलने लगा इस पर स्त्रियों द्वारा 'बाहर निकला, बाहर निकला,' का भयव्यंजक कलकल द्वार के भीतर से सुनाई पड़ा, जिसके अनंतर एक स्त्री द्वार से मुख कुछ बाहर निकालकर कोमल हाथों से उस बालक को भर्त्सना करते हुए पकड़ ले गई। बालक को पकड़ने में व्यग्र होने के कारण पुरुष की अँगुली के नाप की होने से यह अँगूठी उसके चंचल अंगुली से निकलकर देहली पर गिर पड़ी और छटककर मेरे पैरों के पास प्रणाम करती हुई कुलवधू के समान आकर निश्चल हो गई। मैंने भी उसपर राक्षस का नाम अंकित देखकर आपके पैरों के पास ला रखा। अँगूठी पाने का यही वृत्तांत है।

२००-२०१—इसी पत्र से राक्षस को जीतना है—मुद्रा की सहायता से राक्षस पर विजय प्राप्त करने या उसे पकड़ने का जो उपाय चाणक्य ने सोचा था इसका आरंभ इस पत्र से होने वाला था।

२११—मेरे जी की बात—जो मैं स्वयं चाहता था, मेरी हार्दिक इच्छा थी।

२२८-२२९—चाणक्य कहते हैं कि अब इन पाँच राजाओं को मार डालने के लिए हमने लिख दिया है, इसलिए चित्रगुप्त अब उनका नाम अपने रजिस्टर से काट दें, क्योंकि अब उनके स्वामी यमराज भी इन लोगों की रक्षा कर नहीं सकते तब उन्हें इनका लेखा रखने की कोई आवश्यकता नहीं है।

२३०—अथवा न लिखूँ—चाणक्य को राक्षस के मित्र शकटदास से यह पत्र लिखवाना आवश्यक था और इन पाँच राजाओं का नाम लिखवाने से शकटदास शंका कर राक्षस से कुल वृत्तांत कह देता, इसलिए इस कमी को मौखिक संदेश कहला कर पूरा किया।

२३३-२३४—संस्कृत और फ़ारसी के विद्वानों के लिए यह बात आज तक अक्षरशः ठीक है। इसका कारण यही ज्ञात होता है कि इन भाषाओं के अध्ययन में लिखने का बहुत कम काम पड़ता है और पाठशाला तथा मदरसों में लिपि की ओर बहुत कम ध्यान दिया जाता है।

२३६—लिखनेवाले का और जिसको लिखा गया था, उनमें से किसी का नाम नहीं दिया गया था।

२४९-२५०—मूल में चाणक्य ने सिद्धार्थक को भद्र कहा है।

२५३-२५४—फाँसी देनेवाले को चाणक्य ने पहले ही से यह संकेत बतलाकर आदेश दे दिया था कि जब कोई मनुष्य इस संकेत के साथ कुछ कहे तब उसके कथनानुसार आचरण करना। राक्षस को फँसाने के लिए षड्यंत्र का यहीं से आरंभ हो गया।

२५५—डर से भाग जायँ अर्थात् सिद्धार्थक के क्रोध
कहने पर फाँसी देनेवाले डरकर भाग जायँ, जिसमें

जो संकेत को लक्ष्य न कर सकेगा, समझे कि यह वस्तुतः हमारा हितैषी है और इसने धमकाकर उन्हें भगा दिया है।

२६०—अधिक गुप्त बात को कान में कहलाकर नाटककार दर्शकों तथा पाठकों की उत्सुकता बढ़ा रहा है।

२६४—कालपाशिक और दंडपाशिक—[कलापाश+ठक और दंडपाश+ठक] जिस रस्सी और डंडा से वे फाँसी देनेवाले मनुष्यों को मारते थे, उन्हीं को यमराज का कालपाश और दंड-पाश समझ कर उनके नामकरण किए गए थे।

२६५—राक्षस ने इसी क्षपणक द्वारा विषकन्या चंद्रगुप्त के लिए भेजी थी।

२७५—चाणक्य अपने एक मित्र चर क्षपणक को इस प्रकार निकालकर और दूसरे को शकटदास की रक्षा के बहाने राक्षस के पास भेजने का प्रबंध कर चिंता करता है कि क्या ये सब उपाय सफल होंगे।

२७६—लिया—सिद्धार्थक इस विचार से इस शब्द को कहता है कि मैंने चाणक्य के बतलाए हुए कार्य का ठीक तात्पर्य समझ लिया पर चाणक्य राक्षस को पकड़ने की चिंता कर रहा था, उसे वह शब्द 'पकड़ लिया' बोध हुआ, जिसे वह शुभ भविष्य वाणी समझ-कर प्रसन्न हुआ।

२८६—संस्कृत की एक प्रति में यहाँ एक श्लोक है पर अन्य प्रतियों में उसी श्लोक का तात्पर्य गद्य में दिया गया है।

३००—योग्य सत्कार से अधिक वा कम दोनों ही कष्टकर होते हैं।

३०२-३०३—मूल के अनुसार 'आपके साथ तो हम लोगों का यह व्यवहार उचित है' चाहिए।

३०४—अर्थात् शंका करता है कि चाणक्य ने मेरे बारे में कुछ पता लगाया है। चंदनदास को राक्षस की मुद्रा के खो जाने से यह शंका हुई थी कि चाणक्य को राक्षस की स्त्री पुत्र का उसके गृह में होने का कहीं पता न लग गया हो।

पा०।१५८ ख

३०८—मूल में चंदनदास से स्वगत कहलाया गया है कि 'यह अधिक आदर शंका उत्पन्न करता है'। अनुवाद में यही था, इससे स्वागत शब्द बढ़ा दिया गया है।

३११-३१२—चाणक्य वाक्यचातुरी से चंदनदास से चंद्रगुप्त के केवल दोषों को न पूछकर उसके वर्तमान होने के कारण पूर्व के राजाओं का याद आना और उनके गुणों का स्मरण होना पूछता है।

३२४-३२५—जिसमें तुम लोग किसी प्रकार के क्लेश न पड़ो!

३२७-३२८—विरुद्ध कार्य करने से दंडित होने पर तुम्हें क्लेश होगा, इससे चंद्रगुप्त को प्रसन्न रखने के लिये स्वयं क्लेश में मत पड़ो। सौ बात की एक बात अर्थात् संक्षेप में, थोड़े में।

३३२-३३३—तिनका और अग्नि का विरोध—तिनके से और अग्नि से चाहे मैत्री या वैमनस्य हो, पर दोनों दशा में संपर्क होते ही तिनके का नाश निश्चित है। चंदनदास ने अपने को तिनकास्वरूप और चंद्रगुप्त या चाणक्य को अग्नि के समान कहकर यह प्रकट किया कि आप लोगों से दूर रहने ही में हमारा कुशल है, मित्रता या वैमनस्य में नहीं।

३४१—गबड़े की बात अर्थात् वे बातें जो एक दूसरे को काटती हों।

३४५—छल का विचार—छल को अवसर नहीं मिलता, छल से काम नहीं चलता।

३५१—साँप सिर पर बूटी पहाड़ पर—जिस प्रकार सर्प सिर पर बैठा दंशन करना चाहता हो उस समय पहाड़ पर की दवा की आशा करना वृथा है, वैसे ही इस समय जब राज विरोधी रूपी दंड तुम [चंदनदास] पर गिरा चाहता है, तब राक्षस आदि दूरवर्ती मित्रों की आशा करना व्यर्थ है।

जैसा चाणक्य ने नंद को……चाणक्य का तात्पर्य है कि जिस प्रकार मैंने नंद को राजगद्दी से उतारा उस प्रकार चंद्रगुप्त को राक्षस गद्दी पर से उतारेगा यह आशा रखना ठीक नहीं है। संकोच के कारण कहते कहते रुक गया था कि बीच में चंदनदास उसकी

साँपवाली बात की धुन में एक दोहा कह गए, जो उन्हें याद आ गया और उसी आशय का था।

३५४-३५५—वर्षा ऋतु आ गई पर प्रिया के दूर रहने से विरह का दुःख सता रहा है। अर्थात् प्रिया के रहने से ही क्या लाभ है, जब वह दूरस्थित है जिस प्रकार हिमालय पर की बूटी के होने ही से क्या जब कि वह सर्प के काटे हुए को समय पर न मिले। अप्रस्तुतप्रशंसालंकार है।

३५८-३६१—महाराज नंद की जीवितावस्था में वक्रनास आदि मंत्रिगण, जो बड़े नीतिज्ञ थे, जिस राज्यश्री को स्थिर नहीं रख सके और जो (उनके लिए) नष्ट हो गई, वह लक्ष्मी चंद्रगुप्त के पास चली आई। अब वह चंद्र की चंद्रिका के समान चंद्रगुप्त से पृथक नहीं की जा सकती।

इसके अनंतर इस प्रथमांक के आरंभ के पदों को चाणक्य ने दुहराकर चंदनदास पर अपना प्रभाव डालने का प्रयत्न किया है इसके बाद जीवसिद्धि, चाणक और शकटदास के दंडों का कथन भी डर दिखलाने का ही प्रयत्न है।

३६५—हटो हटो—देश निकाले के समय जो लोग मिलने आते थे, उन्हें हटा रहे थे।

३७०—क्षपणक के साधु होने के कारण पहले देशनिकाले का दंड सुनकर कारुण्य दिखलाने के लिये आहा! हा! शब्द किया।

३८५—अर्थात् राक्षस के परिवार को रहने पर तो देवता नहीं और नहीं रहने पर क्या कहूँ।

३८८—चंदनदास को मित्र के रक्षार्थ अपने प्राण को संकट में डालने के लिए दृढ़प्रतिज्ञ देखकर चाणक्य उसकी प्रशंसा करता है।

३९०-३९१—स्वार्थलाभ के मार्ग के सुलभ होने पर भी जो उसे दूसरे के हितार्थ छोड़ देता है वैसे दुष्कर कार्य को शिवि के बिना कौन कर सकता है? व्यतिरेक तथा उदात्त अलंकार हैं।

यह मूल का अनुवाद है। राजा शिवि ने अग्नि रूपी कबूतर के लिए इंद्र रूपी बाज को स्वशरीर से काटकर मांस दिया था। उसी

पौराणिक कथा का यहाँ उल्लेख है। अनुवाद में वह भाव पूर्णतया आ गया है या यों कहा जाय कि कुछ उच्चतर हो गया है। अर्थात् दूसरे के हितार्थ कोरा धर्म समझकर प्राण देनेवाले शिवि के समान कौन है ? अनुवाद शिवि के कथानक के अनुरूप है और नाटक में मूल के समान ही सुसंगत है। राक्षस का कुटुंब दे देने से चंदनदास को राज-कृपा रूपी स्वार्थ लाभ होता पर उसने सूली पर चढ़ाने की आज्ञा सुनकर भी धर्म न छोड़ा।

४०२—चाणक्य का अभिप्राय केवल चंदनदास को कैद करने से था क्योंकि उसीके द्वारा राक्षस को मिलाने की चेष्टा वह कर रहा था। ऊपर से दिखलाने के लिए ये सब धमकियाँ थीं।

४०६-४०७—स्वार्थ के लिए सभी प्राण दे सकते हैं। अर्थात् चंदनदास समझता था कि यह प्राणदंड मेरे किसी निज के दोष के कारण न हो कर मित्र के लिए है।

४१०-४११—चाणक्य का कौशल यही था कि जिस प्रकार चंदन-दास अपने मित्र राक्षस के लिए अपना प्राण तृण के समान अर्थात् अप्रिय समझकर त्याग रहा है उसी प्रकार वह भी अपने मित्र के लिए त्याग करने में (चाणक्य से मिल जाने में) आगा पीछा नहीं करेगा क्योंकि साथ ही उसके कुल की भी रक्षा हो जायगी।

४१६—सिद्धार्थक आदि सब चाणक्य के संकेत से भागकर राक्षस से जा मिले थे और नाटककार ने 'आपही आप' रखकर यह दिखलाया है कि चाणक्य अपने शिष्य से भी अपनी चाल गुप्त रखते थे।

४३१—नीतिकुशल चाणक्यजी अपने शिष्य आदि बाहरी लोगों को समझा रहे हैं कि गतं न शोचामि। फिर कहते हैं कि—

४३२-४३५—जो लोग किसी संकल्प को हृदयंगम करके गए हैं वे सुख से भागें (अथात् सुखपूर्वक संकल्प की पूर्ति करें) और जो लोग अभी हैं वे भी यदि चले जायँ तो मुझे कोई शोच नहीं है (क्योंकि स्वयं जानते हैं कि और कोई जानेवाला नहीं है) पर

जाय अर्थात् रहे केवल हमारी वही एक बुद्धि जो सैकड़ों सेना से बढ़ कर काम करने वाली है और जिससे नंदकुल का नाश किया गया है

काव्यलिंग और व्यतिरेक अलंकार है।

४३९-४४०—झुंड से बिछुड़ा हुआ अकेला और जिसका मद चू रहा है ऐसे मत्त हाथी को जिस प्रकार मनुष्य बाँध लाते हैं वैसे ही हम (चाणक्य) तुम्हें (राक्षस) चंद्रगुप्त के कार्य के लिए पकड़ेंगे अर्थात् मंत्री बनावेंगे।

राक्षस अकेला था। उसका कोई ऐसा सच्चा मित्र न था जो उसे परामर्श देकर चाणक्य को पराजित करने में उसकी सहायता देता। राक्षस मदगलित भी हो चुका था अर्थात् उसका मद (अभिमान) गलित [च्युत, नष्ट भ्रष्ट] हो चुका था।

उपमा तथा श्लेष है।

चाणक्य को अपनी चाल पर इतना विश्वास था कि वह अभी इस प्रकार कह रहा है मानो वह अवश्य ही सफल होगी।

द्वितीय अंक

चन्द्रगुप्त के नाश के लिए राक्षसकृत उपायों के वृत्तांत कहने के प्राप्त्याशा पताका संबन्धी गर्भसंधि से यह द्वितीयांक आरंभ होता है। राक्षस का चर विराधगुप्त मदारी के रूप में कुसुमपुर से अनेक बातों का पता लगाकर आया है जिसके और राक्षस के कथोपकथन में राक्षस के उपायों का और उसे चाणक्य ने किस प्रकार निष्फल किया उन सबका विवरण आ जायगा।

नाटककार ने प्रथम अंक में यह दिखलाकर कि चाणक्य कैसा कुशल राजनीतिज्ञ है, वह दूरदर्शिता से किस प्रकार शत्रु के षड्यंत्रों को समझकर उसका प्रतीकार करता है और उनमें कहाँ तक आत्मबल तथा निज कौशल में विश्वास है अब दूसरे अंक में उसके प्रतिद्वंद्वी राक्षस के असफल प्रयत्नों का दिग्दर्शन कराकर उसके राजनीति-कौशल का चित्र खींचा है।

२—मदारी—साँप, बन्दर, भालू आदि तमासा दिखलानेवाले। अलल·····लाए ! तक मूल में नहीं है। यह अनुवादक ने अपनी ओर से लगा दिया है जिसे पुकारकर मदारी लोग दर्शकों को अपना व्यवसाय बतलाते हैं।

३-४—तन्त्र (राजधर्म, औषधि) और युक्ति (न्याय, उपाय) सब जानते है और मंडल (राष्ट्रमंडल, माहेंद्रादि यंत्रों का मंडल) को अच्छी प्रकार समझकर बनाते हैं तथा मंत्र (मंत्रणा, गारुड़ादि मंत्र) की रक्षा से राजा और सर्प का उपचार (सेवा, क्रीड़ा) करते हैं। यहाँ रूपकालंकार तथा श्लेष है।

५—आकाश मे देख कर जब पात्र ऐसा नाट्य करता है कि मानो कोई उससे कुछ पूछ रहा है और वह उसका उत्तर देता है तब उस कथोपकथन को आकाशभाषित कहते हैं। 'अप्रविष्टैः सहालापो भवेदाकाशभाषणम्' लक्षण है।

११—मदारी अब दूसरे पुरुष से बात करता है। पहला राजसेवक था और यह दूसरा साधारण रास्ते पर से जाता हुआ पुरुष है, जो मदारी को राक्षस का घर दिखलाने को लाया गया है।

२७-३०—चाणक्य और राक्षस दोनों ऐसे नीतिधुरंधर हैं कि यह पता नहीं लगता कि इस नीति युद्ध में किसकी विजय होगी और चाणक्य-रक्षित चंद्रगुप्त या राक्षस-रक्षित मलयकेतु राज्य करेगा।

२८-३१—चाणक्य ने यद्यपि चंचला लक्ष्मी को मौर्य-कुल में स्थिर रखने के लिये बुद्धिरूपी डोरी से बाँध रखा है पर राक्षस उसे अनेक षड्यन्त्रों के उपायरूपी हाथों से अपनाने के लिए अपनी ओर खींच रहा है। बुद्धिरूपी डोरी और उपायरूपी हाथ दो रूपक हैं। मौर्य कुल में राज्यलक्ष्मी का बंधन और राक्षस द्वारा आकर्षण उत्प्रेक्षा है। अनुवाद में दूसरा रूपक नहीं आया है।

३२-३३—नंदकुल की राज्यलक्ष्मी इस संशय में पड़ी हुई है कि वह इन दो नीतिज्ञ मंत्रियों—चाणक्य और राक्षस—में किसका पक्ष अवलम्बन करे। इस वाक्य में भी उत्प्रेक्षा है।

३४-३५—जिस प्रकार जंगल में दो लड़ते हुए गजराजों के बीच पड़ी हुई हथिनी संशय और डर के साथ इधर उधर धक्का खाती है उसी प्रकार दोनों विरोधी मंत्रियों के बीच में विचलित होकर राज्यश्री भी खींचातानी में पड़ी धक्के खा रही है।

इसमें भी रूपक और उत्प्रेक्षा है। लिखा जा चुका है कि यह अंक प्राप्त्याशा-पताका गर्भसन्धि से आरंभ होता है। 'उपायापाय शंकाभ्यां प्राप्त्याशा कार्य सम्भवः' लक्षण है। चाणक्य की बुद्धिरूपी डोर उपाय है, राक्षस कृत आकर्षण अपाय है और राज्यश्री का स्थैर्य शंका है इसलिये प्राप्त्याशा हुई। विराधगुप्त और राक्षस का कथोपकथन पताका है और इन्हीं दोनों का संबन्ध गर्भसंधि है।

३६—ऊपर देखकर—चिन्ता या स्मरण करने में ऊपर देखना स्वाभाविक है।

४१-४४—जिस प्रकार यदुवंशी अपने गुण नीति आदि से शत्रुओं पर विजयी हुए पर ब्रह्मा की निठुरता से अर्थात् शाप होने से उनका नाश हो गया उसी प्रकार नन्दवंश भी नष्ट हो गया। इसी चिंता से व्याकुल होकर मुझे नित्य प्रति दिन रात जागते ही बीतता है। मेरे भाग्य के इन विचित्र चित्रों को देखो जो किसी आधार पर नहीं बनाए गए हैं अर्थात् मेरे वे अनेक निष्फल उपाय जो मैं चंद्रगुप्त को नाश करने के लिए दिन रात गढ़ा करता हूँ या जिनकी कल्पना किया करता हूँ। नंदकुल रूपी आधार के न रहने से राक्षस का नीति-कौशल-रूपी चित्र-लेखन व्यर्थ है।

यदुकुल का नाश उस वंश के युवकों के उद्धतपन और ऋषियों के शाप से हुआ था तथा नंदवंश का नाश भी उद्धतपन और ब्राह्मण द्वारा हुआ था इसलिए इस उपमा का इस स्थान पर उचित प्रयोग है। उपमालंकार और विशेषालंकार है।

४६-४९—स्वामि-भक्ति को याद कर निस्वार्थ बुद्धि से और प्राण भय तथा प्रतिष्ठा पाने की आशा छोड़कर अब तक जो कुछ विग्रह तथा मलयकेतु का दासत्व नित्य कर रहे हैं वह केवल इसी वि

ह स्वर्गस्थित स्वामी अपने शत्रुओं का नाश देखकर प्रसन्न होंगे।
ुत्थालंकार।

५२-५५—गुणवान नंद को छोड़ कर क्षणिक सुख के लिए लक्ष्मी
प्रकार शूद्र चंद्रगुप्त से मिल गई जिस प्रकार अमृत सर्प से।
ाले हाथी के मरते ही जिस प्रकार मदधार भी साथ ही नष्ट हो
ी है उसी प्रकार तू भी नंद के साथ क्यों न नष्ट हो गई? ऐ
ज्जे अब तक तू संसार में जीवित है!

मूल में अमृत-सर्प की उपमा और 'निलज अजहूँ जग बसै'
हीं है।

लक्ष्मी को मदधार और अमृत के सादृश्य से उपमालंकार और
के हेतु सूद्रानुरक्ति से परिकरालंकार है। 'उक्तैर्विशेषणैः साभिप्रायैः
करो मतः' लक्षण है।

५७-५८—क्या संसार में अच्छे कुलवाला कोई राजा नहीं रह गया
जो तू नीचगामिनी (जो अपनी जाति से नीचतर जाति का संपर्क
) होकर शूद्र में अनुरक्त हुई।

मूल के एक श्लोक के पूर्वार्द्ध का अनुवाद यह दोहा है और
ार्द्ध का आगे का दोहा है।

६०-६१—स्त्रियाँ जो स्वभावतः चंचल होती हैं वे कुल श्रेष्ठ और
े पुरुषों को छोड़कर बुरे मनुष्यों से प्रेम करती हैं।

मूल में स्त्रियों की चपलता का यह विशेषण अधिक है—"कास
फूलों की नोकों के समान चंचलता।" मूल में स्त्री के लिए पुरंध्री
ब्द आया है, जिसका अर्थ है उतार अवस्था की वह स्त्री जिसे
पौत्र आदि हो चुके हों और राजा तथा रानी के संदेशों को
क दूसरे के पास ले जाय। अनुवाद में बारबधू अर्थात् वेश्या शब्द
या है। शूद्रानुरक्त होने का कारण कुलीन राजा का अभाव न
े वाक्य से दुश्चरित्रा स्त्रियों का चापल्य दिखलाया है।

६७-७१—राक्षस अपने उन उपायों का मनन कर रहा है जो उसने
द्रगुप्त के नाश के लिये प्रयुक्त किए थे पर जीवसिद्धि को सुहृद

कहलाकर नाटककार ने राक्षस के षड्यंत्र का खोखलापन दिखलाया है, क्योंकि वह वस्तुतः चाणक्य का चर है।

७२-७५—संतानवत्सल महाराज नंद सिंह के बच्चे की नाईं जिसको पालकर वंश के सहित नाश को प्राप्त हुए उसी के मर्मस्थान को हम बुद्धि-रूपी तीर से विदीर्ण करेंगे यदि अदृश्य दैव कवच बन कर उसकी रक्षा न करेगा।

अनुवाद में विष-वृक्ष और अहिसुत दो उपमाएँ बढ़ाई गई हैं, उपमा और रूपक दोनों हैं। राक्षस का "जो दुष्ट...... आइहै" कहना आशंका सूचित करता है। उसे अपने बुद्धि-रूपी तीरों पर दृढ़ विश्वास नहीं है। पूर्वांक में चाणक्य का कथन इसके विपरीत दृढ़ता और साहस से पूर्ण है।

७६—कंचुकी—अंतःपुर का द्वाररक्षक। साहित्यदर्पण में इसका लक्षण यों लिखा है—'अन्तःपुरचरो द्वारो विप्रो गुणगणान्वितः। सर्वकार्यार्थकुशलः कंचुकीत्यभिधीयते।'

७८-८१—जिस प्रकार चाणक्य की नीति ने नंद का नाश कर चंद्रगुप्त को कुसुमपुर में स्थापित किया उसी प्रकार वृद्धावस्था ने मेरी कामवासना का नाश कर मुझ में धर्म स्थापित किया है। यद्यपि अवसर पाकर राक्षस चंद्रगुप्त को विजय करने जायगा और उसी प्रकार लोभ भी यद्यपि (राजसेवा-रूपी अवसर पाकर) धर्म को दबाना चाहता है पर शिथिल होने के कारण दोनों जयी नहीं हो सकते।

राक्षस का पराभव सूचित करता है। उपमालंकार है।

६१-९६—राक्षस आभरण न पहनने की प्रतिज्ञा कर रहे हैं।

१२६—बाईं आँख फड़कना पुरुषों के लिए अशुभ-सूचक है।

सर्प-दर्शन भी अशुभसूचक है।

१३३—१३४—भ्रमर सभी फूलों का रस लेकर जो एक वस्तु (मधु) बनाता है उससे संसार के अनेक कार्य होते हैं।

कुसुम का अर्थ पुष्प है पर साथ ही वह कुसुमपुर भी व्यंजित करता है जिस पर यह अर्थ घटता है कि 'कुसुमपुर के रहस्यों का पता लगाकर जो वृत्तांत मैं (भ्रमर) बतलाऊँगा उससे भी बहुत काम

ोगा।' अप्रस्तुतप्रशंसालंकार है क्योंकि अप्रस्तुत भ्रमर द्वारा अपनी नैपुण्यता दिखलाई गई है।

१३६-१३८—नाटककार राक्षस का कार्य की भीड़ से घबड़ा जाना सूचित करता है।

१४५-१४८—विवाहिता स्त्री का स्थान पति के वाम भाग में है पर नंद वंश की राज्यश्री पर चंद्रगुप्त का नीतियुक्ति अधिकार नहीं था प्रत्युत् उस पर बलात् अधिकार किया गया था इसलिये वह पत्नी के उपयुक्त वाम स्थान को छोड़कर चंद्रगुप्त के दक्षिण ओर बैठी थी। नंदराज्य के उद्धारार्थ राक्षस के प्रयत्नों को देखकर 'लक्ष्मी यद्यपि चंद्रगुप्त के कंठ को बाईं बाहु से वेष्टित करती है पर वह हाथ गिर गिर पड़ता है। आलिंगन करने की इच्छा से दाहिने हाथ को भी उसके कंधे पर (दोनों हाथों से संपूर्ण आलिंगन करने की इच्छा से) रखती है पर वह भी गोद में गिर पड़ता है और उसकी बुद्धि राक्षस की नीति से सशंकित हो रही है, इससे वह अभी तक चंद्रगुप्त के वक्षस्थल पर अपनी छाती रख गाढ़ा आलिंगन नहीं करती।

इस पद से चंद्रगुप्त की राज्यश्री की अस्थिरता दिखलाई गई है। इसमें सामासोक्ति अलंकार है।

१५०—१५१—मूल में "ननु विरूढश्मश्रुः" कैसी बड़ी दाढ़ी है यह अधिक है।

इस कथन से सूचित होता है कि राक्षस नीतिज्ञ होने पर भी अनेक भूल किया करता था। पहले वह एकाएक चर का नाम पुकार उठा फिर उस बात को बढ़ाने की चेष्टा में एक दूसरी भूल कर बैठा अर्थात् प्रियंवदक से कहा कि 'सर्पों से जी बहलाता हूँ' यद्यपि इसके पहले ही कह चुके थे कि 'साँप देखने को जी नहीं चाहता' और उसे इसलिए बुलाया था कि वह 'सुकवि है, मैं भी इसकी कविता सुनना चाहता हूं।'

१६५—शक जाति तिब्बत से उत्तर सर दरिया के तट पर बसने वाली एक जाति थी, जिसे चीनी 'से' या 'सै' कहते थे। यह जाति

यूहेची जाति से पराजित होकर भारतवर्ष की सीमाओं पर आ बसी थी जहाँ से चलकर ईसवी सन् से लगभग एक शताब्दी पूर्व इस जाति ने भारत के पूर्वोत्तर प्रांत पर अधिकार कर लिया था। एक समय इनका राज्य नर्मदा तक फैल गया था। इनका चलाया शक संवत् इनके ऐश्वर्य का द्योतक है।

ईरानी लोग आयोनिया वालों से संबंध से ग्रीकों को यऊन कहते थे, जिससे संस्कृत का यवन शब्द व्युत्पन्न है। किरात पहाड़ी जाति थी, जो तीर चलाने और अहेर खेलने में बड़ी कुशल थी। कांबोज जाति हिंदूकुश पर्वत के आस पास बसती थी। वाह्लीक देश बलख को कहते हैं, जिसे यूरोपीय जातियों ने बैक्ट्रिया नाम दिया है। अधिक वृत्तांत भूमिका में देखिए।

१६६ १६८—विराधगुप्त वर्तमान में हुई बातों के कहने के पहले मिलान मिलाने के लिए पूर्व की बातें कहता है कि किस प्रकार कुसुमपुर घेर लिया गया था।

१६९—इस प्रकार के आवेग से राक्षस में धैर्य की कमी और गर्व का होना सूचित होता है।

१७१—१७४—राक्षस कुसुमपुर को घिरा हुआ समझ कर दुर्ग के रक्षार्थ सेना को आज्ञा देता है कि बुर्जों, दीवारों पर धनुर्धारी सेना भेजो, जिसमें वे शत्रु सेना पर तीरों की वर्षा करें, फाटकों पर मस्त हाथी रखो, जिसमें शत्रु के हाथियों से युद्ध करने के लिए वे तैयार रहें और उन वीरों को जिन्होंने मृत्यु को जीत लिया है अर्थात् मृत्यु से नहीं डरते और यश को सर्वोपरि समझते हैं युद्धार्थ तथा यशोपार्जन के लिये मेरे साथ शत्रु के विरुद्ध जाने को नियत करो।

भुजंगप्रयात् छंद है। वीररस का स्थायी भाव उत्साह है।

१७६—मूल के अनुसार अनुवाद में 'मैं अतीत की बातें कर रहा हूँ,' बढ़ाया गया है।

१७७—मूल के अनुसार अनुवाद का पहला पाठ 'कौन बात सुनूँ ? अब मैंने जान लिया कि इसी का समय आगया है,' बदल कर 'क्या अतीत·····घटना है' पाठ रखना पड़ा।

१८०-१८३—राक्षस कहते हैं कि महाराज नंद हमें इस प्रकार कह कर कि "हे राक्षस ! जहाँ हाथियों का झुंड खड़ा है वहाँ जाकर उसका और उसी प्रकार घोड़ों के इस समूह का प्रबन्ध ठीक रखो तथा यह पैदल सेना भी तुम्हारे ही प्रबन्ध में है इसलिए इस सब कार्य को मन लगाकर करो" हमें एक होने पर भी अपने काम के लिए हजार के समान मानते थे।

उत्प्रेक्षा है। इस पद से आत्मश्लाघा की ध्वनि भी निकलती है।

१८४-१९२—मूल के अनुसार इसमें कहीं कहीं पाठ भेद करना पड़ा है।

१९३-१९६—चन्द्रगुप्त के विनाशार्थ भेजी हुई विषकन्या से चाणक्य ने चालाकी से पर्वतक का नाश किया जिस प्रकार अर्जुन को मारने के लिए रखी हुई अव्यर्थ शक्ति को कृष्ण जी के कौशल से कर्ण ने घटोत्कच पर चला कर उसे मार डाला था।

मूल के दो शब्दों का—एकपुरुषव्यापादिनी और तद्वध्यम्—अर्थ नहीं आया है। इनसे पद के उपमान और उपमेय की समानता और भी शिथिल होती है इससे इनका न होना ही अच्छा है। प्रथम शब्द विषकन्या और शक्ति दोनों के लिए आया है, पर दूसरे का उपयुक्त विशेषण होते हुए भी पहले पर ठीक नहीं घटता। दूसरा पर्वतक और घटोत्कच के लिए है। चाणक्य पर्वतक को आधा राज्य देने का लोभ देकर सहायतार्थ लाए थे; पर उनकी कभी अर्द्ध राज्य देने की इच्छा नहीं थी और वे पर्वतक को मार डालने का अवसर ढूँढते थे। किन्तु कृष्ण जी का घटोत्कच के मारे जाने में कोई स्वार्थ नहीं था।

कर्ण के शरीर पर अभेद्य कवच था, जिसके कारण वह किसी प्रकार नहीं मारा जा सकता था। इस कारण इन्द्र ने स्वपुत्र अर्जुन के रक्षार्थ ब्राह्मण रूप धारण कर दानी कर्ण से उस कवच की याचना की। कर्ण ने इन्द्र के कपट को समझ कर वह कवच तो उन्हें दे दिया पर एकघ्नी शक्ति माँग ली, जिसे वह यत्न से अर्जुन के वधार्थ रखता था। युद्ध में भीम के पुत्र घटोत्कच ने कर्ण को ऐसा

घेरा कि अंत में उसे कौरव-सेना के रक्षार्थ उस शक्ति को चलाना पड़ा, जिससे घटोत्कच मारा गया। यह हिडंबा नामक राक्षसी का पुत्र था, जिसके भाई हिडंब को भीम ने उस समय मार डाला था जब वे वारणावर्त से भाइयों के साथ भाग रहे थे। हिडंबा ने भीम से विवाह कर लिया था, जिससे यह पुत्र हुआ था। महाभारत में यह कथा विस्तार के साथ दी गई है।

चाणक्य ने पर्वतक की मृत्यु के विषय में जो झूठी बात उड़ाई थी कि राक्षस ने विषकन्या प्रयोग कर उसे मार डाला था, वह राक्षस को अभी तक विदित नहीं था।

२०१—वैरोधक—संस्कृत प्रतियों में वैरोचक है।

२०६—इससे बाहर·········जाँच लो—मूल का भाव है कि 'बाहरी द्वार से लेकर समग्र राजभवन की तैयारी करो'। आगे के 'तोरनों से शोभित करने' से भी इसी से मिलान मिलता है।

२१४—राजभक्ति—दारुवर्म की यह राजभक्ति नंदों के प्रति थी, जिनका बदला लेने की उत्कट इच्छा से उसने जल्दी कर दी।

२१५—विकल्प—संशय, सन्देह।

२२४—उस सीधे·········बना कर—इस स्थान पर मूल में 'तपस्विनः किमपि उपांशुवधम् आकलय्य' है, जिसका अर्थ हुआ कि तपस्वी की किसी प्रकार गुप्त हत्या करने का निश्चय कर।

वस्तुतः चाणक्य ने यही समझकर कि राक्षस ने राजभवन प्रवेश के समय चंद्रगुप्त को मार डालने के लिए अवश्य अनेक उपाय किये होंगे और उन उपायों का उसे पूर्ण पता हो या न हो इसलिए उसने चंद्रगुप्त के स्थान पर वैरोधक को सजा कर भेजा कि यदि यह मारा जायगा तो उसका दोनों तरह लाभ है।

२३६-२४०—जिस······भेजा था—मूल में इस प्रकार है 'युष्मत् प्रयुक्तेनैव चंद्रगुप्तनिषादिना बर्व्वरकेण'। अर्थात् 'आपका भेजा हुआ चन्द्रगुप्त का हाथीवान् बर्व्वरक'। चद्रगुप्त को मारने के लिए ही भेजना राक्षस का उद्देश्य था। निषादी का अर्थ हाथीवान

है। इन प्रबन्धों से चाणक्य की दूरदर्शिता तथा सजगता प्रकट होती है।

२४४-२४७—तब उस……मारा गया—मूल का अक्षरशः अनुवाद यों है—इसके अनंतर जघन पर आघात लगने की आशंका से हथिनी ने जल्दी चलकर अन्य गति का अवलंबन किया। हथिनी पहले जिस गति से चलती थी उसी के अनुसार छोड़ा गया यंत्र लक्ष्यभ्रष्ट हो गया और छूरा खींचने में हाथ को फँसाए हुए तथा चंद्रगुप्त समझ कर वैरोचक को मारने को उद्यत वर्व्वरक दारुवर्मा द्वारा मारा गया।

२६५—चाणक्य ने उसको देख लिया अर्थात् औषधि को देख उसमें विष होने की शंका कर उसकी परीक्षा की।

२७३—संस्कृत में दो पाठ मिलते हैं—'आत्मविनाशः' और 'यदितरेषाम्।' इनका अर्थ हुआ—'अपना नाश' और 'जैसा औरों ने।'

२८०—राक्षस दैव को दोष देता है पर उसकी असफलता का कारण चाणक्य की सतर्कता तथा उसके चरों की असावधानता थी।

२९७-३००—चंद्रगुप्त को मारने के लिए जो विषकन्या भेजी गई उससे पर्वतक को मारा, जिसका आधे राज्य पर स्वत्व था। मारने के लिए जिन लोगों को भेजा वे सब अपने कल (यंत्र) और बल (शस्त्रादि) के साथ मारे गए, इस प्रकार मेरी नीति से उलटा मौर्य का ही मंगल-साधन होता है।

•इनमें विषमालंकार है क्योंकि विफल-मनोरथ होने से अपना ही अनिष्ट संभव होता है।

३०२-३०५—अधम श्रेणी के पुरुष विघ्न के डर से किसी कार्य को आरंभ नहीं करते, मध्यम श्रेणीवाले आरंभ कर विघ्न आ जाने से बीच ही में उसे छोड़ देते हैं (यदि विघ्न न आने के कारण वे उसे पूरा कर लें तो भी उन्हें वह महत्ता नहीं मिल सकती जो उत्तम श्रेणीवालों को मिलती है) और उत्तम कक्षा में वे होते हैं जो अनेक विघ्नों के रहते भी अपने कार्य को अंततः सफलता से पूर्ण करते हैं।

इसका मूल श्लोक भर्तृहरि के नीतिशतक में मिलता है। इसमें उपमालंकार है और अप्रस्तुत-प्रशंसा की ध्वनि भी निकलती है। कई श्रेणी होने के कारण व्यतिरेकालंकार भी कहा जा सकता है।

३८७-३१०—क्या शेष मस्तक पर पृथ्वी का बोझ रखने के कारण व्यथित नहीं होते? पर वे उसे गिरा नहीं देते। सूर्य दिन रात भ्रमण करते हुए क्या नहीं थकते? पर वे कभी नहीं रुकते। उसी प्रकार सज्जन यदि किसी को अपनी शरण में लेते हैं तो उसकी भलाई करते हैं। यही भले आदमियों का नियम है।

पहले दोहे में प्रतिवस्तूपमा है। दूसरे दोहे में मूल की करणावत् उपमा नहीं आ सकी।

३११—मूल में राक्षस का कथन यों है—मित्र! तुम यह दिखला रहे हो कि प्रस्तुत कार्य त्यागने योग्य नहीं है। हाँ, फिर।'

मूल में 'प्रारब्धम्' शब्द है जिसका अर्थ वहाँ 'प्रस्तुतम् कार्यम्' से प[र] अनुवाद में 'भाग्य' लिया गया है।

३१५—मूल में नंद के मंत्रियों के स्थान पर दो पाठ हैं—कुसुम[पुरवा]सिनो नंदामात्यपुरुषान् और कुसुमपुरवासिनो युष्मदीयानाप्त[जन]ान्।

३२३-३२७—चाणक्य अपनी नीति की एक चाल से अनेक [का]र्य करता है जैसे केवल क्षपणक को देश निर्वासन का दंड लगा पर्वतेश्वर को आधा राज्य न देने के लिए मार डालने का अपना [अ]पयश हमारे माथे मढ़ दिया अर्थात् अर्द्धराज्य की प्राप्ति, अपने [कल]ंक का प्रक्षालन और उसे राक्षस के माथे आरोपित करना, [का]र्य एक ही चाल से पूरा किया।

[इस]में काव्यलिंग अलंकार है। साहित्यदर्पण में इसका लक्षण [दि]या है 'हेतोर्वाक्यपदार्थत्वे काव्यलिंगमुदाहृतम्'। विषम [अलंका]र भी है।

[३२]८-३३६ केवल यही शोक है कि प्राण के लोभ से अपने [स्वामी]का परलोक तक अनुसरण नहीं किया और कृतघ्न होकर [जीते] हैं।

राक्षस यह मानों अपने लिए कहता है पर वह उन लोगों पर घटता है जो वस्तुतः प्राण के भय से अपने स्वामी के किसी काम न आवें क्योंकि राक्षस तो स्वयं स्वामी के उपकार को न भूलकर उसी के कार्य में लगा हुआ है इसलिए वह कृतघ्न नहीं हो सकता। विराधगुप्त ने इसी दोहे को दुहराकर यही व्यंजित किया है।

इस कारण इसमें बिना प्रश्न का परिसंख्यालंकार है और स्वामी का अनुगमन न करने से कृतघ्न होना दिखलाने में काव्यलिंग अलंकार हुआ। दोनों अलंकारों के होने से संसृष्टि हुई।

३५६—राक्षस जानता था कि चन्दनदास के कारारुद्ध होने का क्या फल होगा इसी से वह अपने को बाँधा हुआ मानता है।

३६२—राक्षस ने सेवक के सामने भूल से गुप्तचर का नाम ले लिया। प्रसन्नता के वेग में उसे वह छिपा न सका। चाणक्य कभी ऐसा न करता।

३७०-३७७—दृढ़ता से चंद्रगुप्त के न्यायदंड रूपी सूली को गड़ा हुआ देखकर शकटदास का राज्य का स्थैर्य भासित हुआ, फाँसी देने की डोरी के गले में पड़ने से उन्हें ज्ञात हुआ कि राज्यश्री इसी प्रकार चंद्रगुप्त के गले की हार हो गई और नंद राज्य का अंत होना घोषित करती हुई डौंड़ी को भी इन कानों से सुना पर इतने पर भी उसका प्राण शरीर से क्यों नहीं निकला इसका कारण नहीं ज्ञात हुआ।

अनुवाद की पं० ३७५ का मूल यों है "श्रुत्वा स्वाम्युपरोधरौद्रविषमानाघाततूर्यस्वनान्" अर्थात् स्वामी के राज्यनाश का भीषण तूर्यनाद सुनकर भी मैं प्राण न निकलने का कारण 'पहले आघातों से (नंदनाश) हृदय का कठिन हो जाना' आ जाने से काव्यलिंग अलंकार बढ़ गया है।

इसमें उपमालंकार है। मौर्य के राज्यस्थैर्य की सूली से तथा राज्य-लक्ष्मी को फाँस की डोरी से अयोग्य उपमा देने से वस्तु ध्वनि होती है।

Missing Page

Missing Page

९—कौमुदी महोत्सव—कार्तिक की पूर्णिमा को पूर्ण चंद्रबिंब का पूजन और व्रत होता है। यह शरद पूर्णिमा भी कहलाती है 'कौमुदी:स्यात्कार्तिके' के अनुसार कार्तिक मास का नाम भी कौमु है। इसी अंक के पं० २१२ में देवोत्थान एकादशी का उल्लेख भी है जो कार्तिक में होती है।

१०—यहीं से विमर्शसंधि का प्रसंग आरंभ होता है।

११—दइमारो—यह दैवोपहता: का शुद्ध अनुवाद है। दैव मारे गए।

१२-१५—खंभों में फूलों की माला लपेटो तथा सुगंध द्र जलाओ जिससे प्रासाद के खंभे सुगंधित हो जाएँ और पूर्णचंद्र समान कांतिवाले चमर भी लटकाओ। राजसिंहासन के बोझ दबकर गाय-रूपी पृथ्वी मूर्छित हो गई है, उसे चंदनमिश्रित गुल जल से सींचकर जगाओ। अर्थात् जिस प्रकार सिंह के वश हुई ग मूर्छित हो जाती है, उसी प्रकार सिंहासन के भारी बोझ से पृथ् मूर्छित है। गाय या स्थान को सुगंधित द्रव्य से सिंचन कर होश लाओ या सुगंधित करो।

पूर्वार्ध में पूर्णेंदु की किरणों के चामर के साथ साम्य से स सोक्ति अलंकार हुआ। सिंह के वश में हुई गाय से श्लेष और मू की संभावना से उत्प्रेक्षालंकार है।

१६-२२—बहुत दिनों का अनुभव प्राप्त कर महाराज नंद ने जिस राज्य-भार का वहन किया था, उसी को चंद्रगुप्त ने यौवना-वस्था ही में अपने ऊपर ले लिया है। पर दृढ़ मनस्वी और बलवान होने के कारण उस कंटकमय दुर्गम मार्ग से कुछ भी नहीं हटता और यदि (यौवन तथा शिक्षा योग्य अवस्था के कारण) गिरने लगता है, तो झट बिना घबड़ाए सँभल जाता है।

भारी राज्यभार वहन में क्लेश आदि होना चाहिए पर नहीं होता इसलिए व्यतिरेकालंकार हुआ। दृढ़ गात के कारण दुर्गम मार्ग रूपी राज्यभार वहन के लिए प्रस्तुत युवा चंद्रगुप्त का अप्रस्तुत नववृषभ के साथ साम्य है, इसलिए समासोक्ति अलंकार हुआ।

२८-३१—जो दूसरे के कार्य में लगा है वह अपना स्वार्थ बगाड़ता है और जो अपना कार्य स्वयं नहीं करता, वह किस बात का राजा है। जिससे दूसरों ही को लाभ पहुँचता है, वह पराधीन और मूढ़ है तथा उस कूढ़ मस्तिष्क वाले को कठपुतली के समान कुछ भी स्वाद नहीं मिलता।

इन दोहों से चंद्रगुप्त का स्वार्थलोलुप होना दिखलाया गया है, पर उसके यौवन और नया राज्य पाने का विचार करने से यह दोष क्षम्य है

३२—राज्य पाकर—मूल में 'आत्मवद्भिः राजभिः' अर्थात् जितेंद्रिय राजाओं के लिए है. जिसके स्थान पर 'राज्य पाकर' दिया गया है।

३४-३७—मूल श्लोक का अर्थ यों है—

उग्र स्वभाव वाले से उद्विग्न हो जाती है और मृदु स्वभाव वालों के पास अपमानित होने के डर से नहीं ठहरती, मूर्ख से द्वेष करती है और अत्यंत विद्वान् से अनुराग नहीं करती, तथा अति शूर से डरती है और कायर का उपहास करती है इस प्रकार अत्यादर प्राप्त वीरांगना के समान राज्यलक्ष्मी को परितुष्ट करना अत्यंत कष्टकर है।

अनुवाद का अर्थ भी लिखा जाता है—

सहज ही चंचल स्वभाववाली लक्ष्मी स्वामी को सदा क्रूर कहती है। वह मनुष्य के गुण अवगुण (विद्वत्ता, मूर्खता) को नहीं देखती। सज्जन और खल (मृदु या दुष्ट स्वभाव वालों) को बराबर समझती है, शूर से डरती है और कायर को कुछ नहीं गिनती। बतलाओ कि वेश्या और लक्ष्मी को किसने वश में किया है ?

मूल अर्थ स्पष्ट हो जाता है। प्रस्तुत लक्ष्मी और अप्रस्तुत वेश्या के क्रिया संबंध तथा अनेक क्रियाओं का एक ही कर्त्ता होने से प्रथम तीन पंक्तियों में दीपकालंकार है और मूल को चौथी में उपमा का समावेश हो गया है।

२८—मूल का 'कञ्चित काल' शब्द छूट गया था, पर आवश्यक होने से 'कुछ समय तक' बढ़ा दिया गया है।

४२-४५—जब तक शिष्य कार्य नहीं बिगाड़ता अर्थात् अच्छा कार्य अच्छी प्रकार करता है, तब तक गुरु उसे कुछ नहीं कहता। पर जब वह कुमार्ग की ओर अग्रसर होता है, तब गुरु अंकुशरूपी वचन से उस उस ओर से निवृत्त करता है (इसलिए वह गुरु के वाक्य के वशवर्ती है) निर्लोभ गुरु के समान संतजन ही संसार में सदा स्वाधीन हैं।

कोष्ठक के भीतर का अंश मूल में नहीं है। इस अर्थ के अंत में मूल का कुछ अंश छूट गया है जिसका अर्थ है कि 'हम इससे अधिक स्वाधीनता पाने की इच्छा से पराङ्मुख हैं।

उपमेय वचन का कार्य उपमान अंकुश द्वारा होना दिखलाने से परिणामालंकार हुआ।

५२-५६—मूल में शरद वर्णन तीन श्लोकों में किया गया है—

(१) धीरे धीरे निर्मल होते श्वेत मेघखंड रूपी सिकतामय तटों सहित, मधुर तथा अव्यक्त ध्वनि करने वाले सारसों से परिव्याप्त और रात्रि के संयोग से विचित्र शोभा देनेवाले नक्षत्र-रूपी विकसित कुमुदों से अलंकृत सुदीर्घ दस दिशाएँ आकाश से नदी के समान प्रवाहित होती हैं।

दिशाएँ नदी के समान और नदी दिशाओं के समान होने से पारस्परिक उपमानोपमेय हुआ, इसलिये उपमानोपमालंकार है। पर कुछ लोगों का मत है कि यह उपमालंकार ही है।

(२) उच्छालित जल (नदी तालाब आदि) को अपनी मर्यादा अर्थात् स्वाभाविक अवस्था पर स्थित करके, धान के पौधों को अच्छी फसल देकर नत करके और उग्र विष के समान मयूरों की मत्तता का अपहरण करके शरद ने समग्र संसार को विनम्र बना दिया।

अचेतन जल, अल्पचेतन धान और सचेतन मोर को शरद ने मानों विनम्र किया, इसलिए उत्प्रेक्षालंकार हुआ। उग्र विष के समान आदि में उपमा है। 'चाणक्य-नीति उच्छृंखल मलयकेतु को शांत

चंद्रगुप्त को विनम्र तथा राक्षस की मत्तता हरण करती है' ऐसा इस श्लोक से व्यंजित होता है।

(३) रति कथा चतुरा दूती जिस प्रकार खंडिता नायिका को बहुपत्नीक स्वामी के पास जाने के मार्ग पर उपस्थित कर और उसे प्रसन्न चित्त कर स्वामी से मिलाती है, उसी प्रकार शरद ऋतु कृशसलिला गंगा को सागराभिमुखी कर और उसको निर्मलता तथा कृशता द्वारा प्रसन्न कर समुद्र से मिलाती है।

इसमें अर्थश्लेषानुप्राणित पूर्णोपमालंकार है। पर गंगाजी सी पतिव्रता कभी मान कर सागर से नहीं मिली थी, ऐसा पता नहीं चलता। इस श्लोक से चंद्रगुप्त के अभ्युदय की ध्वनि निकलती है। चाणक्य-नीति राज्य-लक्ष्मी को चंद्रगुप्त के पास लाती है।

अनुवाद में शरद का स्वतंत्र वर्णन चार दोहों में किया गया है, जो मूल श्लोकों से भिन्न है। कौमुदी महोत्सव पूर्णिमा को होता है, इसलिए उसी दिन के शरद का वर्णन चंद्रगुप्त द्वारा किया गया है।

शरद ऋतु के कारण नीला आकाश स्वच्छ हो रहा है। पूर्णकला से कलाधर शोभायमान हैं। चमेली का फूल सुगंधि दे रहा है। नदी के तट पर सफेद कास के फूल फूले हुए हैं और तालाबों में कोई [illegible] रही है, जिस पर भौंबरे गुंजायमान हैं। चाँदनी वस्त्र, चंद्रमा मुख, तारावली मोती की माला और कासपुष्प मुसकान है। यह शरद है या नई बाला है।

अंतिम दोहे में संदेहालंकार है।

६१—तकीद करना—मूल में 'आघोषितः' शब्द है, जिसका अर्थ 'घोषणा किया गया' है।

६९-७२—मूल श्लोक का अर्थ—

बातचीत में निपुण धूर्त नागरिकों के साथ भारी नितंबों के बोझ से धीरे धीरे चलनेवाली वारवानिताएँ राजमार्ग को शोभायमान करती हैं। ऐश्वर्यशाली नगरवासी भी अपने वैभवों के प्रदर्श

पारस्परिक स्पर्धा दिखलाते हुए निश्शंक स्त्रियों के साथ इस उत्सव में योग नहीं दे रहे हैं।

स्वाभावोक्ति अलंकार है। अनुवाद स्वतंत्र है। पहले दोहे में नगर की सजावट का न होना और दूसरे में नागरिकों का उत्सव में योग न देना दिखलाया है। अर्थ स्पष्ट है।

८०– मूल में 'दर्शकों के प्रति अति रमणीय दृश्य को' अधिक है।

८३—मूल में चंद्रगुप्त ने यह बात प्रतीहारी शोणोत्तरा से कहा था और उसीने सिंहासन दिखलाया था। अनुवाद में कंचुकी द्वारा ही यह कार्य दिखलाया गया है। कोष्ठक के भीतर का अंश मूल में नहीं है और उसके स्थान पर शोणोत्तरा नाम दिया है। मूल में वैहीनर के साथ आदर से बातचीत करना दिखलाया गया है पर अनुवाद में वह ध्वनि नहीं आई है।

८५–इस पंक्ति के अनंतर कोष्ठक में जो लिखा है उससे मूल में 'कोपानुविद्धां चिंतां नाटयन्' अधिक है अर्थात् चिंता और कोप-प्रदर्शित करता हुआ।

९२-९७—ये तीन दोहे मूल से अधिक हैं। चाणक्य की पूर्व कृति का उल्लेख मात्र है। अर्थ स्पष्ट है।

१००-१०३—मूल और अनुवाद का भाव एक होने पर भी उसके प्रकट करने में कुछ भिन्नता है, जो अलग-अलग अर्थों के दिए जाने से ज्ञात हो जायगी। मूल का भावार्थ यों है—

कृतानिष्ट सर्प के सामान अपमानित चाणक्य ने जिस प्रकार नगर से बाहर निकलकर नंदों का नाश किया तथा मौर्य चंद्रगुप्त को राजा बनाया, उसी प्रकार मैं भी चंद्रगुप्त की राज्य लक्ष्मी का अपहरण करूँगा ऐसा संकल्प कर राक्षस हमारी महद् बुद्धि का अतिक्रमण करना चाहता है।

अनुवाद का अर्थ इस प्रकार है—

चाणक्य ने नगर में आकर जिस प्रकार सर्प सा कार्य किया अर्थात् राजा नंद को मारकर चंद्रगुप्त को राज्य दिया, उसी प्रकार

वह भी चंद्रगुप्त का अनिष्ट करना चाहता है। मेरे बलवुद्धि-रूपी पर्वत को वह अपनी छोटी बुद्धि से अतिक्रमण करना चाहता है।

सर्प की उपमा चाणक्य के लिए बहुत ही उपयुक्त है क्योंकि सर्प दंशन से मृत्यु होती है, पर वह अपना फन किसी पर फैलाकर उसे राजा बना देता है। दूसरी पर्वत की उपमा अनुवाद में लाई गई है। प्रथम पंक्ति में चाणक्य और सर्प के सादृश्य के कारण उपमानोपमेय और चौथी पंक्ति में उपमा अलंकार है।

१०६ १०९—मूल श्लोक का भावार्थ—

चंद्रगुप्त घमंडी नंद नहीं है जिसका राज-काज दुष्ट मचिवों के ही ऊपर निर्भर था और न तुम ही चाणक्य हो। हमारे और तुम्हारे कार्यों में केवल यही सादृश्य है कि दोनों ने राजाओं से वैर किया।

अनुवाद का भावार्थ—

बिना अभिमान के चतुर मंत्री-द्वारा राज-काज करते हुए चंद्रगुप्त तुम्हारे राजा नंद के समान नहीं है और न तुम चाणक्य हो, जो कठिन कार्य को पूरा करो; इससे हमारे साथ विरोध करने से तुम्हारा जय नहीं हो सकता।

बिना अभिमान और चतुर मंत्री आदि दोनों साभिप्राय विशेषणों के कारण परिकरालंकार और राक्षस में न्यूनता दिखलाने से व्यतिरेकालंकार हुआ।

१११-११५—भागुरायण आदि मेरे भृत्यों ने मलयकेतु को घेर रखा है (अर्थात् उनसे उसकी कोई कृति छिपी नहीं रह सकती) और सिद्धार्थक आदि चर भी अपना अपना कार्य पूरा करके ही आवेंगे। देखो, अब भेद से काम लेकर (राक्षस ही के दाँव को उलटाकर अर्थात् उसी भेद-बुद्धि का, जो वह मुझ पर चलाना चाहता है, अनुसरण कर) चंद्रगुप्त से झूठा विरोध कर हम राक्षस ही का उलटे मलयकेतु से बिगाड़ करा देंगे।

मूल में इतना अधिक है कि 'यद्यपि राक्षस अपने को भेद नीति में कुशल समझता है'। चाणक्य के कार्यप्रणाली का निश्चय करने से यहाँ नियताप्ति हुई।

११६-११६—नृपमंडल की सेवा करते हुए भी प्राणों का शंका बनी रहती है, इसलिए केवल उदरपूर्ति के लिए सेवा करना कुत्तों का काम है।

काव्यलिंग अलंकार है।

१२१—चाणक्य के आश्रम को देखकर व्यंग्य करता है।

१२४-१२७—चाणक्य के आश्रम का वैभव-वर्णन है। सवैया होने के कारण मूल से अनुवाद का वर्णन विशद हो गया है।

नाटककार ने चाणक्य के सादे गार्हस्थ्य जीवन का दृश्य दिखला दिया है।

१२८—मूल में यहाँ यह वाक्य है—'यह देव चंद्रगुप्त को वृषल कहते हैं, सो उचित ही है।'

१२६-१३२—गुरुजन अर्थात् विद्या-बुद्धि में बड़े पुरुष राजाओं की, धन की आशा में, झूठ ही बहुत से बनावटी गुण निकाल कर यहाँ तक प्रशंसा करते हैं कि उनका मुख सूख जाता है, पर वे रुकते नहीं। किंतु जिन निस्पृह व्यक्तियों को धनतृष्णा नहीं है, वे चापलूस नहीं होते और वे धनियों की तृण के समान उपेक्षा करते हैं अर्थात् उनसे धनियों का यशकीर्तन नहीं होता।

दूसरे दोहे में उपमालंकार है।

१३४-१३५—जिसने सर्वलोक को पराभूत करके चंद्रगुप्त का राज्योदय तथा नंद का अस्त एक साथ किया, वह इसलिए सहस्र-रश्मि सूर्य से बढ़कर है, जो सर्वत्र संचरण न करता हुआ क्रम से शीत और ऊष्णता का प्रवर्तक है।

यह मूल श्लोक का अर्थ है। अनुवाद का अर्थ इस प्रकार है—

लोक का मर्दन कर तथा नंद का नाश कर चंद्रगुप्त को राजा बनाया, जिस प्रकार सबेरा होते ही सूर्योदय से चंद्रमा का तेज नष्ट हो जाता है।

मूल और अनुवाद के भावों में भिन्नता है। मूल का भाव है कि चाणक्य ने अस्तोदय साथ ही किया और सारे लोक को एक साथ पराभूत किया, जो सूर्य की शक्ति के बाहर है (क्योंकि आधी पृथ्वी

पर उसका प्रकाश रहता है) इसलिए वह सूर्य से बढ़कर है। अनुवाद में वह भाव नहीं आया और सूर्योदय पर स्वभावतः चंद्रास्त का होना उपमा रूप में दिया गया है। पर इस चंद्रास्त का दिखाना अनुचित हुआ, क्योंकि उससे चंद्रगुप्त के अस्त की भी ध्वनि निकलती है।

१५६-१६०—मूल के अनुसार 'धीरे धीरे' बढ़ाया गया है।

१६१-१६६—(राजधर्म से) हीन नंद से च्युत और चंद्रगुप्त से सुशोभित इस राजसिंहासन को, जो राजा के उपयुक्त है, देखकर मुझे बड़ा ही संतोष हो रहा है।

मूल में, गुणा ममैते' (अर्थात् मेरी ही कृति से ऐसा हुआ है) अधिक है। सिंहासन के योग्य बतलाकर प्रशंसा करने से सम नामक अलंकार हुआ। 'सम योग्यतया योगी यदि संभावितः कचित्' काव्य-प्रकाश का लक्षण है। संतोष के दो कारण होने से समुच्चय अलंकार हुआ।

१७१-१७४—सुरधुनी अर्थात् गंगा जी के जलकण से शीतल होने वाले हिमालय के शृंग जहाँ तक हैं और दक्षिण की ओर जहाँ तक बहु वर्ण के रत्नों से रंजित समुद्र बहते हैं, वहाँ तक के (इन दो सीमाओं के बीच के) सभी राजा तुम्हारे आतंक से आकर तुम्हें सर नवावें, तो हम उनके मुकुटों की मणियों के संपर्क से रँगे हुए तुम्हारे पैरों को देखकर सुख पावें।

१८०—मूल के अनुसार 'कमचारी' शब्द बढ़ाया गया है।

१६५—चंद्रगुप्त गुरु की आज्ञा पाने पर भी उनकी अप्रतिष्ठा नहीं कर रहे थे, इससे चाणक्य ने रुखाई से बातचीत कर अब क्रोध उभाड़ने की चेष्टा की।

२०१—वैतालिक—विविध प्रकार के ताल-लय से स्तुति-पाठ करने वाले को वैतालिक कहते हैं।

२०३ २०६—मूल श्लोक जिसका कि यह पद अनुवाद है उसमें भाव स्पष्टतया व्यक्त नहीं है। अनुवाद में वह स्पष्ट हो गया है। शरद ऋतु और महादेवजी में सादृश्य दिखलाया गया है।

शरद् ऋतु ने महादेवजी के समान भस्म के स्थान पर कास के फूलों का मानो अंगराग धारण किया है, चंद्रमा महादेवजी के मस्तक पर और शरद् की चाँदनी आकाश में शोभायमान है, महादेवजी गजखाल ओढ़े हुए हैं तो शरद् ऋतु ने आकाश में चमकता हुआ मेघ-खंड धारण कर लिया है, मुंडमाला के स्थान पर शरद् ऋतु के शुभ्र फूल फूले हुए हैं और राजहंसों की पंक्ति मानों महादेवजी का हास्य है। ऐसी शरद् ऋतु जिस महादेवजी का स्वाँग धारण कर आई है (वे आप लोगों का कष्ट हरें)।

कोष्ठक के भीतर का अंश अनुवाद में नहीं आया है, पर मूल में है। इस पद में रूपकालंकार है।

२११-२१७—"शेते विष्णुः सदाऽऽषाढ़े कार्तिके च विबुध्यते" चार मास सोने पर शरद् के अंत में कार्तिक शुक्ल एकादशी को भगवान विष्णु की निद्रा भंग होती है। उसीका विचार कर नाटककार ने यह पद शरद् वर्णन के अनंतर रखा है।

विष्णु भगवान के नेत्र तुम्हारी बाधा का हरण करें। शरद का अंत होता देखकर जब शेषनाग के वक्षःस्थल पर सोते हुए जगत-पिता की निद्रा खुली, तब उनके अधखुले, अलसाए और कटीले नेत्र ऐसे शोभित हुए जैसे लाल रंग के कमल [या कमल के समान लाल] यद्यपि नेत्र ऐसे लाल हैं पर मदमाते होने से वे इस प्रकार स्थिर हो रहे हैं कि शेषजी की सहस्र मणियों की चमक से चकचौंधी लगने पर भी वे अच्छी तरह बंद नहीं हो जाते। निद्रा से भरे हुए और बहुत प्रयत्न पर जगे हुए वे नेत्र जो लक्ष्मी जी के हृदय में नित्य ही चुभते रहते हैं, आप लोगों की बाधाओं का निवारण करें।

स्वाभावोक्ति अलंकार है और उपमा का भी समावेश है। मूल से अनुवाद में कुछ विशेष बातें आ गई हैं।

२१६-२२२—ब्रह्मा ने जिन पुरुषों को संसार का श्रेष्ठतम कार्य दिया है (अर्थात् राजा बनाया है) वे उन सिंहों के समान हैं, जो सर्वदा बड़े बड़े मस्त हाथियों पर विजय प्राप्त करते रहते हैं और

नमें जिनको कभी किसी के आगे झुकना नहीं पड़ा वे नृप-श्रेष्ठ अर्थात् चक्रवर्ती सम्राट्) ही संसार के शिरमौलि हैं तथा वे अपनी आज्ञा भग को उसी प्रकार सहन नहीं कर सकते जिस प्रकार सिंह अपने दाँतों का उखाड़ना। अर्थात् जिस प्रकार सिंह अपने दांतों उखाड़ने वालों को नष्ट कर डालता है उसी प्रकार राजा लोग आज्ञा भंग करने वाले का नाश कर डालते हैं।

उपमालंकार है।

२२३-४—बहुत आभूषणों के धारण कर लेने ही से कोई राजा नहीं होता। जिसकी आज्ञा नहीं टलती, वही आपके समान वास्तव में राजा है।

द्वितीय अंक की ४४२ वीं पंक्ति में राक्षस ने विराधगुप्त द्वारा स्तनकलस नामक कवि को जो आज्ञा भेजी थी, उसी के अनुसार उसने वैतालिक का रूप धारण कर चंद्रगुप्त तथा चाणक्य में भेद उत्पन्न करने के लिए ये अंतिम दोहे कहे थे।

२२८—वस्तुतः 'चाणक्य सो नहीं गया है, अर्थात् उसने पहले से राक्षस की भेद-बुद्धि का पता लगा कर बनावटी कलह करने की तैयारी कर रखी है।

२३०—मूल में एक लाख मुहर दोनों वैतालिकों को देने की आज्ञा दी गई थी, पर अनुवादक ने उसका दूना कर दिया है।

२३२—'क्रोध से' मूल के अनुसार बढ़ाया गया है।

२३७—मूल के अनुसार वृषल शब्द बढ़ाया गया है।

२४७—मूल में 'ममाज्ञाऽव्याघातः' है, जो 'ममाज्ञा व्याघातः' अथवा 'अव्याघातः' हो सकता है।

पहले का अर्थ 'मेरी आज्ञा का भंग करना' और दूसरे का 'मेरी आज्ञा का अनुल्लंघनीय होना' है। अनुवादक ने यहाँ दूसरा अर्थ लिया है जिसका तात्पर्य 'मेरी आज्ञा का पालन' है। यही ठीक है, क्योंकि पहला प्रश्न चंद्रगुप्त ही का था और अब वह अपने को स्वतंत्र राजा समझ रहा था।

२५१—अपालन=न मानना।

चाणक्य ने कौमुदी महोत्सव के प्रतिषेध का प्रथम कारण जान बूझ कर आज्ञा भंग करना बतलाया है और ऐसा क्यों किया उसका कारण भी दो दोहों में दिया है।

२५०-५३—मूल श्लोक का अनुवाद इस प्रकार है।

जिनके तटों पर तमाल वृक्षों के पत्तों से काले हुए घोर वन हैं और जिनके जल बड़ी मछलियों के संचार से खलबलाते रहते हैं, वैसे चारों समुद्रों के प्रांतों तक से आये हुए सैकड़ों राजे तुम्हारी जिस आज्ञा को अवनत-मस्तक होकर फूल की माला के समान सिर पर धारण कर लेते हैं उसका केवल हमारे द्वारा भंग होने से तुम्हारा प्रभुत्व विनय गुण से अलंकृत होकर घोषित होता है।

अनुवाद में श्लोक का कुछ भाव आगया है, केवल समुद्रों के विशेषण रूपी दोनों वाक्य नहीं आये हैं। व्याघात तथा उपमालंकार है।

२६२—स्वति शब्द मंगल-सुचनार्थ पहले दिया गया है।

२६३—साधी—राज-कर्मचारीगण, जो राजाओं के साथ रहते हैं; राज-पुरुष।

२६४—प्रमाण पत्र—मूल की कुछ प्रतियों में 'परिमाण लेख्य पत्र' और कुछ में 'प्रमाण लेख्यपत्र' लिखा है, पर अनुवाद में प्रतिज्ञा पत्र था जो इस स्थान पर अनुपयुक्त है। इसलिए उसे प्रमाण-पत्र बना दिया गया है। आगे भागनेवालों की सूची मात्र दी गई है, जिससे भी यही शब्द यहाँ ठीक मालूम होता है।

२७०—प्रकृत पत्र पढ़कर सुना दिया, पर उसमें जो रहस्य था उसे अप्रकाश रूप से मन ही में सोच कर रह गए।

२८०—राजसेन ने कभी उतना ऐश्वर्य देखा नहीं था और जब चंद्रगुप्त की कृपा से उसे सब एक ही बार मिल गया, तब उसे इस बात की चिंता हुई कि जिस प्रकार यह सब एकाएक उसे दिया गया है, उसी प्रकार छिन न जाय। इसलिए वह दूसरे के यहाँ सब ले-दे कर चला गया। यही कारण बतला कर वह मलयकेतु का विश्वस्त सेवक बन गया।

२९४—भागुरायण आदि को चाणक्य ने चंद्रगुप्त ही के कार्य से मलयकेतु के पास भेजा था पर उनसे भी असली बात को छिपाकर उनके असंतोष का बनावटी कारण बतलाया है।

३१०—मूल में 'राज्यस्य मूलं' अर्थात् 'राज्य की जड़' है।

३१७—अनुग्रह-पक्ष के कथन का अंत होने पर दूसरे दंड-पक्ष का आरंभ हुआ। इसका आशय यह है कि यदि नंद-पक्ष के उन लोगों को जिन्होंने चंद्रगुप्त का साथ दिया था, दंड दिया जाता, तो उस पक्ष के अन्य लोगों में असंतोष फैलता और नए राज्य में शांति स्थापन करने में अत्यधिक समय लगता।

३३६८—पर्वतक के मारने का अपयश चाणक्य राक्षस के मत्थे मढ़ चुके थे; इसलिए उसके पुत्र मलयकेतु को पकड़ना उनको अभीष्ट नहीं था।

३५६—मूल में 'एवं सति उभयथापि दोषः' अधिक था; इससे अनुवाद में भी उसका अर्थ बढ़ा दिया गया।

३६०-३—यदि राक्षस मारा गया होता, तो हम एक ऐसे गुण-सम्पन्न मनुष्य को खो देते और यदि हमारी सेना का नाश होता तो भी कष्ट होता। इसलिए उसे छलबल करके हम जंगली हाथी के समान अपने वश में करेंगे।

हाथी के पक्ष में बाँधने और राक्षस के पक्ष में अपनी ओर मिलाने से अभिप्राय है। उपमालंकार है। उपेक्षा, भेद, दंड, माया, साम और दाम आदि उपाय अर्थात् छलबल किए गए थे।

३६१-७४—यद्यपि आपने [चाणक्य] नगर पर अधिकार कर लिया था पर राक्षस की जितने दिन तक इच्छा रही उतने दिन तक कुशल से वे मानों सिर पर लात रखकर यहाँ रहे। जयघोषणा की डौंड़ी फेरते समय उन्होंने बलपूर्वक हमारे मनुष्यों को परास्त कर दिया और नागरिकों को इस प्रकार बिना डर के प्रयोग के मोह लिया कि अपने लोग भी हम पर विश्वास नहीं रखते।

मूल में अंतिम पंक्ति का अर्थ इस प्रकार है कि 'निज पक्ष के अत्यंत विश्वासभाजन मनुष्यों पर भी हमें विश्वास नहीं

अर्थात् इसी से अब चाणक्य पर विश्वास नहीं होता। चरित्रोत्कर्षक वर्णन से उदात्त और सिर पर लात रखने के संबंध से अतिशयोक्ति अलंकार हुए।

२७७-८—कहने का भाव या व्यंग्य यह है कि जिसकी प्रशंसा चंद्रगुप्त ने की थी यह उसके शत्रु मलयकेतु के पक्ष में था इसलिए ऐसा प्रशंसनीय व्यक्ति अंत में विजय प्राप्त कर मलयकेतु को चंद्रगुप्त के स्थान पर सम्राट् बना देगा।

जिस प्रकार चाणक्य ने नंदनाश कर चंद्रगुप्त को राजा बनाया, उसी प्रकार राक्षस चंद्रगुप्त का नाश कर मलयकेतु को राजा बनावेगा।

२८०—मूल में 'मत्सरिन्' शब्द है जिसका अर्थ है दूसरों के उत्कर्ष को न सहनेवाला अर्थात् द्वेषी। पर अनुवाद का कृतघ्न शब्द इस स्थान पर अधिक उपयुक्त है।

२८१-४—मूल के दो स्रग्धरावृत्त के श्लोकों का भाव इन दो दोहों में लाया गया है, जिससे उपमादि के कुछ अंश छूट गए हैं। इसलिए पहले मूल श्लोकों का अर्थ दिया जाता है:—

क्रोध के कारण टेढ़ी हुई उँगलियों से शिखा को खोलकर संसार के सामने समस्त शत्रुवंश के नाश करने की भारी तथा उग्र प्रतिज्ञा करके राक्षस के देखते हुए निन्नानबे सौ कोटि के ईश्वर [महा ऐश्वर्यशाली] नंदों को पशु के समान क्रम से किस दूसरे ने मारा था?

आकाश में मंडल बाँधकर उड़ते हुए तथा निश्चल पंख फैलाए हुए गिद्धों के झुंड-रूप धूँए से रविमंडल के छिप जाने से दिशाएँ बादलों से आच्छादित दिखला रही हैं एवं इन श्मशानवासी प्राणियों [पशु-प्रेत आदि] के प्रसन्नार्थ नंदों की देह से निकले हुए मेद आदि से प्लावित चितानल अभी तक शांत नहीं होता। उसे देखो।

पहले श्लोक के अनुवाद दोहे में क्रोध से उँगलियों का टेढ़ा होना तथा पशु की उपमा नहीं आई है। पर तीसरी कमी अधिक

खटकती है। श्लोक में चाणक्य कहता है कि जिस राक्षस की चंद्रगुप्त ने इतनी प्रशंसा की है, उसीके देखते हुए उसने नंदनाश किया था। दूसरे श्लोक के अनुवाद में गिद्धों की उत्प्रेक्षा की कमी है और अन्य भावों के आते हुए भी वर्णनशैली में कुछ भिन्नता आ गई है। दूसरे श्लोक से यह ध्वनि निकलती है कि चाणक्य की कोपाग्नि अभी बुझी नहीं है।

३६०—यद्वा तद्वा—ऐसा-वैसा। अर्थात् वे अहंकार के कारण किसी प्रकार [सत्य या असत्य] समझा देते हैं। मूल में अविकत्थन शब्द है जिसका अर्थ आत्मश्लाघा करनेवाला है।

३६२—आज्ञा चलाता है—मूल में 'आरोढुम् इच्छसि' है, जिसका अर्थ है भर्त्सना करना चाहता है, अवज्ञा करता है।

३९३-७—मूल श्लोक का अर्थ इस प्रकार है—

बँधी हुई शिखा को हमारा हाथ फिर से खोलने के लिए दौड़ता है और चरण भी फिर घोर प्रतिज्ञा करना चाहता है। नंदों के नाश होने से हमारी जो क्रोधाग्नि कुछ शांत हुई थी, उसे तुम कालप्रेरित होकर प्रज्वलित करना चाहते हो।

बद्धामपि का अर्थ बद्धुमिष्टामपि अर्थ लेना होगा, क्योंकि सातवें अंक के अंतिम पृष्ठ में 'केवल हम बाँधत शिखा, निज परतिज्ञा साधि' लिखा है। क्रोधाग्नि के कुछ शांत होने के समान खुली शिखा को कुछ बाँधना अर्थात् बाँधने की इच्छा करना ही अर्थ लेना ठीक है। अथवा क्रोध में चाणक्य को यह ध्यान न रहा हो कि शिखा अभी तक खुली हुई है। दूसरी प्रतिज्ञा करते समय विशेष जोर देने को इस बार हाथों के साथ पैरों का भी उल्लेख किया गया है। पर पैरों के साथ 'पुनरपि' ठीक नहीं है।

अनुवाद में 'खुली सिखाहू बाँधिबे चंचल भे पुनि हाथ' था। पर शिखा बाँधना हिंदूमात्र का धर्म है, इसलिए वह किसी प्रतिज्ञा की चेतावनी नहीं हो सकती। मूल के अनुसार भी अशुद्ध होने से उसका पाठ बदल दिया गया है, क्योंकि आगे का पुनि शब्द भी

पहले पाठ के विरुद्ध था। श्लोक के उत्तरार्ध का भाव दूसरे दोहे में स्वतंत्रता से व्यक्त किया गया है।

४००-४—इनके नेत्रों की पिंगल वर्ण कांति क्रोध के कारण ऊपर चढ़े हुए पक्ष्मों से निकलते हुए विमल अश्रुद्वारा प्रक्षालित और छोटी हुई मानों टेढ़ी भ्रू रूपी धूँए के साथ एकाएक प्रज्वलित हो उठी है। पृथ्वी ने इनके पदाघात को उग्र कंपन के साथ इस प्रकार सहन कर लिया हैं मानों ऐसा ज्ञात होता है कि, उसे रौद्ररस के अभिनयकारी भगवान् के तांडव का स्मरण हुआ हो।

दोहे का अर्थ स्पष्ट है, पर श्लोक का वह अधूरा अनुवाद है। श्लोक के रूपक, उत्प्रेक्षा तथा स्मरण अलंकारों का लोप हो गया।

४०७—मूल में 'आकाशे लक्ष्यं बद्ध्वा' अधिक था; इससे 'ऊपर देखते हुए' बढ़ाकर दोनों कोष्टकों को एक कर दिया गया है।

४०६-१२—मूल श्लोक का अर्थ यों है—

हे धूर्त ! तुमने चंद्रगुप्त का चाणक्य के प्रति अनुराग कम करके अनायास विजय प्राप्त करने की आशा से जिस भेद नीति का प्रयोग किया है, वह सब भेदनीति तुम्हारा ही अनिष्ट संपादन करेगी।

भाव यह है कि यह भेदनीति चाणक्य और चंद्रगुप्त में वैमनस्य उत्पन्न करने के बदले राक्षस और मलयकेतु में शत्रुता उत्पादित करेगी। इस कारण इसमें विषमालंकार है। अनुवाद में ४१२ वीं पंक्ति मूल से अधिक है। वास्तव में चाणक्य की यह आशा पूर्ण हुई। इस झूठे कलह से राक्षस चाणक्य के चरों की ओर से निश्चिंत सा हो गया और उसने उसे युद्ध का सुअवसर मान लिया। साथ ही मलयकेतु का चंद्रगुप्त के यहाँ से भागे हुए भागुरायणादि पर विश्वास बढ़ गया कि ये वस्तुतः असंतुष्ट होकर आये हैं। राक्षस चंद्रगुप्त का मंत्री होना चाहता है, इस आशय के चाणक्य के पुत्र तथा भागुरायण की बातचीत पर भी मलयकेतु को विश्वास होने लगा और उसने भी चंद्रगुप्त को आपत्ति में फँसा समझकर उस समय को युद्ध के लिये उपयुक्त मान लिया।

४१९-२०—यदि राजा मंत्री का अपमान करता है, तो उसमें भी मंत्री का दोष है (क्योंकि मंत्री की सम्मति से ही सब कार्य होता है)। जिस प्रकार हाथीवान की असावधानी से हाथी दुष्ट होकर अपवादित होता है।

हाथी के पर्यायवाची शब्द नाग, व्याल भी हैं। यहाँ व्यालत्व से अपवाद का भाव है—व्यालो दुष्टगजा सर्पे-इति हैमः। दृष्टांत देने के कारण दृष्टांत अलंकार है। अनुवाद में 'मंत्री की अवमानना करता है' के स्थान पर 'तत्काल दुष्ट हो जाता है।'

४२४—मूल में 'स्वकार्यसिद्धि कामः' अधिक है।

४२९-३०—मूल का अर्थ—

गुरु चाणक्य की आज्ञा से हमने उनका अनादर प्रदर्शित किया है, तथापि मेरी बुद्धि पृथ्वी के विवर में समा जाने को उद्यत है। जो वस्तुतः गुरुजन की अवमानना करते हैं, उनके हृदयों को लज्जा क्यों नहीं विदीर्ण कर देती।

अनुवाद में भाव आ गया है। दोहे के प्रथम चरण में काव्यलिंग अलंकार है।

चतुर्थ अंक

१—करभक—करिशावक, हाथी का बच्चा। यहाँ एक दूत का नाम है।

राक्षस और दूत के संवाद रूप में अल्प कथा प्रकरी पूर्ण की गई है।

२-३—स्वामी की पूर्ण आज्ञा बिना ऐसा कौन है, जो अत्यंत दुर्गम स्थान में सैकड़ों कोस दूर दौड़ कर जायगा?

मूल में गमनागमन अर्थात् जाना आना दोनों है। कारणोत्पादन से काव्यलिंग अलंकार हुआ।

१५-१६—मूल श्लोक का अर्थ इस प्रकार है—

हमारे कार्यारंभ में दैव की प्रतिकूलता और हमारे सभी प्रयोगों का कौटिल्य की कुटिल बुद्धि द्वारा पूरा प्रतिरोध होने से किस प्रकार काम चलेगा इत्यादि विषयों पर विचार करते करते रात बिना निद्रा के व्यतीत हो जाती है।

अनुवाद में श्लोक का भाव आ गया है पर उन्निद्रावस्था के समय के विचारों की केवल एक श्रृंखला दी गई है।

१८-२१—मूल श्लोक का अर्थ इस प्रकार है—

संक्षेप में कार्य आरंभ करके विस्तार के विधान के साथ गर्भित बीज को गहन फल के गूढ़ भेद के साथ दिखलाते हैं। कार्य सिद्धि और विघ्नों का बुद्धि से विचार कर फैले हुए कार्यों को संकुचित करने में नाटककर्त्ता और हमारे से पुरुष ऐसे क्लेशों को सहन करते हैं।

अनुवाद में इसके सभी भाव आगए हैं पर कमी यह है कि मूल में ऐसे शब्दों का अधिक प्रयोग है, जिनके दो दो अर्थ हैं और जो दोनों पक्ष में लग जाते हैं। प्रस्तुत मंत्री तथा अप्रस्तुत नाटककार का साधर्म्य स्थापित करने से दीपकालंकार हुआ और कुछ शब्दों में श्लेष है।

इस पद में नाटककार ने नाटक लिखने की शैली दिखलाई है। नाटक में पाँच विभाग अर्थात् संधियाँ होती हैं जिन्हें—मुखप्रतिमुखे गर्भः सविमर्शोपसंहृतिः—कहते हैं।

कुछ शब्द जिनके दो अर्थ हैं—

(क) आरम्भ—१—शुरू करना। २—मुख-संधि, नाटकारंभ।

(ख) गर्भित—१—किसी उपाय का वह रूप धारण करना जब फल का चिह्न दिखाई पड़ने लगे। २—गर्भसंधि से तात्पर्य ऐसी रुकावट से है जो घटना के उत्पादन में आ पड़ती हैं और जिससे अंतिम फल का आभास मिलता है।

(ग) सकुचावहीं—१—सब कार्यों को बटोर कर अपने इच्छित फल का प्रतिपादन करते हैं। २—निर्वहण संधि से अर्थ है—नाटक

का उपसंहार, जिसमें घटना चक्र को संकुचित कर उसका फल प्रतिपादित किया जाता है।

२७—मूल में 'पकड़ा जा सकता है अमात्य' के अनंतर यह है कि 'बाईं आँख का फड़कना इन प्रास्तावों का प्रतिपादन करता है।' इसके स्थान पर अनुवाद में यह अंश है—यह उलटी बात हुई और उसी समय असगुन भी हुआ।

४०—मूल के अनुसार 'यह' के बाद 'कार्य के आधिक्य के कारण' बढ़ाया गया है।

४५-४६—मूल के श्लोक का अर्थ—

निखिल मंगलालय देवतों के समान राजाओं का दर्शन ही नीचों को दुर्लभ है; उनके सन्निकट होना तो दूर की बात है।

अनुवाद का अर्थ स्पष्ट है। मूल में दीपकालंकार है।

५५-५८—छाती पीटने से जिनकी चूड़ियाँ फूट गई हैं, आँचल कहाँ हट गया है इसकी जिन्हें कुछ भी सुध नहीं है, 'हाय, हाय' करके जो रो रही हैं और धूल में लोटने से जिनकी चोटियाँ धूल से भर गई हैं, ऐसे वैधव्य-शोक के कारण जो दशा मेरी माताओं की हुई थी, वही दशा मैं शत्रु की स्त्रियों की कराकर (उनके पतियों को मार उन्हें वैधव्य-शोक में डालकर) पिता को तृप्त करूँगा।

'हुए और न हुए' वस्तु संबंध के बिंबानुबिंब भाव से निदर्शना अलंकार है। 'मातृगण' की जो दशा हुई वही शत्रु की स्त्रियों की करने से समविनिमय परिवृत्ति अलंकार भी हुआ।

६०-६१—रण में मृत्यु होने से वीरों की गति पाकर हम भी पिता के पास चले जायँगे अथवा अपनी माताओं के शोकाश्रु को (उनकी आँखें बदला लेने से शुष्क कर) शत्रु की स्त्रियों की आँखों में रखेंगे (अर्थात् उनके आँखों से शोकाश्रु प्रवाहित करेंगे)।

मूल का यह शुद्ध अनुवाद है। मूल में 'आजिविहितेन' से और अनुवाद में 'रन मरि बीरन गति' से भी यह ध्वनि निकलती है कि

पर्वतक रण में मारा गया था पर ऐसा नहीं हुआ था। तात्पर्य केवल यही है कि मृत्यु के अनंतर ही वह पिता के पास पहुँच सकता था। इस दोहे से मलयकेतु का स्थिर संकल्प ज्ञात होता है। दो कार्यों में से एक निश्चित करने से विकल्पालंकार हुआ।

६४—इससे वे साथ आने का कष्ट न उठावें' ऐसा मूल के अनुसार होना चाहिए।

६५—मूल में 'आकाशे' है पर उससे नेपथ्य की ओर देखकर कहना अधिक उपयुक्त है, क्योंकि वे अनुगमन कर रहे थे।

६६-७२—मूल का अर्थ इस प्रकार है—

काँटेदार लगाम के अधिक खींचने से अत्यंत टेढ़ी और ऊँची गर्दन किए हुए अपने खुरों से मानों आकाश को विदीर्ण करने वाले घोड़ों को कुछ राजों ने रोक लिया है और कुछ ने हाथियों को रोक लिया, जिससे उनके घंटे अब नहीं बजते। हे देव! समुद्र के समान ये राजे भी मर्यादा नहीं उल्लंघन करते।

अनुवाद सवैया छंद में है और इस छंद के श्लोक से बड़े हो के कारण रथों का भी समावेश किया गया है। अंतिम तीन पंक्ति में मूल का भाव आ गया है। वेग से जाते घोड़े को एकाएक जो से रोकने पर वह चूतड़ के बल बैठ जाता है और आगे के पै अधर में उठ जाते हैं मानों वह आकाश-मार्ग को खुरों से खोद है। अश्व और हाथी में स्वभावोक्ति, आकाशमार्ग को मानों खोद उत्प्रेक्षा तथा समुद्र की समानता उपमा है।

७६-७७—चाणक्य की शिक्षा के अनुसार ही इन लोगों ने र कहा था। मूल में है 'कि जब इन आए हुए भद्रभट प्रभृति ने मुझ कहा था' पर अनुवाद में है कि 'जब मैं यहाँ आता था तो भद्र प्रभृति ने मुझसे निवेदन किया'। भागुरायण भी चाणक्य का भे हुआ है इसलिए वह भी ऐसी ही बातें करेगा जिसमें मलयकेतु औ राक्षस का बिगाड़ हो। अर्थात् राक्षस ही की भेदनीति चाणक्य द्व चलाई जा रही है।

१०४-५—भेद खुल जाने के डर से मंत्रिगण राजाओं के सामने वृत्तांत दूसरी प्रकार कहते हैं और आपस में स्वेच्छालाप के मय अन्य प्रकार से बातें करते हैं।

यह मूल का अर्थ है। अनुवाद में केवल पहला अंश दिया गया। भेद खुलने के भय-रूप हेतु से काव्यलिंग अलंकार हुआ।

१२७-८—हे नृपसखि! (राजाओं में चंद्र के समान नृप नंद) द्यपि चंद्र (चंद्रगुप्त) द्वारा प्राप्त चाँदनी (कौमुदी महोत्सव) कुमुदों के सहित (राज्य-हर्षवर्द्धक) उदित है पर वह संसार को आनंद देने वाली तुम्हारे बिना शोभा नहीं पाती।

'चंद चाँदनी कुमुदन सहित' में श्लेष है। चंद्रगुप्त से नृप शशि द का अधिक उत्कर्ष प्रतिपादन करने से व्यतिरेकालंकार हुआ। विनोक्तिर्यद् विनाऽन्येन न साध्वन्यद् साधु वा' के अनुसार एक चंद्र के रहते अन्य चंद्र बिना चाँदनी और कौमुदी महोत्सव के शोभा नहीं पाने से विनोक्ति अलंकार हुआ। कारण के रहने से काव्यलिंग भी हुआ।

१३२—इसके अनंतर राक्षस का एक प्रश्न और करभक का एक उत्तर छूट गया था। उसे मूल के अनुसार बढ़ा दिया गया है।

१३७-८—छोटे मनुष्य भी अकारण रस-भंग नहीं सहते, तो लोकाधिक तेज धारण करने वाले राजे कैसे सहेंगे।

मूल का भाव अनुवाद में आ गया है पर अकारण शब्द का न आना कुछ खटकता है। छोटे मनुष्य नहीं सहते तो राजा कैसे सहेंगे इस विचार से अर्थापत्ति अलंकार हुआ।

१५६—मूल के अनुसार 'अब चंद्रगुप्त के कोप के अन्य कारणों की खोज से क्या फल निकालेंगे' होना चाहिये।

१६०—हाथ में आ जायगा—मूल के 'हस्तगत: भविष्यति' का अनुवाद है। इससे दो अर्थ निकलते हैं—पकड़ा जायगा और मिल जायगा। राक्षस ने पहला अर्थ लेकर कहा था पर भागुरायण ने उसका उलटा अर्थ लगाया अर्थात् राक्षस चंद्रगुप्त के मिल जाने पर उसकी ओर हो जायगा।

१६८-६—'चाणक्य से वैमनस्य हो जाने पर चंद्रगुप्त के अके[illegible] होने का समय देखते हैं' इसमें भी जो ध्वनि निकलती [illegible] भागुरायण इसे दोनों पक्षों में लगा सकता है, जैसे अकेले होने [illegible] चंद्रगुप्त पकड़ा जा सकता है तथा राक्षस चाणक्य का स्थान [illegible] सकता है।

१७७-८—पृथ्वींद्र देव नंद का जिसने आसन पर से हटाने [illegible] अपमान नहीं सहन किया वह अपने बनाए हुए नृप चंद्र को बात इस प्रकार नहीं सहन करेगा।

मूल में अनुवाद से 'पृथ्वींद्र' शब्द अधिक है। इसमें अर्थापत्ति अलंकार है।

१८५ ८—मूल श्लोक का अर्थ इस प्रकार है—

किरीट-निहित रत्नों की चंद्र-समान प्रभा से युक्त (अधीनस्थ नृपतिगण के मस्तक पर पैर रखने वाला चंद्रगुप्त अपने कर्मचारि के आज्ञा-भंग दोष को कैसे सहन करेगा। चाणक्य क्रोधी होने पर भी प्रतिज्ञा-पूर्ति के लिए स्वीकृत अभिचार क्रिया के क्लेश का अनुभव कर तथा दैवयोग से पूर्णप्रतिज्ञ होकर अब प्रतिज्ञा-भंग के डर से फिर कोई प्रण न करेगा।

अनुवाद का अर्थ है कि अभिमानी नृप चंद्रगुप्त सब अधिकार लेकर तथा स्वतंत्र होकर अपमान नहीं सहेगा। उसी प्रकार चाणक्य एक प्रतिज्ञापूर्ण कर, अपने उद्यम के घमंड को चूर कर तथा दुख पाकर अब कुछ और (प्रतिज्ञा) नहीं करेगा।

अनुवाद में भाव आ गया है पर मूल के भाव व्यक्त करने का प्रभाव नहीं आ सका। प्रतिज्ञा-भंग होने के भय आदि में अतिशयोक्ति अलंकार है।

२००-१—पर्वतक की मृत्यु पर भी मलयकेतु को नाटककार ने कुमार ही लिखा है। राक्षस का तात्पर्य है कि चंद्रगुप्त का राज्य छीन कर अब आपको महाराज बना लेंगे।

२२८—बड़ाई करने—इसके स्थान पर पहले दो संस्करणों में हारने और हराने शब्द थे, जो मूल के अनुसार नहीं थे। [illegible]

अनुचित भी थे, इससे बदल दिए गए क्योंकि उस समय तक केवल सेना की यात्रा का विचार ही हो रहा था।

२३८—मूल के अनुसार 'इससे वह अंधे के समान कुछ' होना चाहिये।

२४०-१—मंत्री और राजा दोनों ही को प्रबल पाकर लक्ष्मी निश्चल सी होकर रहती है पर दोनों के भार असह्य होने पर स्त्री-चापल्य से एक को छोड़ देती है।

प्रस्तुत राज्य-लक्ष्मी तथा अप्रस्तुत स्त्री के व्यवहार समारोपण से समासोक्ति अलंकार है। मूल का अर्थ दिया गया है जिसका भाव-अनुवाद में आगया है।

२४३-४—जो राजा बच्चे के समान सदा मन्त्री की गोद में रहने-वाला है अर्थात् जिसने कुल राज्यप्रबंध मंत्री को सौंप दिया वह व्यवहार में कुशल नहीं होता। जिस प्रकार बच्चे गोद से हटते ही रोने गाने लगते हैं उसी प्रकार ऐसे राजे मंत्री बिना निरुत्साह हो जाते हैं और स्वयं कुछ नहीं कर सकते।

इसमें उपमा अलंकार है। मूल में गोद के बच्चे के स्थान पर स्तनपायी बच्चे की उपमा दी गई है।

२५०-४—(शत्रु के मंत्री) चाणक्य पदभ्रष्ट हो चुके हैं, चंद्रगुप्त नये राजा हैं, पुर (पाटलिपुत्र, शत्रु की राजधानी) नंद में अनुरक्त है (अर्थात् अपने ही पक्ष में है) और तुम अपने पूर्ण बल के साथ उस पर चढ़ाई कर रहे हो। तुम्हारे मंत्री हम बड़े उद्योग के साथ युद्ध की तैयारी कर रहे हैं। जब ऐसा संयोग मिला तब हे राजन्। ऐसी क्या बात है, जो सिद्ध नहीं हो सकता अर्थात् केवल इच्छा करने की देर है।

अनेक कारणों के समावेश से समुच्चयालंकार हुआ। अपना उल्लेख करते समय राक्षस का लज्जा करना दिखलाया है कि कहीं उसका अर्थ आत्मश्लाघा न समझा जाय। इस पद में 'नृप या राजा' लिखा गया है। स्यात् राक्षस के विजय में पूर्ण निश्चय दिखलाने को नाटककार ने ऐसा किया है।

२७८-९—वैद्य और गुरु का समान धर्म होना दिखलाया है कि वैद्य की दवा और गुरु का उपदेश पहले कडुआ मालूम होता है पर अंत में दोनों का फल अच्छा होता है।

अप्रस्तुत वैद्य की आज्ञा पालन आवश्यक दिखलाकर प्रस्तुत निज उपदेश को मानना आवश्यक बतलाने से अप्रस्तुत प्रशंसा अलंकार है।

२८३-६—मूल में 'आमध्याह्नात् निवृत्त सप्तशकला' है, जिसका अर्थ हुआ कि दोपहर तक भद्रा छूट जाएगी। शुक्ले पूर्वार्द्धेऽष्टमी पंचदश्योःभद्रा' के अनुसार अर्द्धरात्रि तक पूर्णिमा थी। पूर्णिमा को पूर्ण चंद्रबिंब रहता ही है पर चंद्र का नाम लेकर यह दिखलाया है कि चंद्रगुप्त का इस समय प्रभाव पूर्ण रूप से व्याप्त है। दक्षिण की यात्रा में 'पक्षान्ते निष्फला यात्रा मासान्ते मरणं ध्रुवम्' वचन से पूर्णिमा अमंगल है तथा उत्तर से दक्षिण अर्थात् यम की दिशा को जाना है।

मूल में 'दक्षिण द्वारिकं नक्षत्र' है जो मघादि सात नक्षत्रों का द्योतक है और यात्रा में अमंगल है।

आश्विन की पूर्णिमा को कौमुदी महोत्सव का निषेध हुआ था। तब से आरम्भ होकर यह भेदनीति (दोनों चाणक्य और राक्षस की) दो महीने में पूर्ण हुई। इस प्रकार अगहन की पूर्णिमा को राक्षस ने कुसुमपुर की यात्रा के लिए साइत पूछा था।

२८७-८—सूर्य के अस्त होने और चंद्र के उदय होने के समय जाना अच्छा है, (सौम्य ग्रह) बुध के लग्न में (अर्थात् मिथुन या कन्या लग्न में क्रूर ग्रह राहु या) केतु के पड़ने से कोई हानि नहीं क्योंकि वह अस्त है (सप्तम स्थान में पड़ा है)।

बुध का लग्न (कन्या) फाल्गुन की पूर्णिमा को और (मिथुन) अगहन की पूर्णिमा को पड़ता है। पहले को पाँच महीने हो जाते हैं। लग्न में पड़ने से केतु उदित होने पर भी सप्तम स्थान में स्थित होने से अस्त है। अर्द्धचंद्र पापग्रह होता है, इसलिए मूल में पूर्ण

चंद्र परिहारार्थ दिया गया है। प्रकृत पद्य में यह भाव निकलता कि सूर अर्थात् वीर राक्षस के अस्त होने तथा चंद्रगुप्त के उदय होने और बुध अर्थात् चाणक्य के लग्न (फंदे) में पड़ने से केतु अर्थात् मलयकेतु का उदित होने पर भी अस्त होना अनिवार्य है।

२९१-२—तिथिरेकगुणा प्रोक्ता नक्षत्रंतु चतुर्गुणम्।
सहस्रेणाधिकः सूर्ये चंद्रो लक्षगुणाधिकः॥

इस ज्योतिष के श्लोक का पूर्वार्द्ध कह कर चंद्र का बल प्रदर्शित करता है। दोहे का अर्थ है कि तिथि के शुभाशुभ की शक्ति एक है तो नक्षत्र की उसकी चतुर्गुण है और लग्न की चौंसठ गुणा है, ऐसा शास्त्र कहता है।

२९३-९४—निकृष्ट लग्न भी क्रूर ग्रह के योग को छोड़ देने से सुलग्न हो जाता है तथा 'यत्र चंद्रो बलान्वितः' के अनुसार चंद्र-बल देखकर जाने से बहुत लाभ होता है।

इससे यह भाव निकलता है कि क्रूर ग्रह केतु (मलयकेतु) को छोड़ देने से तुम्हारा भला है तथा चंद्र (चंद्रगुप्त) का बल देखकर तुम्हें लाभ (मौर्य का मंत्रित्व) होगा।

३००—मूल में 'आप ही आप' नहीं है।

३०७-१०—सूर्योदय के अनंतर क्षणिक अनुराग दिखलाने को ये बगीचे के वृक्ष अपनी छाया द्वारा आगे आगे दौड़ते थे पर जब सूर्य अस्ताचल की ओर चला तब वे ही वृक्ष अपनी छाया द्वारा पीछे की ओर दूर भागने लगे। नौकरों की यही चाल है कि प्रायः वे ऐश्वर्यभ्रष्ट स्वामियों को छोड़ देते हैं।

मूल श्लोक का यही भाव है पर अनुवाद का भाव उससे कुछ विशेष अच्छा है। अर्थ यों है—

जब सूर्य उदय हुआ तब वृक्षों की छाया दूर थी पर ज्यों ज्यों सूर्य अपने पूर्ण ऐश्वर्य की ओर अग्रसर होता गया त्यों त्यों वे छाया पास आती गईं और अंत में मध्याह्नकाल के समय वृक्ष के बिल्कुल सन्निकट अर्थात् पैरों के तले पहुँच गईं पर ज्यों ही वह ऐश्वर्य भ्रष्ट

होने लगा अर्थात् अस्ताचलगामी हुआ त्योंही वे धीरे धीरे खिस-कने अर्थात् दूर होने लगीं। यही स्वार्थी सेवकों का भी गुण है कि ऐश्वर्यहीन होते ही वे स्वामियों को छोड़ देते हैं।

इसमें उत्प्रेक्षा है।

पंचम अंक

इस अंक से फलागम संबंधी निर्वहण संधि का आरंभ होता है।

सिद्धार्थक के पास का पत्र और मोहर वही है, जिसे चाणक्य ने उसे सौंपा था (देखिए अंक १ पं० २८१) और गहनों की पेटी वह है, जिसे चाणक्य के कथनानुसार उसने शकटदास के बचाने के पुरस्कार में राक्षस से पाया था तथा उसी के मुहर से अंकित कराया था। (देखिए अंक २ पं० ३९१—४००)

४-५—देश और कालरूपी घड़े से (उपयुक्त देश और समय का) बुद्धिरूपी जल द्वारा सींची गई (बुद्धिपूर्वक विचार करके) चाणक्य की नीतिलता (कार्य करने से) बहुत फल देगी (अवश्य सफलता मिलेगी)।

इस दोहे से यह सूचना दी गई है कि चाणक्य का फैलाया हुआ नीतिजाल अब फलदायक होने वाला है।

९-१०—क्षपणक के देखने को अशुभसूचक मानते थे, जिसके परिहारार्थ 'गुरूनग्निं तथा सूर्यं प्रातः पश्येत् सदा बुधः' के अनुसार मंगलार्थक सूर्य का दर्शन किया।

१२-१३—अर्हंत—जिन देव, जैनदेवता, बौद्ध सन्यासी।

उन अर्हंतों को नमस्कार है जो अपने बुद्धिबल से परलोक की सब सिद्धियों को प्राप्त करते हैं।

इससे चाणक्य के बुद्धिबल की ध्वनि निकलती है, श्लेषालंकार है।

१४—भदंत—बौद्ध महंतों को पुकारने का प्रतिष्ठावाचक शब्द।

२०—लखौटा—लिखावट, पत्र।

२३-२४—मूँड़ मुड़ाकर नक्षत्र पूछना—कार्य के पहले साइत पूछना चाहिए न कि उसके हो जाने पर।

२५—अभी क्या बिगड़ा है अर्थात् अभी जाना शेष है।

३३—मूल में 'गुल्मस्थानाधिप से' अधिक है।

पत्र और गहने की पेटी तथा भागुरायण की मुहर की बातों की सूचना देने के लिए नाटककार ने इसम प्रवेशक का समावेश किया है। 'प्रवेशकोऽनुदात्तोक्त्या नीच पात्र प्रयोजितः। अंक द्वयान्त-विज्ञेयः शेषं विष्कंभके तथा' लक्षण है।

४७—मूल श्लोक का भावार्थ इस प्रकार है—

कभी स्पष्ट प्रकाशित हो जाती है, कभी जटिल तथा दुर्बोध हो जाती है, कभी स्थूल रहती है तो कभी कार्यवश क्षीण हो जाती है, कभी तो उसके बीज तक नष्ट प्राय हो जाते हैं तो कभी बहुफल-दायनी हो जाती है, इस प्रकार यह नीति दैवगति के समान अत्यन्त विचित्र है।

मूल भाव अनुवाद में आगया है केवल नीति को दैवगति से समानता देने से मूल में जो उपमालंकार है वह नहीं आ सका। अनुवाद में चाणक्य शब्द बढ़ा देने से अप्रस्तुतप्रशंसालंकार का लोप हो गया।

५८—भागुरायण का मलयकेतु के साथ रहने से उसके प्रति कुछ स्नेहभाव अथवा कृतज्ञता का भाव हो गया है, जिस कारण उसके साथ वह कपटव्यवहार करना दुष्कर समझता है।

६०-६१—मूल का अर्थ—

क्षणिक धन की लालच से वंशमर्यादा, लज्जा, यश और मन के प्रति जो विमुख होकर धनी के हाथ निज शरीर को बेचकर उसकी आज्ञा पालन करता है और जिसके विचार करने का अवसर बीत चुका है वह परतंत्र पुरुष इस समय क्या वितर्क करता है?

अनुवाद दोहे में है पर मूल का भाव स्पष्टतया व्यक्त है

या है। अनुवाद में प्राण शब्द बढ़ गया है, जिसे बेंचने या रेहन रने का किसी को अधिकार नहीं है।

६४—विकल्प—संदेह, अनिश्चयात्मक विचार।

६६-६६—मूल श्लोक का अर्थ—

क्या राक्षस नंदवंश के दृढ़ अनुराग से उत्पन्न भक्ति के कारण वशधर और चाणक्य से निराकृत चंद्रगुप्त से मिल जायगा थवा स्वामिभक्ति पर ही दृढ़ रह कर अंत तक सच्चा रहेगा? मेरा त्त इस प्रकार चाक के समान भ्रम के चक्कर में पड़ा है।

अनुवाद शिथिल है और उसमें मूल का पूरा भाव नहीं आ का, जिससे मूल के दो अलंकार—उत्प्रेक्षा तथा परिकर—लुप्त हो र केवल विकल्प अलंकार रह गया।

७२—मूल के अनुसार 'सेना के जानेवाले लोगों को राह खर्च ौर परवाना बाँट रहे हैं' पाठ बदल दिया गया है।

७४—इस वाक्य से मलयकेतु की भागुरायण के प्रति प्रीति प्रगट ती है।

७६—कोष्ठक के भीतर का पूर्वांश तथा ७७ पं० के कोष्ठक का अंश ल के किसी प्रति में नहीं है, पर उपयुक्त है।

७८— यहाँ भी मुद्रा का अर्थ खर्च रखा गया था पर मोहर, पास परवाना चाहिए। संशोधन किया गया है।

८२—कोष्ठकांतर्गत 'छल से' अनुवादक की ओर से बढ़ाया गया और ठीक है। इससे यह प्रगट होता है कि भागुरायण यह जान या है कि मलयकेतु पास ही उसकी बातें सुन रहा है। भागुरायण ौर जीवसिद्धि दोनों ही चाणक्य के मित्र तथा षड्यंत्र में उसके हकारी हैं। प्रथम अंक पंक्ति ७०-७१ में उल्लेख है कि भागुरायण ने णक्य के आज्ञानुसार मलयकेतु के चित्त में यह जमाकर कि णक्य ने ही तेरे पिता को मरवा डाला है, उसे भगा दिया और ाथ ही उसका मित्र बन कर स्वयं भी चला गया। अब मलयकेतु ौर राक्षस में वैमनस्य उत्पन्न करना आवश्यक है, इसलिए जीव-

सिद्धि से राक्षस द्वारा पर्वतक का मारा जाना कहलाया गया है। भागुरायण जीवसिद्धि को पहिचानता है पर कपट से उसे राक्षस का मित्र सुनाकर मलयकेतु पर प्रभाव डालता है। मूल में स्वगत भी है।

८८—प्रेम-कलह—दिखावटी झगड़ा। राक्षस और जीवसिद्धि की मित्रता संस्थापित की जा रही है। इतनी बातचीत भी विश्वास उत्पन्न करने के लिए है।

९०—अपराधी तो हम हैं—मूल में 'हम मंद भाग्य अपने काम से लज्जित हैं' है।

११४-६—जिसमें पुरानी बात याद कर मलयकेतु इस पर संदेह न करे, इससे भागुरायण अपने समझने की बात कह रहा है।

१२३-४—श्रुति-भेद-कर—श्रवण-विदारक, सुनने ही से अत्यंत पीड़ा पहुँचाने वाला, अत्यंत कष्टकर।

शत्रु-पिता-वध का दोष लगाए जाने से यहाँ राक्षस लज्जित है।

मलयकेतु कहता है कि हे मित्र! शत्रु (राक्षस) ने जो अत्यं कठोर कर्म किया है, उसे मैंने सुना, जिससे इस समय (अर्थात् इतना दिन बीतने पर) पिता-मरण का शोक मुझे दूना मालू पड़ता है।

मूल में 'शत्रु के मित्र द्वारा' सुना जाना अधिक है। इसमें दुःख का मानों दूना होना उत्प्रेक्षा है।

१२५—स्वगत द्वारा नाटककार बात स्पष्ट करता जाता है।

१२६—प्रथम अंक के पं० २५६ में चाणक्य जिस काम का उल्लेख करता है वही काम यहाँ पूर्ण हो गया।

१२७—मूल में कोष्ठक के भीतर 'प्रत्यक्षवदाकाशे लक्ष्यं बद्ध्वा' है, जिसका अर्थ हुआ कि 'प्रत्यक्ष पदार्थ के समान आकाश की ओर देखते हुये।' 'अरे राक्षस!' के बाद युक्तमिदम् शब्द है। अर्थ यह उचित है।

१२८—जिसने (पर्वतक ने) तुम पर (राक्षस पर) विश्वास करके अर्थात् निश्चित चित होकर अपना ऐश्वर्य, घर (राज्य प्रबंध) सब सौंप दिया था, उसे तुमने सबों को (पर्वतक के मित्रों और आश्रितों को) दुःख देने के लिए मार कर अपने नाम को सार्थक किया (अर्थात् राक्षसोचित कार्य किया)।

अनुवाद के 'ताहि मारि दुख दै सबन' के स्थान पर मूल में 'तं निपात्य सह बंधुजनाश्रुतोयैः' (बन्धुजन के अश्रु के साथ पिता को गिरा कर) है। इससे सहोक्ति अलंकार की अनुवाद में कमी हो गई है।

१३०—स्वगत द्वारा चाणक्य की आज्ञा बतलाई गई है।

१३८—मूल के अनुसार 'तब देव पर्वतेश्वर ही चंद्रगुप्त की अपेक्षा अधिकतर कार्यविघातक (इस कार्य में कंटक) थे' होना चाहिए'।

१४१-२—अर्थ नीतिशास्त्र के नियमानुसार प्रयोजनवश होकर मित्र शत्रु हो जाते हैं और शत्रु मित्रता करते हैं (तथा वे इस जन्म की पूर्व स्मृतियों को इस प्रकार भूल जाते हैं) मानों इन्होंने काया पलट कर लिया है (अर्थात् जन्मांतर पर पूर्व जन्म की बात जिस प्रकार भूल जाती हैं)।

उत्प्रेक्षा और अतिशयोक्ति है।

१५८-६—(भृत्यों के) गुणों पर रीझने वाली तथा (भृत्यों को) दोषों से दूर रखने वाली जो मातृ-सदृशा स्वामि-भक्ति है, उसे हम नित्य प्रणाम करते हैं।

१७०—अंक १ पं० २३४ से २४६ तक देखिए।

१७५—हमारे विपक्षी (चाणक्य) को सत्यवादी (चंद्रगुप्त) ने निकाल कर पूर्व प्रतिज्ञा की सचाई दिखाई।

१९७—चरों मूल में 'अस्मत्सुहृदां' है, जिसका अर्थ 'हमारे मित्रों को' हुआ। चरों के स्थान पर मित्रों शब्द होना चाहिये, इससे

वह ठीक कर दिया गया क्योंकि कौलूतादि नरेशों के लिए चर शब्द अनुचित था।

१७८—आश्रय छूट जाने पर—मूल में इसके स्थान पर 'स्वाश्रय विनाशेन' है अर्थात् अपने आश्रय का विनाश कर। अनुवाद से यह भाव स्पष्ट नहीं होता था कि उनका आश्रय उन्हीं से द्वारा नष्ट होने पर या दूसरों के द्वारा नष्ट होने पर छूटता है, इसलिए आवश्यक समझ कर पाठ बदला गया है।

१८३—अशून्य''''भेजा है—"रिक्तपाणिर्नपश्येत्तु राजानं देवतां गुरुम्" के अनुसार कोरा पत्र न भेज कर साथ में कुछ वस्तु भी भेजी जाती है।

१८५—अर्थात् इस लेख को किसने किसे लिखा है।

२१२—अंक २ पं० ३६२—३६८ देखिये। चाणक्य के सौभाग्य से राक्षस ने सिद्धार्थक को वे ही आभरण दिए जो मलयकेतु ने कुछ ही पहले अपने अंग से उतार कर भेजे थे। उसे देखते ही मलय-केतु का राक्षस पर पूरा संदेह हो गया।

२३५-६—राजनीति-विशारद राक्षस को चंद्रगुप्त के पक्ष के बहुत से मनुष्यों का अकारण मलयकेतु की सेना में मिलना सशंकित करता है पर उस शंका की बिना परीक्षा किए मन का समाधान कर लेना उसके कर्मवीरत्व को नहीं प्रकट करता।

२३८-४३—इस छप्पय में न्याय शास्त्र के अनुमान से उपमा दी गई है इसलिये यह पद कुछ कठिन हो गया है।

जहाँ हेतु या साधन अनुमेय या साध्य से निश्चय संबंध रखता है, अर्थात् अन्वय-व्याप्ति-ज्ञानविशिष्ट होता है, स्वजातीय पक्ष में ही रहता है और प्रतिकूल पक्ष में नहीं रहता, वही साधन अनुमान को सिद्ध करने वाला होता है। (राजपक्ष में इस का यह अर्थ हुआ कि जो सेना विजयलाभ में निश्चित समर्थ है, स्वामी की अनुगता तथा भक्तिसम्पन्ना है, अपने सहायकों से सौहार्द्र रखती है और शत्रु से कुछ भी मेल नहीं रखती है वही अभीष्ट सिद्ध करती

) परंतु जहाँ साधन साध्य से भिन्न है, स्वपक्ष और विपक्ष के लिए
समान है और साध्य से उसकी कुछ भी तुल्यता नहीं है वहाँ ऐसे हेतु
को लेकर जिस प्रकार तार्किक हारते हैं उसी प्रकार राजे भी ऐसे साधन
र (सेना जो समर्थ नहीं है, शत्रु-मित्र में एक भाव रखती है और
स्वपक्ष में कुछ भी अनुकूल नहीं है) विश्वास कर सब प्रकार से
पराजित होते हैं।

न्यायशास्त्र के अनुसार प्रमाण के चार भेदों में से एक अनुमान
, जिसमें प्रत्यक्ष साधन के द्वारा अप्रत्यक्ष साध्य की भावना होती
। इसके तीन भेद हैं, जिनमें यहाँ सामान्यतोदृष्ट या अन्वय-
व्यतिरेकी की उपमा दी गई है। इसकी परिभाषा यों है कि नित्य
ति के सामान्य व्यापार को देख कर विशेष व्यापार का अनुमान
रना। जैसे अग्नि और धूम को बराबर साथ देखने से व्याप्ति ज्ञान
था कि जहाँ धुआँ है वहाँ अग्नि भी होगी। इसे अनुमिति भी कहते
। जिसके द्वारा अनुमान सिद्ध किया जाय उसे हेतु या साधन कहते
जैसे धुआँ। जो सिद्ध किया जाय वही साध्य या अनुमेय है,
से अग्नि। साध्य निश्चित है, उसे स्वपक्ष कहते हैं जैसे पाकशाला।
अनुमिति से जहाँ साध्य सिद्ध किया जाय उसे पक्ष कहते हैं जैसे
र्वत। जहाँ साध्य का निश्चय अभाव है, वह विपक्ष है जैसे
जलाशय।

अन्वित—युक्त, मिला हुआ, संबंध रखता हुआ।

असिद्ध—जो सिद्ध न हो, प्रमाणित न हो।

इस पद में पूर्णोपमा अलंकार तथा श्लेष है।

२५१-५—मूल के अनुसार ऐसा होना चाहिए—

(चंद्रगुप्त की ओर के आए हुए) इन लोगों के असंतोष का
रण अभ्यक्ष लिया गया है और इन लोगों ने हमारी प्रयुक्त भेद नीति
भी मान लिया है, इससे संशय न करना चाहिए।

२४७—मूल के अनुसार।

इससे वे प्रयाण के समय विभाग रचना करके चलें। किस प्रकार

२४९-५२—खस और मगध की सेना जयध्वज को फहराते हुए आगे बढ़े। यवन और गांधार की सेना बीच में रहे। चेदि, हूण और शक के राजे ससैन्य पीछे पीछे आवें। कौलूतादि राजे मलयकेतु के रक्षार्थ उनके साथ रहें।

राक्षस ने कौलूतादि राजों को अत्यन्त विश्वासपात्र समझ कर मलयकेतु के संरक्षण को नियुक्त किया था पर चाणक्य के षड्यंत्र से उसका मलयकेतु ने दूसरा अर्थ लगाया।

खस वर्तमान गढ़वाल और उत्तरवर्ती प्रांत का प्राचीन नाम है। यहाँ की यह एक जाति है, जो व्रात्य क्षत्रियों से उत्पन्न है और जिसका उल्लेख महाभारत तथा राजतरंगिणी में हुआ है। इस जाति वाले अब तक नैपाल और किस्तवाड़ (काश्मीर) में पाए जाते हैं। ये खासिया भी कहलाते हैं।

यवन से ग्रीक जाति का तात्पर्य है। गांधार आधुनिक कंधार की रहने वाली जाति थी। चेदि बुंदेलखंड में नर्मदा के उत्तर में एक राज्य था। हूण एक जंगली जाति थी जो मध्य एशिया से योरोप तथा भारत में आई थी। भारत पर यह चढ़ाई पाँचवीं और छठी शताब्दियों में हुई थी। शक जाति मध्य एशिया से आई तुरुष्क जाति के अंतर्गत हो सकती है। शक पहले कुशाल बंश के राजों के सूबेदार थे पर अंत में इनका प्रभाव गुजरात, सिंध, उत्तरी कोंकण से कुल राजपुताना तथा मालवा तक फैल गया था। शकों की समाप्ति चंद्रगुप्त द्वितीय के समय चौथी शताब्दी के अंत में हुई।

२६९-७२—मूल श्लोक का अर्थ यह है—

सेवकों को पहले प्रभु का भय और फिर स्वामी के कृपापात्र पदाधिकारियों का भय होता है। उच्चपदस्थ पुरुषों से दुर्जन द्वेष रखते हैं, इससे उनके चित्त को पतन का भय बना रहता है।

अनुवाद का अर्थ स्पष्ट है और मूल से उसका अधिक विस्तार होने के कारण भाव भी विस्तीर्ण हो गया है। भिन्नता इतनी है कि मूल के 'पतन की आशंका रहने' के स्थान पर एक पूरा दोहा अनुवाद में है और उसमें पतन का होना निश्चित बतलाया गया है।

चौपाई और दोहे में युक्ति के साथ सिद्ध करने के कारण काव्य-लिंग अलंकार हुआ।

२७७-८०—चिंतामग्न मलयकेतु की अवस्था का वर्णन है—

यद्यपि उसकी स्थिर दृष्टि चरण की ओर है पर चित्त के चिंतित होने से वह उसे नहीं देखता है। हाथ पर अपना सिर रख कर राजा इस प्रकार झुका है, मानों भारी कार्यभार से सिर नीचा हो गया है।

अनुवाद में मूल का वक्त्रेंदु शब्द नहीं आया। इसमें मलयकेतु के लिए अवनीश अर्थात् राजा शब्द आया है। पर मूल नाटककार ने केवल कुमार शब्द ही का प्रयोग किया है। कुल नाटक में उसके लिए कहीं राजा या उसके पर्याय नहीं आए हैं। अनुवाद में कुछ शब्द भी अधिक हैं।

दूसरे दोहे में उत्प्रेक्षा है।

२६४—नाटककार मलयकेतु द्वारा स्वगत बातें और आर्य शब्द साथ ही कहलाकर उसकी सहनशीलता दिखलाता है।

३०२-४—राक्षस के मुख पर इस प्रकार झूठ बोलना धूर्तता का दृष्टांत है।

३२८—मूल के अनुसार 'अभी क्या और मार खाओगे, सच कहो।' चाहिए।

३४१—इस पंक्ति के बाद मूल में प्रतिहारी का कथन है कि 'जैसी आज्ञा'।

३४४—सिद्धार्थक द्वारा लिखाए जाने का वृत्तांत। देखिए अंक १ पं० २३४-२४४।

३५८-६—स्त्री-पुत्र की याद में स्वामिभक्ति भूल जाता है और नश्वर धन के लोभ में निश्चय यश को छोड़ देते हैं।

भाव यह है कि चाणक्य की अनुमति से शकटदास ने यह पत्र पुत्र-स्त्री के स्मरण ही से स्वामिभक्ति छोड़ कर लिखा है। परिसंख्यालंकार है।

३६१-४—मुद्रा उसी के हाथ में है, सिद्धार्थक भी उसी का मित्र है और यह पत्र उसी के हाथ का लिखा है। यह सिद्ध करने के लिए यह चित्र (उसी का दूसरा लेख) साधन रूप मौजूद है। (इससे यही ज्ञात होता है कि जो पुत्रादि के प्राण-रक्षार्थ) स्वधर्म को भूल कर और शत्रु से मिल कर भेद करने के लिये निश्चय ही स्वामिभक्ति से हीन शकटदास ने यह दुष्ट कर्म किया है।

कोष्ठक के अंश मूल में अधिक हैं। कारण-कार्य-संबंध से काव्य-लिंग अलंकार हुआ।

३६६—ये आभरण भी शकटदास द्वारा क्रय किए गए थे। (देखिए अं० २ पं० ४४६—५१)

३७४-५—हे वंश के अलंकार तथा अलंकारों पर प्रेम रखने वाले आपके शरीर पर ये सब भूषण थे अर्थात् शोभा देते थे। आपके मुख के पास ये गहने इस प्रकार शोभित होते थे जैसे चंद्र (मुख) के साथ तारे (भूषण)।

मूल में चंद्र का शरद विशेषण अधिक है। उपमालंकार है।

३८३-४—मूल के अनुसार अर्थ—

अधिक लाभ का लोभ करने वाले विक्रेता चंद्रगुप्त के हाथ आपने क्रूर हृदय होकर हमें इसके मूल्य में दे दिया।

अनुवाद में इस क्रय विक्रय के क्रम को उलट दिया है अर्थात्—तुमने (राक्षस ने) क्रूर होकर तथा प्रीति को छोड़कर अधिक लाभ के लोभ से (अर्थात् भूषणों का अधिक मूल्य कल्पित कर) इन गहनों के बदले हमारे शरीर को बेंच दिया।

न्यूनाधिक क्रयविक्रय से विषम परिवृत्ति अलंकार हुआ।

३८६-९—जब हमारी मुद्रा लगी है तब यह कैसे कह सकते हैं कि यह लेख मेरा नहीं है। शकटदास कभी सौहार्द्र छोड़ देगा ऐसा भी विश्वास नहीं होता। चंद्रगुप्त गहना बेंचेगा, ऐसी (असंभव) बात पर कोई विश्वास नहीं करेगा इससे मौन ही रहना उत्तम है। प्रत्युत्तर देने से बची बचाई प्रतिष्ठा भी जाती रहेगी।

कारण देने से काव्यलिंग अलंकार हुआ।

३९०-७—राक्षस के लिए किस पक्ष में अधिक लोभ है यह {ख}लाता हुआ मलयकेतु इस दुष्ट कर्म का कारण पूछता है।

चंद्रगुप्त तुम्हारे स्वामी का पुत्र है (इससे तुम यदि उसका पक्ष {ग्र}हण करोगे तो वह स्वामित्व ही दिखलावेगा) और हम मित्र {के पु}त्र होते हुए स्वार्थी हैं (इससे हमारे पक्ष में रहने से आपका ही {प्रभु}त्व रहेगा)। उधर चंद्रगुप्त जो आपको देगा वही मिलेगा {औ}र इधर (सभी आप का रहेगा और हमारा वही होगा जो आप हमें देंगे। प्रधान मंत्री होने पर भी आप वहाँ दास ही {क}हलाएँगे पर यहाँ आप ही स्वामी (अर्थात् नाम के लिए मैं राजा {र}हूँगा) रहेंगे। ऐसा होते हुए भी आपने किस अधिक लाभ के लोभ {से} यह दुष्ट कर्म किया?

मलयकेतु राक्षस को उपालंभ दे रहा है, जो राक्षस के लिये {नि}ष्ठुर होते हुए भी मलयकेतु की विनम्रता प्रकट करता है।

साहित्यदर्पण के लक्षण 'यथासंख्यानूद्देश उद्दिष्टानां क्रमेणयत्' के अनुसार यथासंख्यालंकार हुआ।

४०५—मूल में 'चाणक्य ने नहीं किया' नहीं है।

४०७-१०—जो भृत्य स्वामिभक्ति के कारण अपना शरीर स्वामी पर निछावर कर देता है उस पर उसका प्रभु भी पुत्र के समान {प्रे}म रखता है। जिस दैव ने ऐसे गुणग्राहक राजाओं का क्षण में {ना}श कर दिया उसी का यह भी दोष है। दूसरों का इसमें कुछ भी {दो}ष नहीं।

मूल में भृत्यत्व का विशेषण परिभाववामनि (अपमानों का {घ}र) अधिक है। अतिशयोक्ति अलंकार है।

४१३-१४—तीव्र विष से युक्त कन्या का केवल प्रयोग करके {तु}मने विश्वस्त पिता का केवल नाम मात्र रहने दिया अर्थात् नाश कर दिया। अब चंद्रगुप्त के मंत्रित्व के लोभ से हम लोगों को {श}त्रुओं के हाथ माँसवत् बेचने को तैयार हुए हो।

मूल का यह अर्थ है और अनुवाद में उसका भाव आ गया है।

४१५—मूल में 'जले पर निमक के' स्थान पर 'यह फोड़े पर दूसरा फोड़ा' है।

४३३—राक्षस—यहाँ राक्षसों के प्राण संहार करने के गुण से तात्पर्य है अर्थात् मलयकेतु कहता है कि हम राक्षस नहीं हैं अर्थात् तुम्हारा प्राण संहार न करेंगे।

४३५-३६—चंद्रगुप्त और चाणक्य से मिल कर तीन हो जायँ तो हम तीनों को, जिस प्रकार त्रिवर्ग (धर्म, अर्थ, काम) को पाप नष्ट करता है, उसी प्रकार नष्ट करेंगे।

४३९-४२—गंड—(सं०) कपोल, गाल। कन धवल छवावति—धूल के कण छा जाते हैं, धूल सा सफेद हो जाता है।

(सेना के घोड़ों के खुरों की चोट से उठती हुई नए बादल के समान तथा हाथियों के मद (रूपी जल) से सिंची हुई धूल उड़ कर स्त्रियों के (विशेष पुष्पगंध से सुगंधित) दोनों कपोलों को मलिन करती हुई और उनके भ्रमरों के समान काले बालों को सफेद बनाती हुई शत्रुओं के सिर पर गिरे।

कोष्ठकों के अंश मूल में अधिक हैं। रिपु-विजयार्थ सैन्य समारोह वर्णन स्वभावोक्ति है, कपोल तथा बाल का अन्य गुण धारण करने से तद्गुण अलंकार हुआ और भ्रमर से अलक में उपमा है।

४०७-५०—हम तपोवन चले जायँ पर वहाँ तप से मेरे क्रुद्ध चित्त को शांति नहीं मिलेगी। शत्रु के जीवित रहते (स्वामी का अनुसरण करें अर्थात् स्वर्ग चलें) प्राण दे दें पर यह स्त्रियों के लिए उपयुक्त है। तलवार लेकर अग्निरूपी शत्रु पर पतंग के समान टूट पड़ें (तो वह भी ठीक नहीं) क्योंकि उससे मेरा नाश तो हो जायगा पर उस दुस्साहस से चंदनदास का मारा जाना निश्चित हो जायगा। (इस कारण चंदनदास को मुक्त कराने को मेरा व्यग्र मन यदि कृतघ्न न हो तो मुझे इन कार्यों से रोके)।

काव्यलिंग अलंकार है। जाहिं, देहिं, जाहिं का एक कर्ता होने से दीपकालंकार है।

छठा अंक

मलयकेतु के पकड़े जाने के अवांतर कार्यसंपादन की सूचना देने तथा राक्षस को चंद्रगुप्त का मंत्रित्व ग्रहण करने को बाध्य कर मौर्यश्री के स्थैर्य रूपी महाफल के सिद्धार्थ छठा और सातवाँ अंक आरंभ होता है।

सिद्धार्थक चंद्रगुप्त से पुरस्कार रूप गहने आदि पाकर प्रसन्न चित्त होकर चाणक्य की कृतकार्य नीति की जयजयकार मना रहा है।

४-७—जिनके शरीर का वर्ण श्याम मेघ के समान है और जो केशी के कालरूप थे, उन श्रीकृष्ण जी को जय हो। सुजन मनुष्यों के नेत्रों को चंद्र (के समान आह्लादजनक) सम्राट् चंद्रगुप्त की जय हो। बिना सैन्यसंचालन के शत्रुओं को विजय करने वाली चाणक्य की बलशालिनी नीति की जय हो।

पहले दोहे के पूर्वार्द्ध में भगवान् की जयघोषणा है। जलद नील-तन में लुप्तोपमा है। कंस ने केशी नामक राक्षस को श्रीकृष्ण को मारने को भेजा था। वह अश्वरूप होकर वृंदावन गया और श्रीकृष्ण द्वारा निहत हुआ। (श्रीमद्भागवत स्कं० १० अध्याय ३७)

उत्तरार्द्ध में राजा की जयघोषणा है। चंद्रगुप्त और चंद्र में आह्लादजनकत्व साधर्म्य से रूपक हुआ।

दूसरे दोहे में बिना कारण कार्य होने से विभावना अलंकार है।

१२-१३—मूल श्लोक का अर्थ इस प्रकार है—

दुःख में चंद्र के समान शीतल और संतापारक तथा सुख में गृहोत्सव के समय सुख बढ़ाने वाले अंतरंगी मित्रों के अभाव से संपदा दुखद होती है।

अनुवाद का अर्थ इस प्रकार है—

मित्र के विरहाग्नि की तपन पाने से कम नहीं होती, उत्साह का नाश हो जाता है और बिना मित्र के सभी सुख हृदय को अधिकतर उदास बना देते हैं।

१८२-८४—'कै तेहि रोग असाध्य भयो'''तुम्हारे समान हैं'—
क्या उन्हें कोई ऐसा असाध्य रोग हो गया है जिसके लिए कोई [द]वा आदि प्राप्त नहीं है या अग्नि और विष से बढ़ कर भयंकर राजा [के] क्रोध में फँस गए हैं या किसी स्त्री पर आसक्त हो कर उसके विरह [मे]ं मरणोन्मुख हुए हैं या तुम्हारे समान मित्र-दुःख ही उनकी भी मृत्यु का कारण हो रहा है ?'

मूल श्लोक का यह सवैया अक्षरशः अनुवाद है केवल मूल का स्त्री का विशेषण अलभ्य छूट गया है अर्थात् वह स्त्री जिसे प्राप्त करना असंभव हो।

उपमा और रूपक अलंकार है।

१८३—निदान—रोगों का निर्णय, रोगों की पहचान।

२११—मूलानुसार 'उन्हें क्या हुआ ?' बढ़ाया गया है।

२२२-२५—जिस धन के लिए स्त्री पति को और पुत्र शील खो कर पिता को त्याग देते हैं, भाई भाई से झगड़ते हैं और दुःख उठा कर भी मित्र सौहार्द्र छोड़ देते हैं उसी को बनिया होकर कुछ न माना और मित्र के दुख से आर्त होकर दे दिया। इससे तुम्हारा ही धन सार्थक हुआ; तुम्हारे समान संसार में कोई नहीं है।

मूल में है कि पिता पुत्र को और पुत्र पिता को शत्रु के समान मार डालते हैं। दोनों पक्ष पर लिखने से भाव अधिक सबल हो गया है। बणिक् जाति का मितव्यय प्रसिद्ध है।

धन की सार्थकता बतलाने से काव्यलिंग अलंकार और बनियापन के विरुद्ध कार्य करने से विरोधालंकार हुआ।

२३३—अमंगल—कुसमाचार, मृत्यु आदि से बुरे वृत्तांत।

२४४-४५—मित्र की अनुपस्थिति में भी शरणागतों का पालन कर (रक्षा कर) तुमने शिबि के निर्मल यश के समान यश इस कराल कलियुग में पाया।

मित्र राक्षस के उपस्थित न रहने पर भी उसके पुत्रकलत्रादि की की जिनसे केवल राक्षस के संबंध से ही किसी प्रकार का संबंध

था और शिवि ने तो शरणागत कपोत की गोद में पड़े रहने पर रक्षा की थी। इससे यह ध्वनि निकलती है कि तुम्हारा यश शिवि से श्रेष्ठतर है। अनुवाद में इसे और बढ़ा दिया है। शिवि ने सत्ययुग में वह कार्य किया था जब दान, धर्म आदि मनुष्यों का सहज स्वभाव ही था पर चंदनदास ने कलियुग में उससे बढ़ कर कार्य किया जब धर्म की तीन टाँगें टूट गई थीं। इससे वह अधिक प्रशंसनीय है।

उपमा तथा शिवि से अधिक प्रशंसनीय होने से व्यतिरेकालंकार हुआ।

शिवि—राजा शिवि जब बानबे यज्ञ कर चुके तब 'ऊँच निवास नीच करतूती' वाले इंद्र ने विघ्न डालने के लिए अग्नि को कबूतर बनाया और स्वयं बाज बना। दोनों इसी रूप में शिकार शिकारी बने हुए यज्ञशाला में पहुँचे और कबूतर राजा की गोद में गिर पड़ा। राजा ने उसे छिपा लिया और बाज के कथन पर कि मैं भूखा मर जाऊँगा अपने शरीर से कबूतर की तौल बराबर माँस देने का वचन दिया। तुला पर तौलते समय शरीर का कुल माँस चढ़ा देने पर जब कपोत का तौल न हुआ तब इन्होंने अपना सिर काटना चाहा पर भगवान ने प्रकट हो कर उन्हें स्वर्गलोक भेज दिया।

२५०—निष्कृष = तीक्ष्ण, तेज। कृपाण = तलवार, कटार।

मूल में 'व्यवसाय महासुहृदा निस्त्रिंशेन' है अर्थात् प्रयत्नों का मित्र तलवार है। निस्त्रिंश उस शस्त्र को कहते हैं जो नाप में तीस अंगुल से अधिक हो। इससे छोटे शस्त्र कटार, छूरा आदि कहलाते हैं।

२५१-४५—मूल श्लोक का अर्थ—

यह तलवार जो बादलों से हीन आकाश के समान नीली है और जिसकी शक्ति शत्रुओं ने समररूपी कसौटी पर जाँच ली है युद्धार्थ आनंदित होकर हाथ से मित्रता कर रहा है तथा मित्रस्नेह से विवश कर हमें साहस के काम में नियुक्त कर रहा है।

अनुवाद में समररूपी कसौटी का रूपक छूट गया है और तलवार की हाथ के साथ तत्सामयिक मित्रता को स्थिरता दी गई है।

मूल संस्कृत के इस अंश 'विगत जलदव्योम' का दूसरा पाठ 'सजलजलदव्योम' है। अनुवाद में पहला लिया गया है। दूसरे का अर्थ हुआ कि जलयुक्त बादलों सहित आकाश। इससे तलवार के आबदार होने की ध्वनि निकलती है।

हिंदी अनुवाद में बादल के समान उपमा और तन पुलकित होना उत्प्रेक्षा है

२५८—संस्कृत मुद्राराक्षस की अन्य प्रतियों में पं० २६१—६२ इसी के बाद हैं और उसके अनंतर निम्नलिखित अधिक हैं—

पुरुष—हमारा संदेह दूर करके हमें अनुगृहीत कीजिए।

२५९—भर्तृकुल—स्वामी अर्थात् नंद का वंश।

२६७-७६—राक्षस को निरस्त्र करने की यह नीति मात्र थी। यह चाणक्य का भेजा हुआ और उसी का सिखलाया हुआ चर था। (देखो इसी अंक की पं० १५१)

२७९-८०—मूल श्लोक का भावार्थ—

यदि शकटदास शत्रु के इच्छानुसार हमारे पास लाया गया तो क्रोध के आवेश में घातकों का यह मारा जाना कैसा? और यदि ऐसा नहीं हुआ तो यह कुत्सित कार्य (पत्र लिखना, मोहर करना आदि) कैसा? इस प्रकार मेरी व्याकुल बुद्धि कुछ निश्चित नहीं कर सकती।

अनुवाद के दोहे में श्लोक का भाव पूर्णतया आ गया है केवल प्रकटीकरण में यही भिन्नता है कि मूल के 'यह कुत्सित कार्य कैसा?' के स्थान पर 'जाल भयो का खेल में' है। भाव यह है कि यदि शकटदास वस्तुतः शत्रु से मिला नहीं है और वह सत्य ही भाग कर आया था तो वह पत्र-लेखन आदि कुकर्म कैसे कर सकता है? इसमें जाल ही हो सकता है।

अनिश्चयात्मक बुद्धि के हेतु होने के कारण काव्यलिंग अलंकार हुआ।

२८३ ८५—(घातकों के मारे जाने के कारण (इस समय शस्त्र के प्रयोग से मित्र के मारे जाने की आशंका है। इस समय जो नीति सोचें (जिसका फल समय व्यतीत होने पर प्रकट होता है) तो व्यर्थ समय नष्ट होगा। जब (मेरे कर्म से प्रिय मित्र) चन्दनदास मेरे लिए (घोर) कष्ट में पड़ा हुआ है तब चुपचाप बैठ रहना उचित नहीं है। (अब मैं समझ गया कि) मित्र के रक्षार्थ हम अपना शरीर बेचेंगे।

कोष्ठकों के भीतर का अंश मूल में अधिक है।

शरीर बेंचना अर्थात् दास्य स्वीकार करना, मंत्रित्व का अधिकार हाथ में लेना।

प्रथम तीन पंक्तियों में काव्यलिंग और अंतिम में परिवृत्ति अलंकार है।

सप्तम अंक

छठे अंक में राक्षस का पकड़ा जाना रूपी मुख्य कार्य की फलप्राप्ति का निश्चित होना नियताप्ति है। अब इस अंक में राज्यस्थैर्य रूपी नाटक के उत्कृष्ट फल की प्राप्ति अर्थात् फलागम वर्णित है। फांसी हाथ में लिए हुए पुरुष से सूचना पाकर राक्षस शस्त्र त्याग कर चंदनदास को छोड़ाने के लिए बधस्थान की ओर गया। इसी से चंदनदास का वृत्तांत इस अंक में अभिनीत करने से दोनों अंकों के बीच संबंध टूटने नहीं पाया।

१-५—'जो अपना······छोड़ो' अंश मूल में आर्या छंद में है पर उसकी धारा ठीक नहीं है इससे स्यात् अनुवाद भी गद्य ही में हो गया। मूल में 'राजा का विरोध यत्नपूर्वक छोड़ो' के पहले इतना अधिक है 'विष के समान'।

६-७—अपथ्य करने से केवल रोगी ही की मृत्यु होती है पर राजद्रोह करने से कुल-सहित वह मनुष्य नष्ट होता है, ऐसा जानो।

मूल के पूर्वार्द्ध का भाव है कि 'अपथ्य से पुरुष को केवल व्याधि वा मृत्यु होती है'। मूल से अनुवाद में भाव अधिक है।

१५-१६—मूल इस प्रकार है—'आर्य ! तब इनकी शुभ गति की प्रार्थना करिए। इनके प्रतीकार का उपाय करना आप के लिए निष्प्रयोजन है।'

पहले यह नियम था कि जिसे सूली दी जाती थी वही सूली को ढोकर वधस्थान तक ले जाता था।

१७-२५—अनुवाद में स्त्री द्वारा कहलाया गया है पर मूल ं पंक्ति १७-२६ तक चंदनदास ही का कथन है।

१८—फूँक फूँक कर पैर रखना—बहुत समझ बूझ कर चलना पाप कर्म से दूर रहना।

१९—मूल के अनुसार इस प्रकार चाहिए—काल देवता को नम स्कार है। नृशंस व्यक्तियों के लिए मित्र और उदासीन एक से हैं।

२१-२२—मारे जाने के डर से माँस खाना छोड़ कर मृगा तृण घास खाकर जीवन बिताते हैं पर निर्दय बधिक उन्हीं तृण-भो गरीबों को मारते हैं। भाव यह है कि निर्दय लोग निर्दोषों को दुःख देते हैं। अप्रस्तुत बधिक द्वारा मृग का वध दिखलाकर प्रस्तु चाणक्य द्वारा चंदनदास का वध दिखलाने से अप्रस्तुतप्रशंसालंका दोनों में बिंबप्रतिबिंब भाव होने से दृष्टांतालंकार और मृत्युभय ं माँसाहार छोड़ना अतिशयोक्ति है।

२५—यह पंक्ति मूल से अधिक है। परदेश जाते समय कुटुं लोग साथ साथ नहीं जाते पर मृत्यु के अनंतर परलोक जाते सम सभी कुटुंबी श्मशान तक साथ जाते हैं।

५८—मूल में वेणुवेत्रक के स्थान पर बिल्वपत्र है।

६४—इससे ज्ञात होता है कि पुत्र पिता से उदारता में कम न था।

७०—मूल में सेनापते, शूलायतन: या शूलपाते तीन पाठ मिल हैं। पर यहाँ संबोधन चांडालों ही को है जिनके लिए सेनापति

तिष्ठित शब्द का प्रयोग अनुचित समझ अंतिम दो पाठ ठीक मान र घातकों रख दिया गया।

७२-७५—जिसने अपने स्वामी के वंश का शत्रु (के कुल के) समान नाश अपनी आँखों देखा, जो अपने मित्रों के दुख में भी भारी उत्सव के समान कातर नहीं हुआ) निर्लज्ज हो कर जीवित रहा और जिसकी आत्मा तुम लोगों से हर प्रकार से हार कर भी अर्थात् अपमान का पात्र होने पर भी) तुम लोगों को मारने के लिए प्रिय वस्तु के समान रक्षित रही (नहीं निकली) वही राक्षस मैं हूँ। उसके गले में यह जमफाँस (जो यमलोक जाने का मार्ग स्वरूप है) डालो।

कोष्ठकांतर्गत अंश मूल में अधिक हैं। राक्षस का अपने प्रति उपालंभ है कि स्वामिवंश के नष्ट होने पर और कौलूतादि मित्रों के नष्ट होने पर भी वह जीवित रहा।

शत्रु—समान उपमा है।

जमफाँस— मूल शब्द वध्यस्रग है। शूली में डोरी की कोई आवश्यकता नहीं होती। वध्यवेश में लाल फूलों की माला, लाल वस्त्र आदि होते हैं जिसे धारण करने वाला मारा जाता है। इससे जमफाँस से यहाँ लाल फूलों की माला से तात्पर्य है।

८२-९०—दुर्जनों के अनुकूल कुकाल कलियुग में जिस यशस्वी ने अपने प्राणपण से दूसरे की रक्षा कर शिवि के यश को छोटा कर दिया, जिस निर्दोष स्वभाव वाले ने अपने सुचरित्र से बौद्धों को भी तिरस्कृत कर दिया और जो (चंदनदास) पूजनीय होने पर भी जिसके (राक्षस) लिए तुम से वध्य हुआ सो मैं उपस्थित हूँ।

यह मूल श्लोक का अनुवाद हुआ। अनुवाद तीनों दोहों में हुआ है इससे कुछ विशेष बातें आ गई हैं। तीनों दोहों का अर्थ नीचे दिया जाता है।

१. जिसने कलियुग में मित्र के लिए तृण के समान प्राण छोड़

दिया और जिसके यश रूपी सूर्य के आगे शिवि का यश दीपक के समान है।

इसमें यह भाव है कि शिवि ने सत्ययुग के पुरुष होने पर जो किया वह चंदनदास ने कलियुग में कर दिखाया इससे वह बढ़ कर है (व्यतिरेकालंकार)। मूल के 'परं रक्षता' के स्थान पर अनुवाद में मित्र हित होने से वह भाव कुछ फीका पड़ गया। यश का सूर्य तथा दीपक से उपमा देना अनुवाद में अधिक है।

२. जिसके सुचरित्र, दया आदि को नित्य ही देखकर तथा विशुद्ध मान कर सभी बौद्ध मतावलंबी लज्जित हो गए।

३. रे दुष्ट! जिसके लिए तू इस पूजा के योग्य पुरुष को पकड़ कर मारता है वह तेरा शत्रु मैं आप ही यहाँ उपस्थित हूँ। इस दोहे में परिवृत अलंकार की ध्वनि निकलती है।

९६—कुछ प्रतियों में कोष्ठक के पहले 'एदु अमच्चा' है अर्थात् अमात्य आइये।

९७—सेना-संचय—सेना का समूह, बड़ी सेना। कुछ प्रतियों में केवल 'नंदकुल नग कुलिसस्स' है अर्थात् 'नंदकुल रूपी पर्वत के लिये वज्र'।

१०५-८—किसने अग्नि की (ऊँची उठती हुई) कठिन ज्वाला को अपने वस्त्र में बाँध लिया? (सतत गमन शील) वायु की गति को डोरियों के जाल से किसने रोक दिया। हाथियों को मर्दन करने वाले सिंह को (जिसके बाल हाथियों के मद से सुरभित हो गए) पिंजड़े में किसने बंद किया। किसने केवल अपने हाथों के बल से समुद्र को (जिसमें भयंकर घड़ियाल और मगर भरे हुए हैं) पार किया है!

कोष्ठकांतर्गत अंश मूल में अधिक है। राक्षस के संयमन रूपी होती हुई असंभव बात को पूर्वोक्त चार न होने योग्य वस्तु-प्रबन्ध से सादृश्य दिखलाने के कारण निदर्शना अलंकार है। प्रथम में लेने की क्रिया दोनों में एक होने से बिंब-प्रति-बिंब-भाव है

और अन्य तीन में असंभवत्व का प्रतिबिंब मात्र है। इस प्रकार कई प्रतिबिंब होने से निदर्शना की माला सी बन गई है।

इन दोनों से चाणक्य राक्षस की दुर्धर्षता दिखलाता है पर उसे वशपाश करने पर यह कहने से गर्वोक्ति की ध्वनि निकलती है। अप्रस्तुत असंभव बातों से प्रस्तुत राक्षस संयमन के सारूप्य निबंधना में अप्रस्तुतप्रशंसा अलंकार है। असंभव बातों की प्रधानता भी अतिशयोक्ति है।

११४५—मूल का भावार्थ—

जिस प्रकार समुद्र रत्नों का आकर है उसी प्रकार ये सब शास्त्रों के आकर हैं। द्वेष-बुद्धि से हम इनके गुण से प्रसन्न नहीं हुए।

अनुवाद का अर्थ स्पष्ट है और भाव भी आ गया है पर प्रकटीकरण में भिन्नता है। मूल के 'द्वेष-बुद्धि के कारण गुण पर प्रसन्न न होने से' अनुवाद के 'द्वेषबुद्धि रखते हुए (शत्रु मानते हुए) भी गुण पर प्रसन्न होने में' अधिक सहृदयता झलकती है। दोनों ही में राक्षस की गुणग्राहकता प्रकट है। सागर से चाणक्य की उपमा दी गई है और चाणक्य में गुणों की खान का रूपक बाँधा गया है।

११८-६—जिसने बहुत क्लेश के साथ रात्रि को जाग कर सर्वदा सोचते हुए (उन उपायों को जिन्होंने) मेरी बुद्धि तथा चंद्रगुप्त की सेना को थका दिया था।

अथवा

—जिसने मेरी बुद्धि और चंद्रगुप्त की सेना को थका दिया क्योंकि (हम सब को) रात्रि को जगाकर बहुत क्लेश के साथ सर्वदा ('राक्षस के उपायों से बचने के लिए) सोच विचार में (सेनापक्ष में सतर्क) रहना पड़ता था।

मति और सेना दोनों का एक धर्म-संबन्ध होने से तुल्ययोगिता अलंकार हुआ।

१२१—बड़ों के अभिवादन के समय नामोल्लेख करना कहा गया है—अभिवादात् परो विप्रो ज्यायांसमभिवादयन्।

नायाऽहमस्मीति स्वनाम परिकीर्त्तयेत् ॥' [मनु० अध्याय श्लोक १२२]

१२५—श्वपाक—चांडाल

१३३-७—'भद्रभटादि' के लिए अंक २ पं० २७० देखिए। 'लेख वही पत्र है जो शकटदास से लिखवाया गया था, 'भदंत' वह बौद्ध संन्यासी जीवसिद्धि है, 'भूषण' वे तीन थे जिन्हें चाणक्य ने चंद्रगुप्त से अपने ब्राह्मणों को दिलवाया था और उन्हीं के द्वारा राक्षस के हाथ बेंचवाया था तथा 'नट आरत भेख' से वह पुरुष इंगित है जिसने निर्जन वाटिका में नटवत् फाँसी लगाकर प्राण देने का स्वाँग रचा था।

दोनों दोहों का अर्थ स्पष्ट है। कार्य का कारण दिए जाने काव्यलिंग और प्रथम तीन पंक्तियों के विशेष वाक्यों से अंतिम सामान्य वाक्य के साधर्म्य से अर्थांतरन्यास अलंकार हुए। दर्पणोक्त लक्षणानुसार मूल कारण तथा मुखसंधि आदि के कथन सहित होने से निर्वहण संधि हुई।

१४३—चंद्रगुप्त के लज्जित होने का कारण यही था कि वह अपने विक्रम का गुरु को कुछ परिचय न दे सका और उन्होंने उसके मार्ग के सभी संकटों को दूर कर दिया।

१४५-६—मूल श्लोक का अर्थ

तीरों का समूह फलयोग की प्राप्ति होने से (कार्य-सिद्धि से लोहे के फलों के सम्बन्ध से) निज कार्य से लक्ष्यच्युत (अयोग्य होकर निज तूणीर में नीचे मुख कर शयन कर रहा है जो (मुझे प्रीतिकर नहीं है।

अनुवाद का अर्थ—

मेरे बाणों का समूह काम के न होने से (कार्यहीन निकम्मा) लज्जित हो शोक से नीचे मुख करके सर्वदा तूणीर में सो रहता है।

१२७-८—यदि हम प्रत्यंचा उतार कर सोते हैं (अर्थ राज्य चिंता से विमुख हैं) तौ भी संसार विजय करने में सम

क्योंकि जिसके नीति-धुरंधर तथा निडर गुरु सर्वदा जाग्रत [र]हते हैं (अर्थात् राज्यकार्य में दत्तचित हैं), वे सब करने में [सम]र्थ हैं।

मूल में 'हम' के स्थान पर 'मेरे समान' है। काव्यलिंग और [यु]द्धादि व्यापार न रहते जयलाभ प्रकट करने से विभावना [अ]लंकार है।

१५७-८—बाल्यावस्था ही से जिसके भावी उदय का अनुमान हो [र]हा था वह बाल गज यूथाधिप के समान राज्यारूढ़ हो गया है।

चंद्रगुप्त को बाल गज से उपमा दी गई है। यूथाधिप—हाथियों के झुंड का सब से अधिक बलवान मत्त हाथी।

१६१-२—जब नीति-परायण आप और गुरु जो दोनों ही (राज[चि]ंता में) जागरुक हैं तब आप ही कहें कि इस संसार में ऐसा कौन है जिसे हमने पराजित नहीं किया।

राक्षस के मुख से विजयाशीर्वाद सुनकर चंद्रगुप्त विनय के साथ दिखला रहे हैं कि आपको विजय करने से हम जगद्विजयी हो गए।

काव्यलिंग और तुल्ययोगिता अलंकार है।

१६७-७०—योग्य राजा का मंत्री होकर मूर्खबुद्धि को भी यश तथा लाभ दोनों की प्राप्ति होती है (और यहाँ तो स्वामी और मंत्री दोनों ही नीतिनिपुण हैं) पर नीतिज्ञान-संपन्न मंत्री अयोग्य [रा]जा के अधीन होकर नदी के तटस्थ जल से कटे हुए शीर्णाश्रय वृक्ष के समान गिरते हैं।

कोष्ठक का अंश अनुवाद में अधिक है। उसके न रहने से चाणक्य को मूर्ख बनाने को द्वेषबुद्धि का तथा आत्मश्लाघा का दोष राक्षस पर आरोपित किया जा सकता है पर अनुवादक ने वह वाक्य रख कर उसका परिहार कर दिया।

सामान्य कथन से विशेष इष्ट होने के कारण अप्रस्तुत प्रशंसालंकार है। सामान्य से विशेष का साधर्म्य होने से अर्थान्तरन्यास

हुआ। 'नखी वीर-तरु जिमि नसत' के बिंबानुबिंब भाव से निदर्शना अलंकार है।

१८९-९०—गर्वित शत्रु के दर्प को चूर्ण करने वाले अपने पौरुष के माहात्म्य को देखिए कि अनवरत लगाम कसी होने तथा कभी पीठ खाली न रहने से कृश हुए घोड़े और नित्य सन्नद्धभाव से रणसज्जा के कसे रहने से जिनकी पीठ फूल उठी है ऐसे हाथी स्वेच्छानुसार स्नान, खान, पान और शयन के सुख से वंचित हैं।

यह मूल का अर्थ है, अनुवाद छप्पय में है और भाव कुछ भिन्न है। अर्थ—

घोड़े की लगाम कसे रहते हैं और पीठ से नहीं उतरते। खान, पान, स्नान आदि सुख साज छोड़कर भी मुख नहीं मोड़ते। जिनके आँखों में नींद नहीं है और दिन रात मन में भ्रम रहने से सभी वीर सशंकित रहते हैं। राजा के हाथियों को देखिए कि सर्वदा उन पर हौदे कसे हुए हैं। शत्रु के गर्व को दमन करने वाले अपने अत्यंत प्रबल पौरुष को (जिनके वे उदाहरण हैं) देखिए।

चाणक्य राक्षस के विक्रम के प्रभाव से सर्वदा सेना का युद्धार्थ सन्नद्ध रहते रहते श्रांत होना तथा सशंकित रहना सुनाकर उसकी अक्षमता दिखलाता है।

हाथी, घोड़े वीर आदि के एक धर्म-संबंध से तुल्ययोगिता अलंकार है।

१९१-९५—मूल श्लोक का अर्थ—

नंद के स्नेह का अंश हृदय को आकृष्ट करता है पर हम उनके शत्रु के सेवक हुए। जिन वृक्षों को स्वयं जल से सिक्त कर बड़ा किया उन्हें कैसे काटा जाय? मित्र की शरीर-रक्षा के लिए शस्त्र लेना हमारा कर्तव्य है। भाग्य की कार्य-गति विचार में नहीं आती।

श्लोक का भाव अनुवाद में पूर्णतया आ गया है केवल तीसरी पंक्ति के भाव के प्रकटीकरण में कुछ भिन्नता है। मूल में शस्त्र-ग्रहण करना कर्तव्य बतलाया गया है पर अनुवाद में दिखलाया गया

क वह कर्तव्य न पालन कर हम स्वयं अपने मित्र का घात कैसे
रेंगे अर्थात् अस्त्र-ग्रहण न करने से वह मारा ही जायगा।

प्रथम पंक्ति में स्वामिभक्ति तथा स्वामी के शत्रु का दासत्व साथ
ी होने से विषमालंकार है। दूसरी पंक्ति में मलयकेतु आदि वृक्षों
ो स्वयं बढ़ाकर काटना परंपरित रूपकालंकार है तथा अप्रस्तुत
व से प्रस्तुत अपने पक्ष के संबंध से अप्रस्तुत-प्रशंसा अलंकार
आ। अंतिम पंक्ति में सामान्य कथन से प्रथम तीन पंक्ति की विशेष
तों के समर्थन से अर्थांतरन्यास अलंकार हुआ।

१६५-६—नमस्सर्व ...... स्नेहाय—मित्र प्रेम को, जो सब कार्यों
करने का कारण है, नमस्कार करता हूँ।

२२५-६—अर्थ स्पष्ट है। उपयुक्त प्रशंसा से सम नामक अलंकार
आ।

२३२-३—अर्थ स्पष्ट है। बाँधने और न बाँधने के परस्पर विरुद्ध
ने से विषमालंकार है।

२४०-३—अन्वय—अतनुबलां वाराहीं तनुम् आस्थिताय यस्य
त्मयोनेः अनुरूपां प्रलयपारगता भूतधात्री दंतकोटिं प्राक् शिश्रिये
वुना म्लेच्छैः उद्वेज्यमाना राजमूर्त्तेः (यस्यः) पीवरं भुजयुगं
शिश्रिये) श्रीमद्बंधुभृत्यः पार्थिवः चन्द्रगुप्तः महीं चिरम् अवतु।

भावार्थ—महाबली वाराह-शरीर धारी स्वयंभू विष्णु जिनके
ाग्र पर प्रलय में निमग्ना पृथिवी ठहरी हुई थी और इस समय
च्छों द्वारा उत्पीड़ित होकर जिन राजमूर्ति के दोनों दृढ़ भुजाओं
आश्रय पर है वे वैभवशाली राजा चंद्रगुप्त अपने बंधु तथा
ों के साथ बहुत दिनों तक पृथ्वी की रक्षा करें।

पुराणों में कथा है कि प्रलयजलमग्ना पृथ्वी को विष्णु भगवान
ाराह अवतार धारण कर बाहर निकाला था। विष्णु-पुराण के
सार राजा विष्णु भगवान के अवतार समझे जाते हैं, 'ना विष्णुः
ीपतिः'।

आदि, मध्य और अंत में मंगलविधान होना चाहिए। आरंभ में
ाचरण है, मध्य में शरद्-वर्णन के अवसर पर शंभु तथा

विष्णु (अं ३ पं० २०३—२१७) का गुणानुवाद रूप मंगलपाठ हुआ और अंत में विष्णु के वाराहावतार का गुण-कीर्तन रूप मंगल विधान हुआ। इस प्रकार के मंगलपाठों से उपास्योपासक के भेद-ज्ञान की दशा में भी 'अभेदः शिवरामयोः' स्पष्टतया व्यक्त है।

इस श्लोक में रूपकालंकार है।

परिशिष्ट (ग)

इस नाटक के विषय में विलसन साहिब लिखते हैं कि यह नाटक और नाटकों से अति विचित्र है क्योंकि इसमें सम्पूर्ण राजनीति के व्यवहारों का वर्णन है। चंद्रगुप्त (जो यूनानी लोगों का सैन्ड्रोकोत्तस Sandrocottus है) और पाटलिपुत्र (जो यूरप का पालीबोत्तरा Polibothra है) के वर्णन का ऐतिहासिक नाटक होने के कारण यह विशेष दृष्टि देने के योग्य है।

इस नाटक का कवि विशाखदत्त महाराज पृथु का पुत्र और सामन्त बटेश्वरदत्त का पौत्र था। इस लिखने से अनुमान होता है कि दिल्ली के अंतिम हिंदू राजा पृथ्वीराज चौहान ही का पुत्र विशाखदत्त है क्योंकि अंतिम श्लोक से विदेशी शत्रु की जय की ध्वनि पाई जाती है भेद इतना ही है कि रायसे में पृथ्वीराज के पिता का नाम सोमेश्वर और दादा का आनंद लिखा है। मैं यह अनुमान करता हूँ कि सामत बटेश्वर इतने बड़े नाम को कोई शीघ्रता में या अशुद्ध करके कहे तो सोमेश्वर हो सकता है और संभव है चंद ने भाषा से सामंत बटेश्वर को ही सोमेश्वर लिखा हो।

मेजर विल्फर्ड ने मुद्राराक्षस के कवि का नाम गोदावरी तीर-निवासी अनंत लिखा है; किंतु यह केवल भ्रममात्र है। जितनी प्राचीन पुस्तकें उत्तर वा दक्षिण में मिलीं किसी में अनंत का नाम नहीं मिला है।

इस नाटक पर बटेश्वर मैथिल पंडित की एक टीका भी है।

कहते हैं, कि गुहसेन नामक किसी अपर पंडित की भी एक टीका है किन्तु देखने में नहीं आई। महाराज तंजौर के पुस्तकालय में व्यासराज यज्वा की एक टीका और है।

चंद्रगुप्त* की कथा विष्णु पुराण, भागवत आदि पुराणों में और बृहत्कथा में वर्णित है।

महानंद अथवा महापद्म नंद भी शूद्रा के गर्भ से था और कहते हैं, कि चंद्रगुप्त इसकी एक नाइन स्त्री के पेट से पैदा हुआ था। यह पूर्व पीठिका में लिख गये हैं कि इन लोगों की राजधानी पाटलिपुत्र थी। इस पाटलिपुत्र (पटने) के विषय में यहाँ लिखना कुछ आवश्यक हुआ। सूर्य वंशी सुदर्शन† राजा की पुत्री पाटली ने पूर्व में इस नगर को बसाया। कहते हैं कि कन्या को बंध्यापन के दुःख और दुर्नाम से छुड़ाने को राजा ने एक नगर बसाकर उसका नाम पाटलिपुत्र रख दिया था। वायु पुराण में जरासंध के पूर्व पुरुष बसुराजा ने बिहार प्रांत का राज्य संस्थापन किया, यह लिखा है। कोई कहते हैं कि वेदों में जिन बसु के यज्ञों का वर्णन है वही राजगिरि राज्य का संस्थापक है। (जो लोग चरणाद्रि को राजगृह पर्वत बतलाते हैं उनका केवल भ्रम है। इस राज्य का प्रारंभ चाहे जिस तरह हुआ हो जरासंध ही के समय से यह प्रख्यात हुआ है। मार्टिन साहब ने जरासंध के विषय में एक अपूर्व कथा लिखी है। वह कहते हैं कि जरासंध दो पहाड़ियों पर दो पैर रखकर द्वारिका में जब स्त्रियाँ नहाती थीं तो ऊँचा होकर उनको घूरता था इसी अपराध पर श्रीकृष्ण ने उसको मरवा डाला !!!

---

* प्रियदर्शी, प्रियदर्शन, चंद्र, चंद्रगुप्त, श्रीचंद, चंद्रश्री, मौर्य यह सब चंद्रगुप्त के नाम हैं और चाणक्य, विष्णुगुप्त, द्रोमिल वा द्रोहिण, अंशुल, कौटिल्य यह सब चाणक्य के नाम हैं। कहते हैं कि विकटपल्ली के राजा चंद्रदास का उपाख्यान लोगों ने इन्हीं कथाओं से निकाल लिया है।

† सुदर्शन सहस्रबाहु अर्जुन का भी नामांतर था, किसी किसी ने भूल पाटली को शूद्रक की कन्या लिखा है।

मगध शब्द मग से बना है। कहते हैं कि श्री कृष्ण के पुत्र साम्ब ने शाक द्वीप से मग जाति के ब्राह्मणों को अनुष्ठान करने को बुलाया था और वे जिस देश में बसे उसकी मगध संज्ञा हुई, जिन अंग्रेज विद्वानों ने 'मगध देश' शब्द को मद्ध (मध्यदेश) का अपभ्रंश माना है उन्हें शुद्ध भ्रम हो गया है। जैसा कि मेजर विल्फर्ड पालीबोत्रा को राजमहल के पास गंगा और कोसी के संगम पर बतलाते और पटने का शुद्ध नाम पद्मावती कहते हैं। यों तो पाली नाम के कई शहर हिन्दुस्तान में प्रसिद्ध हैं किंतु पालीबोत्रा पाटलिपुत्र ही है सोन के किनारे मावली एक स्थान है जिसका शुद्ध नाम महाबली पुर है। महाबली नंद का नामांतर भी है, इसीसे और वहाँ प्राचीन चिह्न मिलने से कोई कोई शंका करते हैं कि बलीपुर वा बलिपुर का पालीबोत्रा अपभ्रंश है किंतु यह भी भ्रंम ही है। राजाओं के नाम से अनेक ग्राम बसते हैं, इसमें कोई हानि नहीं, किंतु इन लोगों की राजधानी पाटलीपुत्र ही थी। कुछ विद्वानों का मत है कि मगलोग मिश्र देश से आये और यहाँ आकर Isiris और Osiris नामक देव और देवी की पूजा प्रचलित की। यह दोनों शब्द ईश और ईश्वरी के अपभ्रंश बोध होते हैं। किसी पुराण में महाराज दशरथ ने शाकद्वीपियों को बुलाया यह लिखा है। इस देश में पहले कोल और चेरु (चोल) बहुत रहते थे। सुनक और अजक इनमें प्रसिद्ध हुए। कहते हैं, कि इन दोनों को लड़कर ब्राह्मणों ने निकाल दिया। इसी इतिहास से भुइंहार जाति का भी सूत्रपात होता है और जरासंध के यज्ञ से भुइँहारों की उत्पत्तिवाली किम्बदन्ती* इसका पोषण करती

---

*भारतवर्षीय राजदर्पण प्रथम खंड में लिखा है। "यह भी प्रसिद्ध है कि मगधाधिपति महाराज जरासंध के यज्ञ के समय लक्ष ब्राम्हण भोजन कराने के प्रयोजन होने पर राजा के अज्ञात में उनके कोई धर्माध्यक्ष जिनको ब्राम्हणों के ले आने की आज्ञा हुई थी उनने अनेक कष्ट से भी आज्ञानुयायी ब्राम्हण संग्रह करने में असमर्थ होकर राज्यदंड के भय से अपर जाति के लोगों के गले में यज्ञोपवीत डाल भोजन करवा दिया। पीछे उन सबों ने

। बहुत दिनों तक ये युद्ध प्रिय ब्राह्मण यहाँ राज्य करते रहे किन्तु एक जैन पंडित, जो ८०० वर्ष ईसा मसीह के पूर्व हुआ है, लिखता है कि इस देश के प्राचीन राजा को मग नामक राजा ने जीत कर निकाल दिया। कहते हैं, कि बिहार के पास बारागंज में इसके किले का चिह्न भी है। यूनानी विद्वानों और वायु पुराण के मत से बृहद्रथ ने मगध राज्य संस्थापन किया इसका समय ५६० ई० पूर्व बतलाते हैं और चंद्रगुप्त को इससे तेरहवाँ राजा मानते हैं।

यूनानी लोगों ने सोन का नाम Erannobaos (इरन्नोबाओस) लिखा है। यह शब्द हिरण्यबाह का अपभ्रंश है। (हिरण्यबाह) स्वर्ण-नद और शोन का अपभ्रंश सोन है। मेगास्थनीज अपने लेख में पटने के नगर को ८० स्टेडिआ (आठ मील) लम्बा और १५ चौड़ा लिखता है जिससे स्पष्ट होता है कि पटना पूर्वकाल ही से लम्बा नगर है*। उसने उस समय नगर के चारों ओर ३० फुट गहिरी

जाति बिरादरी के उनके साथ आहार व्यवहार परित्याग करने से वे सब कोई राजा जरासंध के पास जाकर उनके कर्माध्यक्ष के नाम पर नालिश करके उन्होंने आद्योपांत सब वृत्तांत प्रकाश कर दिया। जिस पर राजा ने लाचार होकर उन्हीं के गुजरान के लिए अपने अधिकार में भूमि देकर उन सबों को बसाया। इसी से उन खानदानों को आज तक भूमिहार ब्राम्हण कहते हैं। और एक प्रमाण इसका यह है कि भूमिहारों के वासस्थान उस समय के मगध राज्य की सीमा के बाहर और अन्यत्र प्रायः "दृष्टिगोचर नहीं होते हैं"। इसके सिवाय विहारदर्पण में भूमिहारों की उत्पत्ति लिखी है।

*जिस पटने का वर्णन पूर्व काल के यूनानियों ने उस समय इस धूम से किया है उसकी वर्त्तमान स्थिति यह है। पटने का जिला २४° ५८' से २५° ४२' लैटि० और ८४°४४' से ८६°०५' लौंगि० पृथ्वी २१०१ मील समचतुष्कोण। १५५९६३८ मनुष्य संख्या। पटने की सीमा—उत्तर गंगा, पश्चिम सोन, पूर्व मुंगेर का जिला और दक्षिण गया का जिला। नगर की बस्ती अब सवा तीन लाख मनुष्य और बावन हजार घर हैं। साढ़े आठ लाख मन के लगभग बाहर से प्रतिवर्ष यहाँ माल आता और पाँच लाख मन के

सर्वार्थसिद्धि ने नंदों को राज्य दिया और आप तपस्या करने लगा। नंदों ने ईर्षा से मौर्य और उसके लड़कों को मार डाला, किंतु चंद्रगुप्त चाणक्य ब्राह्मण के पुत्र विष्णुगुप्त की सहायता से नंदों को नाश करके राजा हुआ।

योंही भिन्न भिन्न कवियों और विद्वानों ने भिन्न भिन्न कथा लिखी हैं। किंतु सब के मूल का सिद्धांत पास पास एक ही आता है।

इतिहासतिमिरनाशक में इस विषय में जो कुछ लिखा है वा नीचे प्रकाश किया जाता है।

बिम्बसार को उसके लड़के अजातशत्रु ने मार डाला। मालूम होता है कि यह फसाद ब्राह्मणों ने उठाया। अजातशत्रु बौद्ध मत का शत्रु था। शाक्यमुनि गौतम बुद्ध श्रावस्ति में रहने लगा। वहाँ भी प्रसेनजित को उसके बेटे ने गद्दी से उठा दिया; शाक्यमुनि गौतम बुद्ध कपिलवस्तु में गया।

अजातशत्रु की दुश्मनी बौद्धमत से धीरे धीरे बहुत कम हो गई। शाक्यमुनि गौतम बुद्ध फिर मगध में गया। पटना उस समय एक गाँव था। वहाँ हरकारों की चौकी में ठहरा। वहाँ से विशाली* में गया। विशाली की रानी एक वेश्या थी और वहाँ से पावा† गया। वहाँ से कुशीनार गया। बौद्धों के लिखने बमूजिब उसी जगह

---

*जैनी महावीर के समय विशाली अथवा विशाला के राजा का नाम चेटक बतलाते हैं। यह जगह पटने के उत्तर तिरहुत में है पर उजड़ गई है वहाँ वाले अब उसे बसहर पुकारते हैं।

कैसे आश्चर्य की बात है, चेटक रंडी के भड़वे को भी कहते (हरिश्चंद्र)

†जैन यहाँ महावीर का निर्वाण बतलाते हैं, पर जिस जगह को अ[illegible] रावापुर मानते हैं असल में वह नहीं है, पावा विशाली से पश्चिम और [illegible]से उत्तर होना चाहिए।

न् ईसवी ५४३ बरस पहले ८० बरस की उमर में साल के वृक्ष के बाईं करवट लेटे हुए इसका निर्वाण हुआ। ❀ कश्यप उसका नशीन हुआ। अजातशत्रु के पीछे तीन राजा अपने बाप को कर मगध की गद्दी पर बैठे। यहाँ तक कि प्रजा ने घबड़ा कर राजा की वैश्या के बेटे शिशुनाग मंत्री को गद्दी पर बैठा दिया। वह बड़ा बुद्धिमान था। इसके बेटे काल अशोक ने, जिसका नाम ब्राह्मणों ने काकवर्ण भी लिखा है, पटना अपनी राजधानी बनाया।

जब सिकंदर का सेनापति बाबिल का बादशाह सिल्यूकस सूबेदारों के तदारुक को आया, पटने से सिंधु के किनारे तक नंद के बेटे चंद्रगुप्त के अमल दखल में पाया, बड़ा बहादुर था, शेर ने इसका पसीना चाटा था और जंगली हाथी ने इसके सामने सिर झुका दिया था।

पुराणों में बिम्बसार को शिशुनाग के बेटे काकवर्ण का परपोता बतलाया है कि नन्दिवर्द्धन को बिम्बसार के बेटे अजातशत्रु का परपोता और कहा है कि श्रीनंदिवर्द्धन का बेटा महानंद और महानंद का बेटा शूद्री से महापद्मनंद और इसी महापद्मनंद और उसके आठ लड़कों के बाद, जिन्हें नवनंद कहते हैं, चंद्रगुप्त मौर्य गद्दी पर बैठा। बौद्ध कहते हैं कि तक्षशिला के रहने वाले चाणक्य ब्राह्मण ने धननंद को मार के चन्द्रगुप्त को राजसिंहासन पर बैठाया और वह मोरिया नगर के राजा का लड़का था और उसी जाति का था जिसमें शाक्यमुनि गौतम बुद्ध पैदा हुआ।

मेगास्थनीज लिखता है कि पहाड़ों में शिव और मैदान में विष्णु पूजे जाते हैं। पुजारी अपने बदन रंग कर और सिर में फूलों का

❀ जैन अपने चौबीसवें अर्थात् सब से पिछले तीर्थंकर महावीर का निर्वाण विक्रम संवत् से ४७० अर्थात् सन् ईसवी से ५२७ बरस पहले बतलाते और महावीर के निर्वाण से २५० बरस पहले अपने तेइसवें तीर्थंकर पार्श्वनाथ का निर्वाण मानते हैं।

† चंदन इत्यादि लगा कर।

माला लपेट कर घंटा और झाँझ बजाते हैं। एक वर्ण का आदमी दूसरे वर्ण की स्त्री ब्याह नहीं सकता है और पेशा भी दूसरे का इख्तियार नहीं कर सकता है। हिन्दू घुटने तक जामे पहनते हैं और शिर और कंधों पर कपड़ा * रखते हैं। जूते उनके बिरंग के चमकदार और कारचोबी के होते हैं। बदन पर अकसर गहने रहते हैं, भौं मिहदी से रगते हैं और दाढ़ी मूछ पर खिजाब करते हैं। छतरी सिवाय बड़े आदमियों के और कोई नहीं लगा सकता। रथों में लड़ाई के समय घोड़े और मञ्जिल काटने लिये बैल जोते जाते हैं। हाथियों पर भारी जर्दोज़ झूल डालते हैं। सड़कों की मरम्मत होती है। पुलिस का अच्छा इन्तज़ाम है। चन्द्रगुप्त के लशकर में औसत चोरी तीस रुपये रोज से जियादा नहीं सुनी जाती है। राजा जमीन की पैदावार से चौथाई लेता है।

चंद्रगुप्त सन् ई० के ६१ बरस पहले मरा। उसके बेटे बिंदुसार के पास यूनानी एलची दयोमेकस (Diamachos) आया था परंतु वायुपुराण में उसका नाम भद्रसार और भागवत में वारिसार और मत्स्यपुराण में शायद बृहद्रथ लिखा है। केवल विष्णुपुराण बौद्ध ग्रन्थों के साथ बिंदुसार बतलाता है। उसके १६ रानी थीं और उनसे १०१ लड़के, उनमें अशोक† जो पीछे से "धर्म्म अशोक" कहलाया, बहुत तेज था, उज्जैन का नाज़िम था। वहाँ के एक सेठ‡ की लड़की देवी उससे ब्याही थी। उसी से महेन्द्र लड़का और संघमित्रा (जिसे सुमित्रा भी कहते हैं) लड़की हुई थी।

---

* अर्थात् पगड़ी दुपट्टा।

† जैनियों के ग्रंथों में इसी का नाम अशोक श्री लिखा है।

‡ सेठ श्रेष्ठ का अपभ्रंश है, अर्थात् जो सब से बड़ा हो।